VICTOR HUGO

Les Contemplations

PARCOURS ASSOCIÉ Mémoires d'une âme

1856

LIVRES I À IV

Édition présentée par
Laure Blanc-Halévy
Professeure agrégée de Lettres modernes

Sous la direction de
Sophie Pailloux-Riggi
Professeure agrégée de Lettres modernes

Sommaire

▶ **Biographie** 4
▶ **Contexte historique et culturel** 6
▶ **Repères chronologiques** 10

Lire... *Les Contemplations* 11

▶ **Préface** 12
▶ **AUTREFOIS (1830-1843)** 14
   – **Livre premier – Aurore** 16

   Explication de texte 1
   Comment commencer un recueil ? 18

   Explication de texte 2
   Comment expliquer la création poétique ? 41

   – **Livre deuxième – L'Âme en fleur** 82

   Explication de texte 3
   Comment renouveler l'inspiration antique ? 86

   Explication de texte 4
   Comment revivre le souvenir heureux ? 91

   – **Livre troisième – Les luttes et les rêves** 123

   Explication de texte 5
   Comment mettre la poésie au service
   de l'engagement politique ? 135

   Explication de texte 6
   Comment dire la misère ouvrière ? 163

▶ **AUJOURD'HUI (1843-1855)** 212
   – **Livre quatrième –** *Pauca meæ* 213

   Explication de texte 7
   Comment surmonter la douleur du deuil ? 234

   Explication de texte 8
   Peut-on accepter la mort ? 242

LE DOSSIER *du lycéen*

▶ **Structure de l'œuvre** 251

▶ **Testez votre lecture** 252

▶ **Comprendre l'œuvre** 256
    1. Le bilan d'une vie 256
    2. L'impossible deuil 258
    3. L'engagement 261
    4. Une somme poétique 262

▶ **Explorer le parcours associé : Mémoires d'une âme**

LES THÈMES

    1. Une autobiographie personnelle et collective 264
    2. Une âme romantique 266
    3. Une âme spirituelle 268
    ● **Lecture d'images** 270

GROUPEMENT DE TEXTES

    1. Lamartine, « Souvenir », 1820 276
    2. Musset, « La nuit de décembre »1835 278
    3. Charles Baudelaire : « Je n'ai pas oublié,
    voisine de la ville... », 1857 279
    4. Arthur Rimbaud, « On n'est pas sérieux,
    quand on a dix-sept ans », 1870 280
    5. Verlaine, « Les faux beaux jours... », 1880 282
    6. Guillaume Apollinaire, « Si je mourais là-bas... », 1915 283
    7. Raymond Queneau, « Je naquis au Havre
    un vingt et un février », 1937 285
    8. Jacques Prévert, « Barbara », 1946 287
    9. Louis Aragon, « Oime il bel viso oime
    il soave sguardo », 1956 289
    10. Georges Perros, « Je ne saurais vous dire tout... », 1967 290

▶ **Vers le BAC**
    ● **Le commentaire** 293
    ● **La dissertation** 297
    ● **L'oral** 301

▶ **Lexique de la poésie** 308

▶ **À lire à voir** 311

ISBN : 978 209 151213 6 – © Nathan, 2019   *Les Contemplations* ● **3**

Biographie

Qui est Victor Hugo en 1856 ?

Un proscrit...

Lorsque Victor Hugo publie *Les Contemplations*, en 1856, c'est un proscrit, c'est-à-dire qu'il est en exil, dans les îles Anglo-Normandes de Guernesey puis de Jersey. Devenu fervent républicain après une jeunesse monarchiste, opposé au coup d'État de Louis-Napoléon Bonaparte le 2 décembre 1851, Hugo a été expulsé de France par décret le 9 janvier 1852. Le 2 décembre 1852, le Second Empire est instauré. Cet exil va durer dix-huit ans.

... mais une figure emblématique...

L'exilé Hugo n'en est pas moins très actif à la fois politiquement et poétiquement. En 1855, Victor Hugo est déjà considéré comme un « monument national », il a été élu à l'Académie française en 1841 et nommé pair de France en 1845, puis élu député à l'Assemblée constituante en 1848. Il est une figure majeure de la littérature française, à l'origine du renouveau du théâtre français par ses œuvres (la fameuse bataille d'*Hernani* en 1830) et sa théorisation du drame romantique (dans la préface de *Cromwell* en 1827). Son œuvre poétique rencontre depuis trente ans un très grand succès avec des recueils comme *Les Orientales* (1829) ou *Les Rayons et les Ombres* (1840). Depuis son exil, Victor Hugo utilise sa notoriété et sa position d'exilé pour organiser la riposte en multipliant les publications : *Les Châtiments*, œuvre de combat contre Napoléon III, sont publiés en 1853 et *Les Misérables*, qui dénoncent entre autres la misère sociale, en 1862.

... en proie à une grave crise existentielle

> Victor Hugo connaît une grave crise, à la fois au plan de sa vie et de son travail poétique.

- Mais la période de l'écriture et de la publication des *Contemplations* est particulière. Victor Hugo connaît une grave crise, à la fois au plan de sa vie et de son travail poétique. Au centre du recueil des *Contemplations* se trouve une date, le 4 septembre 1843 : il s'agit du jour de la mort accidentelle, par noyade, de la fille chérie de Victor Hugo, Léopoldine, à 19 ans, alors qu'elle vient tout juste de se marier. Plus rien ne sera comme avant. 1843 a aussi été une année de remise en question littéraire pour Hugo qui a vu ses projets théâtraux mal accueillis par le public et la critique. Sa pièce *Les Burgraves* rencontre ainsi l'échec. De plus, entre 1843 et 1846, Victor Hugo n'écrira pas de poésie, ou du moins n'en publiera pas. Le deuil se fait dans le silence et l'auteur préfère s'atteler à partir de 1845 à l'écriture des *Misérables*.

• C'est en 1846 qu'il recommence à écrire de la poésie, peut-être sous l'effet d'un autre décès, celui à 22 ans de Claire Pradier, la fille de sa maîtresse, Juliette Drouet. Sa mort fait écho à celle de Léopoldine.

La genèse des *Contemplations*

• *Les Contemplations* sont l'histoire d'un deuil et d'une renaissance qui s'effectue dans et par l'écriture. Il s'agit d'une autobiographie poétique. Mais c'est également un texte politique qui façonne à la fois un nouvel énonciateur et un nouveau destinataire. Le « je » lyrique de Victor Hugo, proscrit, exilé, misérable, s'adresse non plus à une bourgeoisie lettrée mais au peuple qui vit sous le joug de Napoléon III. En cela, *Les Contemplations* sont une œuvre de combat : dans l'exil, le deuil est à comprendre au sens propre et au sens métaphorique de deuil d'une nation française qui a perdu sa liberté avec la proclamation du Second Empire.

> *Le « je » lyrique de Victor Hugo, proscrit, exilé, misérable, s'adresse non plus à une bourgeoisie lettrée mais au peuple qui vit sous le joug de Napoléon III.*

• Le premier titre de l'ouvrage était *Les Contemplations d'Olympio*, figure de poète apparaissant dans le précédent recueil de Victor Hugo : *Les Rayons et les Ombres*. Mais des événements tels que la mort de Léopoldine, la Révolution de 1848, le triomphe du parti de l'ordre et la politique liberticide de Louis-Napoléon, élu président en 1848, bouleversent les projets de Victor Hugo et l'amènent à envisager un volume offensif, désormais intitulé *Les Contemplations*, qui comporterait un versant lyrique, *Autrefois*, et un versant politique, *Aujourd'hui*, de dénonciation. Le coup d'État de 1851 pousse Hugo à l'exil puis à la publication, en 1853, des *Châtiments* qui ne sont autres que la réalisation du projet initialement envisagé pour la deuxième partie des *Contemplations*. Les directions des deux parties *Autrefois* et *Aujourd'hui* des *Contemplations* sont alors repensées et le volume paraît en 1856. Mais *Les Châtiments* et *Les Contemplations* constituent les deux faces d'une même médaille : « *Les Contemplations* après *Les Châtiments*. Après l'effet rouge, l'effet bleu », écrira Hugo dans une lettre datée du 21 février 1854. On comprendra le rouge comme couleur de la rébellion et le bleu comme couleur du lyrisme.

Contexte historique & culturel

L'effervescence du XIXᵉ siècle

Une époque politiquement troublée et en mutation sociale

● Le XIXᵉ siècle est un siècle d'instabilité politique. Victor Hugo, né en 1802, connaît successivement la fin du Consulat (1799-1804), l'Empire napoléonien (1804-1814), la Restauration monarchique des Bourbons avec les deux frères de Louis XVI, Louis XVIII et Charles IX (1814-1830), la monarchie de Juillet de Louis-Philippe (1830-1848), la Seconde République (1848-1852). À l'époque des *Contemplations*, Louis-Napoléon Bonaparte a pris le pouvoir à la suite du coup d'État du 2 décembre 1851 et a instauré, en 1852, sous le nom de Napoléon III, le Second Empire qui durera jusqu'à la défaite de Sedan en 1870. Le Second Empire est un régime autoritaire qui concentre les pouvoirs législatif et exécutif. Face à cette régression des libertés, Victor Hugo s'insurge et s'exile. Il ne reviendra en France qu'en 1870, malgré les amnisties successives signées en faveur des proscrits en 1859 et 1869 par Napoléon III. Le poète avait juré que son exil ne prendrait fin qu'avec l'abdication de Napoléon III, qui aura lieu le 4 septembre 1870, après la défaite de la France à Sedan dans la guerre qui l'oppose à la Prusse.

● Les troubles politiques n'empêchent pas un développement technique et économique sans précédent que les historiens appellent « la révolution industrielle ». Bénéficiant des progrès du siècle des Lumières, de nombreuses disciplines évoluent comme la médecine (travaux de Pasteur), la biologie (théorie de l'évolution de Charles Darwin) ou encore les transports (démocratisation du chemin de fer, du bateau à vapeur et de l'automobile à la fin du siècle). Un tel développement ne va pas sans une reconfiguration de l'espace urbain et social. On passe d'une société à dominante agricole et artisanale à une société à dominante économique et commerciale. Les manufactures et les usines se développent et avec elles une nouvelle distribution des richesses au profit de la classe dominante du XIXᵉ siècle, la bourgeoisie, et au détriment d'une classe ouvrière vivant dans des conditions souvent intenables. C'est celle-là même dont Victor Hugo défend les enfants dans son poème « Melancholia »

> *Bénéficiant des progrès du siècle des Lumières, de nombreuses disciplines évoluent.*

(*Les Contemplations*, livre III) ou dans son roman *Les Misérables*. En effet, les changements historiques et sociaux sont l'occasion d'une prise de conscience de la part de Victor Hugo des inégalités ; il se fait au fil des ans le défenseur des opprimés en combattant la peine de mort, le travail des enfants et la misère sociale sous toutes ses formes.

Le romantisme, un mouvement culturel qui emblématise les changements du siècle

● Dans ce contexte politique et social en perpétuel changement, le monde culturel est lui aussi en proie aux bouleversements. On ne peut plus dire le monde avec les outils du classicisme ni même avec ceux du XVIIIe fondés sur la philosophie des Lumières. Il est besoin d'un mouvement nouveau qui proposerait une vision globale de l'histoire et de la tourmente vécue par cette génération née de la Révolution française. Ce sera le romantisme.

● Le romantisme est ce mouvement littéraire européen qui naît à la fin du XVIIIe siècle, en Allemagne, et qui est caractérisé par la volonté de faire entendre une voix en adéquation avec le vent de liberté et de bouleversement qui souffle sur l'Europe. C'est une volonté de dépasser l'esthétique classique au profit de l'expression d'une intériorité et d'une singularité qui vont avec un nouveau rapport au monde. Le mouvement est réellement européen et touche tous les genres, en commençant par la poésie.

Le romantisme en France : la place centrale de Victor Hugo

● La spécificité du romantisme français réside dans l'expression d'un moi qui fait écho à la destinée universelle. Le « je » poétique dans sa solitude reflète toutes les solitudes d'une société désorientée par la fin du rêve de gloire qu'avait personnifiée la destinée mythique de Napoléon Ier. L'acte de naissance du romantisme français est un recueil poétique : *Les Méditations poétiques* d'Alphonse de Lamartine, qui paraît en 1820. C'est le chant lyrique d'un « je » poétique tourmenté par la fuite du temps et la nostalgie des amours mortes dans une société qui a perdu ses repères. Mais le romantisme ne rime pas seulement avec lyrisme poétique : il concerne tous les genres littéraires.

> *La spécificité du romantisme français réside dans l'expression d'un moi qui fait écho à la destinée universelle.*

● C'est Victor Hugo qui est en France à l'origine de la révolution romantique au théâtre. Dans la préface de son drame historique consacré à l'homme politique anglais *Cromwell* (1827), il écrit un véritable manifeste du théâtre romantique. Il instaure le mélange des genres fondé sur l'harmonie des contraires, réfute les classifications traditionnelles de comédie et de tragédie, rejette la règle des trois unités (temps, lieu, action) au profit d'un vaste tableau de l'humanité représentée sur scène.

● En 1830, soutenu par Dumas, Gautier, Nerval, Balzac, Victor Hugo tente de faire jouer sa nouvelle pièce intitulée *Hernani*. Il s'ensuit une bataille mémorable dans le théâtre entre les partisans et les détracteurs : le drame romantique est né !

● Enfin, le romantisme s'étend au genre narratif et à la littérature d'idées car l'artiste romantique est engagé dans son temps comme le montrent les figures de Lamartine, qui a abandonné la carrière poétique au profit de l'arène politique, et bien sûr de Victor Hugo. Ce dernier naviguera sans cesse entre carrière politique et travail poétique avec un même but.

L'artiste romantique est un artiste engagé dans son temps.

Élu à l'Assemblée législative en 1849, il prononce le célèbre discours sur la misère. Parallèlement, dans ses textes il lutte contre la peine de mort (*Claude Gueux*, *Le Dernier Jour d'un condamné*) ou la misère sociale (*Les Misérables*).

● En 1856, le romantisme a brillé et des auteurs comme Vigny (au théâtre avec *Chatterton* en 1835, en poésie avec « La Mort du loup » en 1838) ou Musset (au théâtre avec *Lorenzaccio* et *On ne badine pas avec l'amour* en 1834) lui ont donné des chefs-d'œuvre. L'expression de « mal du siècle », employée en 1836 par Musset dans *Les Confessions d'un enfant du siècle*, vient résumer cette fracture entre le moi et le monde. Tout est-il dit ?

Les Contemplations : couronnement ou achèvement du romantisme ?

● *Les Contemplations* appartiennent-elles au passé ? Au sens propre, on peut répondre affirmativement puisqu'elles évoquent dans une auto-biographie poétique les souvenirs heureux du poète (section *Autrefois*) jusqu'au jour funèbre du 4 septembre 1843 où il perdit sa fille. Cette évocation nostalgique du passé est pleinement romantique. On note aussi l'omniprésence d'un « je » lyrique souffrant au sens romantique du terme puisque sa souffrance est à la fois d'ordre personnel (la perte des êtres chers) et collectif (l'exil loin de la patrie). *Les Contemplations* sont-elles alors une œuvre du passé, dépassée ?

- L'histoire littéraire semble indiquer que *Les Contemplations* sont une œuvre dépassée puisqu'un an plus tard, en 1857, paraît le recueil poétique fondateur de la modernité : *Les Fleurs du mal* de Charles Baudelaire… Mais c'est compter sans la puissance de la vision hugolienne. Certes, *Les Contemplations* n'ont pas l'audace formelle des poètes de la modernité, mais c'est l'œuvre d'un voyant au sens rimbaldien du terme. Le titre même de l'ouvrage nous l'indique. *Hugo* est un « contemplateur », celui qui voit au-delà du réel.

> *Hugo est un « contemplateur », celui qui voit au-delà du réel.*

C'est un œil de créateur, au sens divin, dont le vaste regard permet de donner sens à la douleur de la perte des êtres chers. Dès lors, il perçoit les connexions souterraines entre la nature, les hommes et Dieu. Et dans cette recherche des harmonies secrètes qui constituent le monde à la manière des « correspondances », Hugo n'est pas un ancêtre de Baudelaire mais bien son contemporain.

Les Contemplations • 9

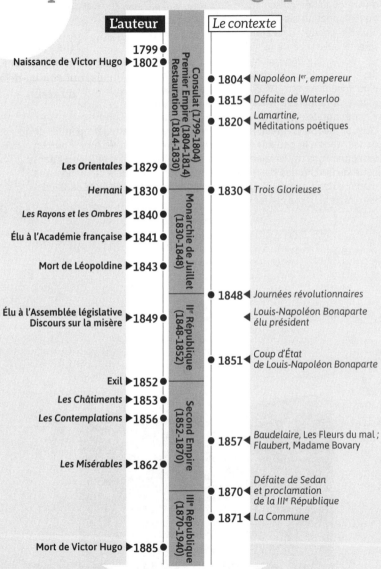

Lire...

Les Contemplations

Victor Hugo
1856

LIVRES I À IV

> « Qu'est-ce que
> les *Contemplations* ?
> C'est ce qu'on pourrait
> appeler, si le mot n'avait
> quelque prétention,
> *les Mémoires d'une âme.* »
> Préface

Préface

Si un auteur pouvait avoir quelque droit d'influer sur la disposition d'esprit des lecteurs qui ouvrent son livre, l'auteur des *Contemplations* se bornerait à dire ceci : Ce livre doit être lu comme on lirait le livre d'un mort.

Vingt-cinq années sont dans ces deux volumes. *Grande mortalis œvi spatium*[1]. L'auteur a laissé, pour ainsi dire, ce livre se faire en lui. La vie, en filtrant goutte à goutte à travers les événements et les souffrances, l'a déposé dans son cœur. Ceux qui s'y pencheront retrouveront leur propre image dans cette eau profonde et triste, qui s'est lentement amassée là, au fond d'une âme.

Qu'est-ce que les *Contemplations* ? C'est ce qu'on pourrait appeler, si le mot n'avait quelque prétention, *les Mémoires d'une âme*.

Ce sont, en effet, toutes les impressions, tous les souvenirs, toutes les réalités, tous les fantômes vagues, riants ou funèbres, que peut contenir une conscience, revenus et rappelés, rayon à rayon, soupir à soupir, et mêlés dans la même nuée sombre. C'est l'existence humaine sortant de l'énigme du berceau et aboutissant à l'énigme du cercueil ; c'est un esprit qui marche de lueur en lueur en laissant derrière lui la jeunesse, l'amour, l'illusion, le combat, le désespoir, et qui s'arrête éperdu « au bord de l'infini ». Cela commence par un sourire, continue par un sanglot, et finit par un bruit du clairon de l'abîme.

Une destinée est écrite là jour à jour.

Est-ce donc la vie d'un homme ? Oui, et la vie des autres hommes aussi. Nul de nous n'a l'honneur d'avoir une vie qui soit à lui. Ma vie est la vôtre, votre vie est la mienne, vous vivez ce que je vis ; la destinée est une. Prenez donc ce miroir, et regardez-vous-y. On se plaint quelquefois des écrivains qui disent moi. Parlez-nous de

---

1. Longue durée dans la vie d'un mortel (citation de l'auteur latin Tacite).

Un art poétique

La préface des *Contemplations* peut être considérée comme un art poétique au sens où le poète explique son projet et souligne les thématiques de l'œuvre. C'est ici qu'il propose la célèbre formule caractérisant son texte : « les Mémoires d'une âme ».

Préface

nous, leur crie-t-on. Hélas ! quand je vous parle de moi, je vous parle de vous. Comment ne le sentez-vous pas ? Ah ! insensé, qui crois que je ne suis pas toi !

Ce livre contient, nous le répétons, autant l'individualité du lecteur que celle de l'auteur. *Homo sum*[2]. Traverser le tumulte, la rumeur, le rêve, la lutte, le plaisir, le travail, la douleur, le silence ; se reposer dans le sacrifice, et, là, contempler Dieu ; commencer à Foule et finir à Solitude, n'est-ce pas, les proportions individuelles réservées, l'histoire de tous ?

On ne s'étonnera donc pas de voir, nuance à nuance, ces deux volumes s'assombrir pour arriver, cependant, à l'azur d'une vie meilleure. La joie, cette fleur rapide de la jeunesse, s'effeuille page à page dans le tome premier, qui est l'espérance, et disparaît dans le tome second, qui est le deuil. Quel deuil ? Le vrai, l'unique : la mort ; la perte des êtres chers.

Nous venons de le dire, c'est une âme qui se raconte dans ces deux volumes : *Autrefois, Aujourd'hui*. Un abîme les sépare, le tombeau.

V. H.

Guernesey, mars 1856

---

2. « Je suis un homme. »

Les Contemplations • 13

Autrefois
(1830-1843)

Les Contemplations

Les Contemplations sont divisées en deux parties : *Autrefois* (livres I à III) et *Aujourd'hui* (livres IV à VI). « Un abîme les sépare, le tombeau », écrit le poète dans sa préface pour signifier que c'est la mort accidentelle de sa fille Léopoldine le 4 septembre 1843 qui fonde la structure du recueil.

Un jour je vis, debout au bord des flots mouvants,
            Passer, gonflant ses voiles,
Un rapide navire enveloppé de vents,
            De vagues et d'étoiles ;
Et j'entendis, penché sur l'abîme des cieux,
            Que l'autre abîme touche,
Me parler à l'oreille une voix dont mes yeux
            Ne voyaient pas la bouche :
« Poëte, tu fais bien ! Poëte au triste front,
            Tu rêves près des ondes,
Et tu tires des mers bien des choses qui sont
            Sous les vagues profondes !
La mer, c'est le Seigneur, que, misère ou bonheur,
            Tout destin montre et nomme ;
Le vent, c'est le Seigneur ; l'astre, c'est le Seigneur ;
            Le navire, c'est l'homme. »

                                    Juin 1839.

LIVRE PREMIER
Aurore

I

🔍 À ma fille

Ô mon enfant, tu vois, je me soumets.
Fais comme moi : vis du monde éloignée ;
Heureuse ? non ; triomphante ? jamais.
        – Résignée ! –

Sois bonne et douce, et lève un front pieux[1].
Comme le jour dans les cieux met sa flamme,
Toi, mon enfant, dans l'azur de tes yeux
        Mets ton âme !

Nul n'est heureux et nul n'est triomphant.
L'heure est pour tous une chose incomplète ;
L'heure est une ombre, et notre vie, enfant,
        En est faite.

Oui, de leur sort tous les hommes sont las.
Pour être heureux, à tous, – destin morose ! –
Tout a manqué. Tout, c'est-à-dire, hélas !
        Peu de chose.

Ce peu de chose est ce que, pour sa part,
Dans l'univers chacun cherche et désire :
Un mot, un nom, un peu d'or, un regard,
        Un sourire !

---

1. Inspiré par des sentiments religieux.

🔍 Léopoldine

La fille aînée du poète, Léopoldine, est morte noyée en 1843. L'auteur lui dédie le livre IV des Contemplations, *Pauca meæ*, mais elle est présente dès le premier poème du recueil.

Aurore

La gaîté manque au grand roi sans amours ;
La goutte d'eau manque au désert immense.
L'homme est un puits où le vide toujours
　　　　Recommence.

Vois ces penseurs que nous divinisons,
Vois ces héros dont les fronts nous dominent,
Noms dont toujours nos sombres horizons
　　　　S'illuminent !

Après avoir, comme fait un flambeau,
Ébloui tout de leurs rayons sans nombre,
Ils sont allés chercher dans le tombeau
　　　　Un peu d'ombre.

Le ciel, qui sait nos maux et nos douleurs,
Prend en pitié nos jours vains et sonores.
Chaque matin, il baigne de ses pleurs
　　　　Nos aurores.

Dieu nous éclaire, à chacun de nos pas,
Sur ce qu'il est et sur ce que nous sommes ;
Une loi sort des choses d'ici-bas,
　　　　Et des hommes !

Cette loi sainte, il faut s'y conformer,
Et la voici, toute âme y peut atteindre :
Ne rien haïr, mon enfant ; tout aimer,
　　　　Ou tout plaindre[2] !

Paris, octobre 1842.

---

2. Cette « loi sainte » régit toutes *Les Contemplations*. Il s'agit de retrouver la sérénité dans un amour universel malgré les drames de l'existence.

Explication de texte 1

Livre I, *Aurore*, poème I, « À ma fille » → p. 16 à 17

Comment commencer un recueil ?

SITUER

1 Quel est le sens du mot « incipit » ?

2 Quel événement tragique a conclu prématurément la vie de Léopoldine Hugo, fille aînée de l'auteur ?

EXPLIQUER

L'adresse à Léopoldine → v. 1 à 12

3 À quoi / qui le poète se soumet-il au vers 1 ? Expliquez.

4 Quels conseils le poète donne-t-il à sa fille ?

5 Relevez les trois façons de s'adresser à elle dans les trois premières strophes du poème. Quel rapport entre le père et la fille soulignent-elles ?

L'élargissement à tous les hommes → v. 13 à 32

6 En quoi peut-on dire que le vers 13 passe de l'individu au collectif ?

7 Quel est le point commun entre les différents personnages des vers 25 à 28 ?

8 Quelle vision de la condition humaine les vers 13 à 32 proposent-ils ?

La prière finale → v. 33 à 44

9 Quelle est la vision de Dieu présentée dans ces vers ?

10 Quel est le message final du poème ? À qui est-il adressé ?

CONCLURE

11 Quelle dimension cet incipit donne-t-il au recueil ?

📖 ÉTUDE DE LA LANGUE

- Analysez les propositions relatives dans les vers 25 à 28.

⭐ ACTIVITÉ

- Documentez-vous sur la famille de Victor Hugo. Combien a-t-il eu d'enfants ? Quelle a été leur vie ?

II

Le poëte[1] s'en va dans les champs ; il admire,
Il adore ; il écoute en lui-même une lyre ;
Et le voyant venir, les fleurs, toutes les fleurs,
Celles qui des rubis font pâlir les couleurs,
Celles qui des paons même éclipseraient les queues,
Les petites fleurs d'or, les petites fleurs bleues,
Prennent, pour l'accueillir agitant leurs bouquets,
De petits airs penchés ou de grands airs coquets,
Et, familièrement, car cela sied aux belles :
10 « Tiens ! c'est notre amoureux qui passe ! » disent-elles.
Et, pleins de jour et d'ombre et de confuses voix,
Les grands arbres profonds qui vivent dans les bois,
Tous ces vieillards, les ifs, les tilleuls, les érables,
Les saules tout ridés, les chênes vénérables,
L'orme au branchage noir, de mousse appesanti,
Comme les ulémas quand paraît le muphti[2],
Lui font de grands saluts et courbent jusqu'à terre
Leurs têtes de feuillée et leurs barbes de lierre,
Contemplent de son front la sereine lueur,
20 Et murmurent tout bas : C'est lui ! c'est le rêveur !

Les Roches, juin 1831.

---

1. Graphie archaïsante. Le choix de cette graphie a également une raison métrique. Elle met en valeur la diérèse (po/ète) et donc le fait que le mot compte deux syllabes.

2. Théologiens musulmans (ulémas) se prosternant à l'arrivée d'une grande autorité religieuse (le muphti).

La nature

Le poète romantique entretient un lien étroit avec la nature comme source d'inspiration. C'est d'abord la nature antique dans laquelle il perçoit une unité cosmique dont l'homme fait partie. C'est aussi le signe de la présence de Dieu dans chaque créature. C'est enfin un reflet de l'âme et ses états.

III

Mes deux filles

Dans le frais clair-obscur du soir charmant qui tombe,
L'une pareille au cygne et l'autre à la colombe,
Belles, et toutes deux joyeuses, ô douceur !
Voyez, la grande sœur et la petite sœur
Sont assises au seuil du jardin, et sur elles
Un bouquet d'œillets blancs aux longues tiges frêles,
Dans une urne de marbre agité par le vent,
Se penche, et les regarde, immobile et vivant,
Et frissonne dans l'ombre, et semble, au bord du vase,
10 Un vol de papillons arrêté dans l'extase.

La Terrasse, près d'Enghien, juin 1842.

IV

Le firmament[1] est plein de la vaste clarté ;
Tout est joie, innocence, espoir, bonheur, bonté.
Le beau lac brille au fond du vallon qui le mure ;
Le champ sera fécond, la vigne sera mûre ;
Tout regorge de sève et de vie et de bruit,
De rameaux verts, d'azur frissonnant, d'eau qui luit,
Et de petits oiseaux qui se cherchent querelle.
Qu'a donc le papillon ? qu'a donc la sauterelle ?
La sauterelle a l'herbe, et le papillon l'air ;
10 Et tous deux ont avril, qui rit dans le ciel clair.
Un refrain joyeux sort de la nature entière ;
Chanson qui doucement monte et devient prière.
Le poussin court, l'enfant joue et danse, l'agneau
Saute, et, laissant tomber goutte à goutte son eau,
Le vieux antre, attendri, pleure comme un visage ;

---

1. La voûte céleste.

Aurore

Le vent lit à quelqu'un d'invisible un passage
Du poëme inouï de la création ;
L'oiseau parle au parfum ; la fleur parle au rayon ;
Les pins sur les étangs dressent leur verte ombelle[2] ;
20 Les nids ont chaud. L'azur trouve la terre belle ;
Onde et sphère ; à la fois tous les climats flottants ;
Ici l'automne, ici l'été, là le printemps.
Ô coteaux ! ô sillons ! souffles, soupirs, haleines !
L'hosanna[3] des forêts, des fleuves et des plaines,
S'élève gravement vers Dieu, père du jour ;
Et toutes les blancheurs sont des strophes d'amour ;
Le cygne dit : Lumière ! et le lys dit : Clémence !
Le ciel s'ouvre à ce chant comme une oreille immense.
Le soir vient ; et le globe à son tour s'éblouit,
30 Devient un œil énorme et regarde la nuit ;
Il savoure, éperdu, l'immensité sacrée,
La contemplation du splendide empyrée[4],
Les nuages de crêpe et d'argent, le zénith,
Qui, formidable, brille et flamboie et bénit,
Les constellations, ces hydres[5] étoilées,
Les effluves du sombre et du profond, mêlées
À vos effusions, astres de diamant,
Et toute l'ombre avec tout le rayonnement !
L'infini tout entier d'extase se soulève.
40 Et, pendant ce temps-là, Satan, l'envieux, rêve.

La Terrasse, avril 1840.

---

2. Ensemble de petites fleurs formant une coupole.

3. Acclamation religieuse.

4. La plus élevée des sphères célestes.

5. Animaux fabuleux et dangereux.

V
À André Chénier[1]

Oui, mon vers croit pouvoir, sans se mésallier[2],
Prendre à la prose un peu de son air familier.
André, c'est vrai, je ris quelquefois sur la lyre.
Voici pourquoi. Tout jeune encor, tâchant de lire
Dans le livre effrayant des forêts et des eaux,
J'habitais un parc sombre où jasaient des oiseaux,
Où des pleurs souriaient dans l'œil bleu des pervenches ;
Un jour que je songeais seul au milieu des branches,
Un bouvreuil[3] qui faisait le feuilleton[4] du bois
10   M'a dit : « Il faut marcher à terre quelquefois.
» La nature est un peu moqueuse autour des hommes ;
» Ô poëte, tes chants, ou ce qu'ainsi tu nommes,
» Lui ressembleraient mieux si tu les dégonflais.
» Les bois ont des soupirs, mais ils ont des sifflets.
» L'azur luit, quand parfois la gaîté le déchire ;
» L'Olympe reste grand en éclatant de rire ;
» Ne crois pas que l'esprit du poëte descend
» Lorsque entre deux grands vers un mot passe en dansant.
» Ce n'est pas un pleureur que le vent en démence ;
20   » Le flot profond n'est pas un chanteur de romance ;
» Et la nature, au fond des siècles et des nuits,
» Accouplant Rabelais à Dante plein d'ennuis,
» Et l'Ugolin sinistre au Grandgousier[5] difforme,
» Près de l'immense deuil montre le rire énorme. »

Les Roches, juillet 1830.

---

1. Poète français (1762-1794), guillotiné sous la Terreur. Victor Hugo célèbre ici son inspiration bucolique.

2. Faire une mauvaise alliance.

3. Oiseau au plumage gris et noir, rouge sur la poitrine.

4. Ici l'oiseau raconte la chronique du bois.

5. Personnages de fiction présents dans les œuvres du poète médiéval italien Dante (Ugolin est un personnage tragique) et de l'écrivain français du XVIe siècle Rabelais (Grandgousier est un personnage comique).

VI

La vie aux champs

Le soir, à la campagne, on sort, on se promène,
Le pauvre dans son champ, le riche en son domaine ;
Moi, je vais devant moi ; le poëte en tout lieu
Se sent chez lui, sentant qu'il est partout chez Dieu.
Je vais volontiers seul. Je médite ou j'écoute.
Pourtant, si quelqu'un veut m'accompagner en route,
J'accepte. Chacun a quelque chose en l'esprit,
Et tout homme est un livre où Dieu lui-même écrit.
Chaque fois qu'en mes mains un de ces livres tombe,
Volume où vit une âme et que scelle la tombe,
J'y lis.

    Chaque soir donc, je m'en vais, j'ai congé,
Je sors. J'entre en passant chez des amis que j'ai.
On prend le frais, au fond du jardin, en famille.
Le serein[1] mouille un peu les bancs sous la charmille ;
N'importe ! je m'assieds, et je ne sais pourquoi
Tous les petits enfants viennent autour de moi.
Dès que je suis assis, les voilà tous qui viennent.
C'est qu'ils savent que j'ai leurs goûts ; ils se souviennent
Que j'aime comme eux l'air, les fleurs, les papillons,
Et les bêtes qu'on voit courir dans les sillons.
Ils savent que je suis un homme qui les aime,
Un être auprès duquel on peut jouer, et même
Crier, faire du bruit, parler à haute voix ;
Que je riais comme eux et plus qu'eux autrefois,
Et qu'aujourd'hui, sitôt qu'à leurs ébats j'assiste,
Je leur souris encor, bien que je sois plus triste ;
Ils disent, doux amis, que je ne sais jamais
Me fâcher ; qu'on s'amuse avec moi ; que je fais
Des choses en carton, des dessins à la plume ;
Que je raconte, à l'heure où la lampe s'allume,

---

1. Fraîcheur du soir.

Aurore

Oh ! des contes charmants qui vous font peur la nuit,
Et qu'enfin je suis doux, pas fier et fort instruit.
Aussi, dès qu'on m'a vu : « le voilà ! » tous accourent.
Ils quittent jeux, cerceaux et balles ; ils m'entourent
Avec leurs beaux grands yeux d'enfants, sans peur, sans fiel,
Qui semblent toujours bleus, tant on y voit le ciel !

Les petits – quand on est petit, on est très brave –
Grimpent sur mes genoux ; les grands ont un air grave ;
Ils m'apportent des nids de merles qu'ils ont pris,
40   Des albums, des crayons qui viennent de Paris ;
On me consulte, on a cent choses à me dire,
On parle, on cause, on rit surtout ; – j'aime le rire,
Non le rire ironique aux sarcasmes moqueurs,
Mais le doux rire honnête ouvrant bouches et cœurs,
Qui montre en même temps des âmes et des perles. –

J'admire les crayons, l'album, les nids de merles ;
Et quelquefois on dit quand j'ai bien admiré :
« Il est du même avis que monsieur le curé. »
Puis, lorsqu'ils ont jasé[2] tous ensemble à leur aise,
50   Ils font soudain, les grands s'appuyant à ma chaise,
Et les petits toujours groupés sur mes genoux,
Un silence, et cela veut dire : « Parle-nous. »

Je leur parle de tout. Mes discours en eux sèment
Ou l'idée ou le fait. Comme ils m'aiment, ils aiment
Tout ce que je leur dis. Je leur montre du doigt
Le ciel, Dieu qui s'y cache, et l'astre qu'on y voit.
Tout, jusqu'à leur regard, m'écoute. Je dis comme
Il faut penser, rêver, chercher. Dieu bénit l'homme,
Non pour avoir trouvé, mais pour avoir cherché.
60   Je dis : Donnez l'aumône au pauvre humble et penché ;
Recevez doucement la leçon ou le blâme.
Donner et recevoir, c'est faire vivre l'âme !

---

2. Bavardé.

Aurore

Je leur conte la vie, et que, dans nos douleurs,
Il faut que la bonté soit au fond de nos pleurs,
Et que, dans nos bonheurs, et que, dans nos délires,
Il faut que la bonté soit au fond de nos rires ;
Qu'être bon, c'est bien vivre ; et que l'adversité
Peut tout chasser d'une âme, excepté la bonté ;
Et qu'ainsi les méchants, dans leur haine profonde,
70 Ont tort d'accuser Dieu. Grand Dieu ! nul homme au monde
N'a droit, en choisissant sa route, en y marchant,
De dire que c'est toi qui l'as rendu méchant ;
Car le méchant, Seigneur, ne t'est pas nécessaire.

Je leur raconte aussi l'histoire ; la misère
Du peuple juif, maudit qu'il faut enfin bénir ;
La Grèce, rayonnant jusque dans l'avenir ;
Rome ; l'antique Égypte et ses plaines sans ombre,
Et tout ce qu'on y voit de sinistre et de sombre.
Lieux effrayants ! tout meurt ; le bruit humain finit.
80 Tous ces démons taillés dans des blocs de granit,
Olympe monstrueux des époques obscures,
Les Sphinx, les Anubis, les Ammons, les Mercures[3],
Sont assis au désert depuis quatre mille ans.
Autour d'eux le vent souffle, et les sables brûlants
Montent comme une mer d'où sort leur tête énorme ;
La pierre mutilée a gardé quelque forme
De statue ou de spectre, et rappelle d'abord
Les plis que fait un drap sur la face d'un mort ;
On y distingue encor le front, le nez, la bouche,
90 Les yeux, je ne sais quoi d'horrible et de farouche
Qui regarde et qui vit, masque vague et hideux.
Le voyageur de nuit, qui passe à côté d'eux,
S'épouvante, et croit voir, aux lueurs des étoiles,
Des géants enchaînés et muets sous des voiles.

La Terrasse, août 1840.

---

3. Noms de divinité antiques, dans l'ordre, grecque, égyptiennes et romaine.

VII

🔎 Réponse à un acte d'accusation

Donc, c'est moi qui suis l'ogre et le bouc émissaire.
Dans ce chaos du siècle où votre cœur se serre,
J'ai foulé le bon goût et l'ancien vers françois[1]
Sous mes pieds, et, hideux, j'ai dit à l'ombre : « Sois ! »
Et l'ombre fut. – Voilà votre réquisitoire.
Langue, tragédie, art, dogmes, conservatoire,
Toute cette clarté s'est éteinte, et je suis
Le responsable, et j'ai vidé l'urne des nuits.
De la chute de tout je suis la pioche inepte[2] ;
C'est votre point de vue. Eh bien, soit, je l'accepte ;
C'est moi que votre prose en colère a choisi ;
Vous me criez : Racca[3] ; moi, je vous dis : Merci !
Cette marche du temps, qui ne sort d'une église
Que pour entrer dans l'autre, et qui se civilise,
Ces grandes questions d'art et de liberté,
Voyons-les, j'y consens, par le moindre côté
Et par le petit bout de la lorgnette. En somme,
J'en conviens, oui, je suis cet abominable homme ;
Et, quoique, en vérité, je pense avoir commis
D'autres crimes encor que vous avez omis[4],
Avoir un peu touché les questions obscures,
Avoir sondé les maux, avoir cherché les cures[5],
De la vieille ânerie insulté les vieux bâts[6],
Secoué le passé du haut jusques en bas,

---

1. Français.

2. Inapte et stupide.

3. Crier Racca : injurier.

4. Oublié.

5. Traitements, remèdes.

6. Dispositif que l'on place sur le dos des bêtes de somme pour le transport de leur charge / jeu de mots sur « âne bâté » : ignorant, lourdaud.

🔎 La bataille pour la liberté

Le romantisme de Victor Hugo s'incarne dans la poésie, dans le roman et également dans le théâtre où sa pièce *Hernani* (1830), drame d'un nouveau genre, suscita un véritable conflit poétique entre anciens et modernes, surnommé « la bataille d'*Hernani* ». Ici, le poète rassemble ses souvenirs littéraires pour montrer que les choix d'écriture poétique ont une dimension politique. Ils visent la liberté sous toutes ses formes.

Aurore

Et saccagé le fond tout autant que la forme,
Je me borne à ceci : je suis ce monstre énorme,
Je suis le démagogue[7] horrible et débordé,
Et le dévastateur du vieil A B C D ;
Causons.

Quand je sortis du collège, du thème[8],
30   Des vers latins, farouche, espèce d'enfant blême
Et grave, au front penchant, aux membres appauvris,
Quand, tâchant de comprendre et de juger, j'ouvris
Les yeux sur la nature et sur l'art, l'idiome[9],
Peuple et noblesse, était l'image du royaume ;
La poésie était la monarchie ; un mot
Était un duc et pair, ou n'était qu'un grimaud[10] ;
Les syllabes pas plus que Paris et que Londre
Ne se mêlaient ; ainsi marchent sans se confondre
Piétons et cavaliers traversant le pont Neuf ;
40   La langue était l'état avant quatre-vingt-neuf ;
Les mots, bien ou mal nés, vivaient parqués en castes[11] ;
Les uns, nobles, hantant les Phèdres, les Jocastes,
Les Méropes[12], ayant le décorum[13] pour loi,
Et montant à Versaille aux carrosses du roi ;
Les autres, tas de gueux, drôles patibulaires[14],
Habitant les patois ; quelques-uns aux galères
Dans l'argot ; dévoués à tous les genres bas ;
Déchirés en haillons dans les halles ; sans bas,
Sans perruque ; créés pour la prose et la farce ;
50   Populace du style au fond de l'ombre éparse ;

---

7. Personne qui flatte les masses pour les exploiter.

8. Exercice scolaire de traduction de textes français en latin.

9. Langue.

10. Homme inculte ou pédant

11. Classes sociales fermées.

12. Phèdre, Jocaste, Mérope : personnages féminins de la tragédie antique. Phèdre éprouve un amour coupable pour son beau-fils Hippolyte. Jocaste est la mère biologique d'Œdipe avant de devenir sa femme et Mérope, sa mère adoptive.

13. Protocole, apparat.

14. Inquiétants, dignes de la potence.

Les Contemplations • 27

Aurore

Vilains, rustres, croquants, que Vaugelas[15] leur chef
Dans le bagne Lexique avait marqué d'une F[16] ;
N'exprimant que la vie abjecte et familière,
Vils, dégradés, flétris, bourgeois, bons pour Molière.
Racine regardait ces marauds[17] de travers ;
Si Corneille en trouvait un blotti dans son vers,
Il le gardait, trop grand pour dire : Qu'il s'en aille ;
Et Voltaire criait : Corneille s'encanaille !
Le bonhomme Corneille, humble, se tenait coi[18].

60 Alors, brigand, je vins ; je m'écriai : Pourquoi
Ceux-ci toujours devant, ceux-là toujours derrière ?
Et sur l'Académie, aïeule et douairière[19],
Cachant sous ses jupons les tropes[20] effarés,
Et sur les bataillons d'alexandrins carrés,
Je fis souffler un vent révolutionnaire.
Je mis un bonnet rouge au vieux dictionnaire.
Plus de mot sénateur ! Plus de mot roturier[21] !
Je fis une tempête au fond de l'encrier,
Et je mêlai, parmi les ombres débordées,

70 Au peuple noir des mots l'essaim blanc des idées ;
Et je dis : Pas de mot où l'idée au vol pur
Ne puisse se poser, tout humide d'azur !
Discours affreux ! – Syllepse, hypallage, litote[22],
Frémirent ; je montai sur la borne Aristote[23],
Et déclarai les mots égaux, libres, majeurs.
Tous les envahisseurs et tous les ravageurs,
Tous ces tigres, les huns, les scythes et les daces[24],
N'étaient que des toutous auprès de mes audaces ;

---

15. Grammairien (1585-1650)
et membre de l'Académie française.

16. Marque au fer rouge des condamnés
et des faussaires.

17. Misérables, vauriens.

18. Silencieux.

19. Veuve qui jouit des biens
de son mari défunt.

20. Figures de style.

21. Non noble.

22. Figures de style.

23. Philosophe antique, auteur
de *La Poétique* qui théorise la tragédie.

24. Tribus de conquérants
et d'envahisseurs de l'Antiquité.

Aurore ▰

Je bondis hors du cercle et brisai le compas.
80 Je nommai le cochon par son nom ; pourquoi pas ?
Guichardin a nommé le Borgia, Tacite
Le Vitellius[25]. Fauve, implacable, explicite,
J'ôtai du cou du chien stupéfait son collier
D'épithètes ; dans l'herbe, à l'ombre du hallier[26],
Je fis fraterniser la vache et la génisse,
L'une étant Margoton et l'autre Bérénice[27].
Alors, l'ode, embrassant Rabelais, s'enivra ;
Sur le sommet du Pinde[28] on dansait Ça ira ;
Les neuf muses, seins nus, chantaient la Carmagnole[29] ;
90 L'emphase frissonna dans sa fraise espagnole[30] ;

Jean, l'ânier, épousa la bergère Myrtil[31].
On entendit un roi dire : « Quelle heure est-il ? »
Je massacrai l'albâtre[32], et la neige, et l'ivoire ;
Je retirai le jais[33] de la prunelle noire,
Et j'osai dire au bras : Sois blanc, tout simplement.
Je violai du vers le cadavre fumant ;
J'y fis entrer le chiffre[34] ; ô terreur ! Mithridate
Du siège de Cyzique[35] eût pu citer la date.
Jours d'effroi ! les Laïs[36] devinrent des catins.
100 Force mots, par Restaut[37] peignés tous les matins,

---

25. Guichardin est un historien italien du xviᵉ siècle qui dénonça les crimes de la famille Borgia et Tacite est un historien de l'Antiquité romaine qui écrivit l'histoire de l'empereur Vitellius.

26. Fourré.

27. Margoton : prénom d'un personnage de Molière. Bérénice : prénom de la reine de Palestine dans une tragédie de Racine.

28. Montagne grecque dédiée à Apollon et aux Muses.

29. Chanson révolutionnaire.

30. Figure d'exagération ici personnifiée dans un costume.

31. Personnages d'un genre, la pastorale, qui met en scène les amours des bergers.

32. Pierre d'une blancheur éclatante.

33. Pierre d'un noir luisant.

34. Par exemple le premier vers du drame hugolien *Cromwell* est le suivant : « Demain vingt-cinq juin mil six cent cinquante-sept ». Victor Hugo s'amuse ici des provocations présentes dans ces œuvres.

35. Cité grecque assiégée en 75 avant JC par Mithridate.

36. Laïs, amante du sculpteur antique Myron, devient une prostituée. Ici, un type féminin.

37. Grammairien du xviiiᵉ siècle.

Les Contemplations • **29**

Aurore

Et de Louis Quatorze ayant gardé l'allure,
Portaient encor perruque ; à cette chevelure
La Révolution, du haut de son beffroi[38],
Cria : « Transforme-toi ! c'est l'heure. Remplis-toi
» De l'âme de ces mots que tu tiens prisonnière ! »
Et la perruque alors rugit, et fut crinière.
Liberté ! c'est ainsi qu'en nos rébellions,
Avec des épagneuls nous fîmes des lions,
Et que, sous l'ouragan maudit que nous soufflâmes,
110   Toutes sortes de mots se couvrirent de flammes.
J'affichai sur Lhomond[39] des proclamations.
On y lisait : « – Il faut que nous en finissions !
» Au panier les Bouhours, les Batteux, les Brossettes[40] !
» À la pensée humaine ils ont mis les poucettes[41].
» Aux armes, prose et vers ! formez vos bataillons !
» Voyez où l'on en est : la strophe a des bâillons,
» L'ode a les fers aux pieds, le drame est en cellule.
» Sur le Racine mort le Campistron[42] pullule ! »
Boileau[43] grinça des dents ; je lui dis : Ci-devant,
120   Silence ! et je criai dans la foudre et le vent :
Guerre à la rhétorique et paix à la syntaxe !
Et tout quatre-vingt-treize éclata. Sur leur axe,
On vit trembler l'athos, l'ithos et le pathos[44].
Les matassins, lâchant Pourceaugnac et Cathos[45],
Poursuivant Dumarsais dans leur hideux bastringue[46],

---

38. Tour d'une ville

39. Spécialiste de la grammaire latine et de l'histoire antique au xviiie siècle.

40. Ensemble de grammairiens et de représentants du classicisme littéraire.

41. Menottes.

42. Auteur dramatique (1656-1723) peu valorisé.

43. Auteur (1636-1711) de *L'Art poétique* qui théorise la langue française classique.

44. Termes grecs. Ithos : mœurs, pathos : passion. Le mot Athos en revanche désigne une montagne !

45. Les matassins sont des danseurs qui dans la comédie de Molière, *M. de Pourceaugnac*, poursuivent ce dernier déguisés en médecins et armés de seringues et Cathos est un personnage des *Précieuses ridicules*.

46. Dumarsais est au xviiie siècle l'auteur d'un traité de figures de style, et le bastringue est un terme familier pour désigner un bal populaire.

Aurore

Des ondes du Permesse[47] emplirent leur seringue.
La syllabe, enjambant la loi qui la tria,
Le substantif manant[48], le verbe paria[49],
Accoururent. On but l'horreur jusqu'à la lie.
130 On les vit déterrer le songe d'Athalie[50] ;
Ils jetèrent au vent les cendres du récit
De Théramène[51] ; et l'astre Institut[52] s'obscurcit.
Oui, de l'ancien régime ils ont fait tables rases,
Et j'ai battu des mains, buveur du sang des phrases,
Quand j'ai vu, par la strophe écumante et disant
Les choses dans un style énorme et rugissant,
L'Art poétique pris au collet[53] dans la rue,
Et quand j'ai vu, parmi la foule qui se rue,
Pendre, par tous les mots que le bon goût proscrit,
140 La lettre aristocrate à la lanterne esprit.
Oui, je suis ce Danton ! je suis ce Robespierre[54] !
J'ai, contre le mot noble à la longue rapière[55],
Insurgé le vocable ignoble, son valet,
Et j'ai, sur Dangeau mort, égorgé Richelet[56].
Oui, c'est vrai, ce sont là quelques-uns de mes crimes.
J'ai pris et démoli la bastille des rimes.
J'ai fait plus : j'ai brisé tous les carcans de fer
Qui liaient le mot peuple, et tiré de l'enfer
Tous les vieux mots damnés, légions sépulcrales[57] ;
150 J'ai de la périphrase[58] écrasé les spirales,

---

47. La rivière des Muses.

48. Roturier par opposition
à gentilhomme.

49. Exclu, intouchable.

50. Référence à la tragédie biblique
de Racine *Athalie* (1691) où la reine
Athalie a un rêve prémonitoire.

51. Le récit de Théramène
est un morceau de bravoure de Racine
dans *Phèdre*. Théramène raconte
la mort d'Hippolyte dans une célèbre
hypotypose.

52. Il s'agit de l'Académie française qui veille
à la pureté de la langue et qui s'offusque ici
de tant de libertés.

53. Attrapé par le cou, capturé.

54. Révolutionnaires.

55. Épée longue et effilée.

56. Nom de deux grammairiens du XVIIIe siècle.

57. Qui évoquent la tombe.

58. Figure de style qui consiste à exprimer
en plusieurs mots ce qu'un seul mot pourrait
exprimer.

Les Contemplations • 31

Aurore

Et mêlé, confondu, nivelé sous le ciel
L'alphabet, sombre tour qui naquit de Babel[59] ;
Et je n'ignorais pas que la main courroucée
Qui délivre le mot, délivre la pensée.

L'unité, des efforts de l'homme est l'attribut.
Tout est la même flèche et frappe au même but.

Donc, j'en conviens, voilà, déduits[60] en style honnête,
Plusieurs de mes forfaits, et j'apporte ma tête.
Vous devez être vieux, par conséquent, papa,
160   Pour la dixième fois j'en fais meâ culpâ.
Oui, si Beauzée[61] est dieu, c'est vrai, je suis athée.
La langue était en ordre, auguste, épousousetée,
Fleur-de-lis d'or, Tristan et Boileau[62], plafond bleu,
Les quarante fauteuils et le trône au milieu ;
Je l'ai troublée, et j'ai, dans ce salon illustre,
Même un peu cassé tout ; le mot propre, ce rustre,
N'était que caporal : je l'ai fait colonel ;
J'ai fait un jacobin du pronom personnel,
Du participe, esclave à la tête blanchie,
170   Une hyène, et du verbe une hydre[63] d'anarchie.
Vous tenez le *reum confitentem*[64]. Tonnez !
J'ai dit à la narine : Eh mais ! tu n'es qu'un nez !
J'ai dit au long fruit d'or : Mais tu n'es qu'une poire !
J'ai dit à Vaugelas : Tu n'es qu'une mâchoire !
J'ai dit aux mots : Soyez république ! soyez
La fourmilière immense, et travaillez ! croyez,
Aimez, vivez ! – J'ai mis tout en branle, et, morose,
J'ai jeté le vers noble aux chiens noirs de la prose.

---

59. Ville biblique de Babylone.

60. Développés.

61. Grammairien du XVIIIe siècle.

62. Tristan Le Prévôt symbolise le despotisme royal et Boileau le despotisme littéraire.

63. Créature monstrueuse.

64. « Un accusé qui avoue ». Emprunté à un texte de Cicéron.

Aurore ▬

Et, ce que je faisais, d'autres l'ont fait aussi ;
180 Mieux que moi. Calliope, Euterpe au ton transi,
Polymnie[65], ont perdu leur gravité postiche.
Nous faisons basculer la balance hémistiche[66].
C'est vrai, maudissez-nous. Le vers, qui sur son front
Jadis portait toujours douze plumes en rond,
Et sans cesse sautait sur la double raquette
Qu'on nomme prosodie et qu'on nomme étiquette[67],
Rompt désormais la règle et trompe le ciseau,
Et s'échappe, volant qui se change en oiseau,
De la cage césure[68], et fuit vers la ravine[69],
190 Et vole dans les cieux, alouette divine.

Tous les mots à présent planent dans la clarté.
Les écrivains ont mis la langue en liberté.
Et, grâce à ces bandits, grâce à ces terroristes,
Le vrai, chassant l'essaim des pédagogues[70] tristes,
L'imagination, tapageuse aux cent voix,
Qui casse des carreaux dans l'esprit des bourgeois,
La poésie au front triple, qui rit, soupire
Et chante, raille et croit ; que Plaute et que Shakspeare[71]
Semaient, l'un sur la plebs, et l'autre sur le mob[72] ;
200 Qui verse aux nations la sagesse de Job
Et la raison d'Horace[73] à travers sa démence ;
Qu'enivre de l'azur la frénésie immense,
Et qui, folle sacrée aux regards éclatants,
Monte à l'éternité par les degrés du temps,
La muse reparaît, nous reprend, nous ramène,
Se remet à pleurer sur la misère humaine,

---

65. Calliope, Euterpe et Polymnie : muses de l'épopée, de la musique et de la poésie lyrique.

66. Moitié d'un vers.

67. Règles de la poésie et protocole.

68. Coupe à l'intérieur d'un vers (à l'hémistiche).

69. Petit ravin.

70. Professeurs.

71. Plaute est un dramaturge de la Rome antique et Shakespeare un dramaturge anglais de l'ère élisabéthaine.

72. Plebs : « la foule » en latin ; mob : « la foule » en anglais.

73. Job : personnage biblique connu pour sa pauvreté proverbiale ; Horace : poète antique.

Les Contemplations • 33

Aurore

Frappe et console, va du zénith au nadir[74],
Et fait sur tous les fronts reluire et resplendir
Son vol, tourbillon, lyre, ouragan d'étincelles,
210 Et ses millions d'yeux sur ses millions d'ailes.

Le mouvement complète ainsi son action.
Grâce à toi, progrès saint, la Révolution
Vibre aujourd'hui dans l'air, dans la voix, dans le livre.
Dans le mot palpitant le lecteur la sent vivre.
Elle crie, elle chante, elle enseigne, elle rit.
Sa langue est déliée ainsi que son esprit.
Elle est dans le roman, parlant tout bas aux femmes.
Elle ouvre maintenant deux yeux où sont deux flammes,
L'un sur le citoyen, l'autre sur le penseur.
220 Elle prend par la main la Liberté, sa sœur,
Et la fait dans tout homme entrer par tous les pores.
Les préjugés, formés, comme les madrépores[75],
Du sombre entassement des abus sous les temps,
Se dissolvent au choc de tous les mots flottants
Pleins de sa volonté, de son but, de son âme.
Elle est la prose, elle est le vers, elle est le drame ;
Elle est l'expression, elle est le sentiment,
Lanterne dans la rue, étoile au firmament.
Elle entre aux profondeurs du langage insondable ;
230 Elle souffle dans l'art, porte-voix formidable ;
Et, c'est Dieu qui le veut, après avoir rempli
De ses fiertés le peuple, effacé le vieux pli
Des fronts, et relevé la foule dégradée,
Et s'être faite droit, elle se fait idée !

Paris, janvier 1834.

---

74. Le zénith et le nadir sont les deux points opposés de la sphère céleste.
75. Polype à squelette calcaire : corail.

VIII
Suite

Car le mot, qu'on le sache, est un être vivant.
La main du songeur vibre et tremble en l'écrivant ;
La plume, qui d'une aile allongeait l'envergure,
Frémit sur le papier quand sort cette figure,
Le mot, le terme, type on ne sait d'où venu,
Face de l'invisible, aspect de l'inconnu ;
Créé, par qui ? forgé, par qui ? jailli de l'ombre ;
Montant et descendant dans notre tête sombre,
Trouvant toujours le sens comme l'eau le niveau ;
10   Formule des lueurs flottantes du cerveau.

Oui, vous tous, comprenez que les mots sont des choses.
Ils roulent pêle-mêle au gouffre obscur des proses,
Ou font gronder le vers, orageuse forêt.
Du sphinx Esprit Humain le mot sait le secret.
Le mot veut, ne veut pas, accourt, fée ou bacchante[1],
S'offre, se donne ou fuit ; devant Néron[2] qui chante
Ou Charles-Neuf[3] qui rime, il recule hagard[4] ;
Tel mot est un sourire, et tel autre un regard ;
De quelque mot profond tout homme est le disciple ;
20   Toute force ici-bas a le mot pour multiple ;
Moulé sur le cerveau, vif ou lent, grave ou bref,
Le creux du crâne humain lui donne son relief ;
La vieille empreinte y reste auprès de la nouvelle ;
Ce qu'un mot ne sait pas, un autre le révèle ;
Les mots heurtent le front comme l'eau le récif ;
Ils fourmillent, ouvrant dans notre esprit pensif
Des griffes ou des mains, et quelques-uns des ailes ;
Comme en un âtre noir errent des étincelles,

---

1. Prêtresse de Bacchus, dieu du vin.

2. Empereur romain féru de poésie.

3. Roi de France et lettré du XVIᵉ siècle.

4. Effaré.

Aurore

Rêveurs, tristes, joyeux, amers, sinistres, doux,
30 Sombre peuple, les mots vont et viennent en nous ;
Les mots sont les passants mystérieux de l'âme.

Chacun d'eux porte une ombre ou secoue une flamme ;
Chacun d'eux du cerveau garde une région ;
Pourquoi ? c'est que le mot s'appelle Légion[5] ;
C'est que chacun, selon l'éclair qui le traverse,
Dans le labeur commun fait une œuvre diverse ;
C'est que, de ce troupeau de signes et de sons
Qu'écrivant ou parlant, devant nous nous chassons,
Naissent les cris, les chants, les soupirs, les harangues[6] ;
40 C'est que, présent partout, nain caché sous les langues,
Le mot tient sous ses pieds le globe et l'asservit ;
Et, de même que l'homme est l'animal où vit
L'âme, clarté d'en haut par le corps possédée,
C'est que Dieu fait du mot la bête de l'idée.

Le mot fait vibrer tout au fond de nos esprits.
Il remue, en disant : Béatrix, Lycoris,
Dante au Campo-Santo, Virgile au Pausilippe[7].
De l'océan pensée il est le noir polype[8].
Quand un livre jaillit d'Eschyle ou de Manou[9],
50 Quand saint Jean à Patmos[10] écrit sur son genou,
On voit parmi leurs vers pleins d'hydres et de stryges[11],
Des mots monstres ramper dans ces œuvres prodiges.

---

5. Le terme légion signifie multitude, mais c'est ici une référence à la formule présente dans l'Évangile de Marc : « et mon nom est Légion car nous sommes nombreux ».

6. Discours solennels.

7. Le campo Santo et le Pausilippe sont les lieux où les poètes Dante et Virgile sont enterrés. Les vers signifient que les poètes sont ressuscités par le nom de leurs amantes : Beatrice pour Dante et Lycoris pour Virgile. Néanmoins, Hugo oublie que Lycoris n'était pas aimée de Virgile mais de son ami Gallus.

8. Tumeur.

9. Eschyle : dramaturge de la Grèce antique. Manou : législateur mythique des Indiens.

10. Apôtre auteur d'un récit de l'Apocalypse.

11. Monstres imaginaires.

Aurore

Ô main de l'impalpable ! ô pouvoir surprenant !
Mets un mot sur un homme, et l'homme frissonnant
Sèche et meurt, pénétré par la force profonde ;
Attache un mot vengeur au flanc de tout un monde,
Et le monde, entraînant pavois, glaive, échafaud,
Ses lois, ses mœurs, ses dieux, s'écroule sous le mot.
Cette toute-puissance immense sort des bouches.
60 La terre est sous les mots comme un champ sous les mouches.
Le mot dévore, et rien ne résiste à sa dent.
À son haleine, l'âme et la lumière aidant,
L'obscure énormité lentement s'exfolie.
Il met sa force sombre en ceux que rien ne plie ;
Caton[12] a dans les reins cette syllabe : NON.
Tous les grands obstinés, Brutus, Colomb, Zénon[13],
Ont ce mot flamboyant qui luit sous leur paupière :
ESPÉRANCE ! – Il entr'ouvre une bouche de pierre
Dans l'enclos formidable où les morts ont leur lit,
70 Et voilà que don Juan pétrifié pâlit !
Il fait le marbre spectre, il fait l'homme statue.
Il frappe, il blesse, il marque, il ressuscite, il tue.
Nemrod[14] dit : « Guerre ! » Alors, du Gange à l'Ilissus[15],
Le fer luit, le sang coule. « Aimez-vous ! » dit Jésus,
Et ce mot à jamais brille et se réverbère
Dans le vaste univers, sur tous, sur toi, Tibère[16],
Dans les cieux, sur les fleurs, sur l'homme rajeuni,
Comme le flamboiement d'amour de l'infini !

Quand, aux jours où la terre entr'ouvrait sa corolle,
80 Le premier homme dit la première parole,
Le mot né de sa lèvre, et que tout entendit,
Rencontra dans les cieux la lumière, et lui dit :

---

12. Homme politique romain.

13. Brutus, fils adoptif de César, tua ce dernier ;
Christophe Colomb a découvert l'Amérique ;
Zénon est un philosophe présocratique
connu pour ses paradoxes.

14. Personnage biblique.

15. Fleuves de l'Inde (le Gange)
et de Grèce (l'Illissus).

16. Empereur romain.

Les Contemplations • 37

■ Aurore

« Ma sœur !

» Envole-toi ! plane ! sois éternelle !

» Allume l'astre ! emplis à jamais la prunelle !

» Échauffe éthers[17], azurs, sphères, globes ardents ;

» Éclaire le dehors, j'éclaire le dedans.

» Tu vas être une vie, et je vais être l'autre.

» Sois la langue de feu, ma sœur, je suis l'apôtre.

» Surgis, efface l'ombre, éblouis l'horizon,

90 » Sois l'aube ; je te vaux, car je suis la raison ;

» À toi les yeux, à moi les fronts. Ô ma sœur blonde,

» Sous le réseau Clarté tu vas saisir le monde ;

» Avec tes rayons d'or tu vas lier entre eux

» Les terres, les soleils, les fleurs, les flots vitreux,

» Les champs, les cieux ; et moi, je vais lier les bouches ;

» Et sur l'homme, emporté par mille essors farouches,

» Tisser, avec des fils d'harmonie et de jour,

» Pour prendre tous les cœurs, l'immense toile Amour.

» J'existais avant l'âme. Adam n'est pas mon père.

100 » J'étais même avant toi : tu n'aurais pu, lumière,

» Sortir sans moi du gouffre où tout rampe enchaîné ;

» Mon nom est Fɪᴀᴛ ʟᴜx[18], et je suis ton aîné ! »

Oui, tout-puissant ! tel est le mot. Fou qui s'en joue !

Quand l'erreur fait un nœud dans l'homme, il le dénoue.

Il est foudre dans l'ombre et ver dans le fruit mûr.

Il sort d'une trompette, il tremble sur un mur,

Et Balthazar chancelle, et Jéricho s'écroule[19].

Il s'incorpore au peuple, étant lui-même foule.

Il est vie, esprit, germe, ouragan, vertu, feu ;

110 Car le mot, c'est le Verbe, et le Verbe, c'est Dieu.

Jersey, juin 1855.

---

17. Ici espace céleste.

18. « Que la lumière soit. » Formule considérée comme les premières paroles de Dieu dans la Genèse.

19. Balthazar est le dernier roi de Babylone qui mourut après un festin trop copieux et Jéricho est une ville biblique prise par les Hébreux grâce au son de leurs trompettes qui firent tomber les murs d'enceinte.

IX

Le poëme éploré se lamente ; le drame
Souffre, et par vingt acteurs répand à flots son âme ;
Et la foule accoudée un moment s'attendrit,
Puis reprend : « Bah ! l'auteur est un homme d'esprit,
» Qui, sur de faux héros lançant de faux tonnerres,
» Rit de nous voir pleurer leurs maux imaginaires.
» Ma femme, calme-toi ; sèche tes yeux, ma sœur. »
La foule a tort : l'esprit, c'est le cœur ; le penseur
Souffre de sa pensée et se brûle à sa flamme.
Le poëte a saigné le sang qui sort du drame ;
Tous ces êtres qu'il fait l'étreignent de leurs nœuds ;
Il tremble en eux, il vit en eux, il meurt en eux ;
Dans sa création le poëte tressaille ;
Il est elle ; elle est lui ; quand dans l'ombre il travaille,
Il pleure, et s'arrachant les entrailles, les met
Dans son drame, et, sculpteur, seul sur son noir sommet,
Pétrit sa propre chair dans l'argile sacrée ;
Il y renaît sans cesse, et ce songeur qui crée
Othello d'une larme, Alceste d'un sanglot[1],
Avec eux pêle-mêle en ses œuvres éclôt.
Dans sa genèse immense et vraie, une et diverse,
Lui, le souffrant du mal éternel, il se verse,
Sans épuiser son flanc d'où sort une clarté.
Ce qui fait qu'il est dieu, c'est plus d'humanité.
Il est génie, étant, plus que les autres, homme.
Corneille est à Rouen[2], mais son âme est à Rome ;
Son front des vieux Catons[3] porte le mâle ennui.
Comme Shakspeare est pâle ! avant Hamlet, c'est lui
Que le fantôme attend sur l'âpre plate-forme[4],

---

1. *Othello* est une tragédie de Shakespeare et *Alceste* est une tragédie d'Euripide.

2. Ville de naissance du dramaturge Corneille.

3. Homme politique et écrivain romain.

4. Allusion à une scène de la tragédie shakespearienne *Hamlet* où le jeune homme aperçoit le fantôme de son père, mort assassiné et qui lui demande de le venger.

Les Contemplations • 39

Aurore

30 Pendant qu'à l'horizon surgit la lune énorme.
Du mal dont rêve Argan, Poquelin est mourant[5] ;
Il rit : oui, peuple, il râle ! Avec Ulysse errant,
Homère éperdu fuit dans la brume marine[6].
Saint Jean frissonne ; au fond de sa sombre poitrine
L'Apocalypse[7] horrible agite son tocsin[8].
Eschyle ! Oreste marche et rugit dans ton sein[9],
Et c'est, ô noir poëte à la lèvre irritée,
Sur ton crâne géant qu'est cloué Prométhée.

Paris, janvier 1834.

---

5. Argan est le personnage du *Malade imaginaire*, ultime pièce de théâtre jouée par Molière (de son véritable nom Jean-Baptiste Poquelin) qui, lui-même malade, mourut, dit-on, sur scène en interprétant le rôle.

6. Homère est un poète de la Grèce ancienne auteur de l'*Odyssée* qui met en scène le personnage d'Ulysse.

7. Jean est un apôtre auteur d'une Apocalypse.

8. Sonnerie de cloches qui avertit d'un danger.

9. Eschyle est un dramaturge grec auteur de *L'Orestie*.

Prométhée

Prométhée est un héros mythologique considéré comme le bienfaiteur de l'humanité car il a volé le feu aux dieux pour le donner aux hommes. Mais Zeus le punit en l'enchaînant sur le mont Caucase. Un aigle vient chaque jour lui dévorer le foie qui se reconstitue chaque nuit.

Explication de texte 2

Livre I, *Aurore*, poème IX
→ p. 39 à 40

Comment expliquer la création poétique ?

SITUER

1 Situez le poème IX dans le recueil. À quelle thématique est-il rattaché ?

EXPLIQUER

La dissociation entre l'homme et l'œuvre → v. 1 à 7

2 Sur quelle figure de style s'ouvre le poème ? Pour quel effet ?

3 Quelle est l'opinion de la foule concernant l'émotion suscitée par une œuvre ?

Le lien indéfectible entre l'homme et l'œuvre → v. 8 à 24

4 Quelle est la thèse du poète ? En quoi s'oppose-t-elle à la thèse de la foule ?

5 Expliquez les vers 13-14 : « Dans sa création le poëte tressaille ; / Il est elle ; elle est lui ».

Le génie poétique → v. 25 à 38

6 Relevez les exemples utilisés par le poète à l'appui de sa thèse et classez-les en distinguant l'œuvre, l'auteur, le genre littéraire, le pays et le siècle.

7 Pourquoi, à votre avis, ces exemples sont-ils aussi variés ?

CONCLURE

8 Sur quels aspects de la création poétique ce poème insiste-t-il ?

📖 ÉTUDE DE LA LANGUE

● Analysez les propositions relatives dans les vers 10-11.

⭐ ACTIVITÉ

● Pour un débat en classe sur la question suivante, élaborez votre réponse et vos arguments : les personnages d'une œuvre littéraire sont-ils nécessairement le reflet de la pensée et des émotions de l'auteur ?

Les Contemplations • **41**

X
À Madame D. G. de G.[1]

Jadis je vous disais : – Vivez, régnez, madame !
Le salon vous attend ! le succès vous réclame !
Le bal éblouissant pâlit quand vous partez !
Soyez illustre et belle ! aimez ! riez ! chantez !
Vous avez la splendeur des astres et des roses !
Votre regard charmant, où je lis tant de choses,
Commente vos discours légers et gracieux.
Ce que dit votre bouche étincelle en vos yeux.
Il semble, quand parfois un chagrin vous alarme,
10 Qu'ils versent une perle et non pas une larme.
Même quand vous rêvez, vous souriez encor.
Vivez, fêtée et fière, ô belle aux cheveux d'or !
Maintenant vous voilà pâle, grave, muette,
Morte, et transfigurée, et je vous dis : – Poëte !
Viens me chercher ! Archange ! être mystérieux !
Fais pour moi transparents et la terre et les cieux !
Révèle-moi, d'un mot de ta bouche profonde,
La grande énigme humaine et le secret du monde !
Confirme en mon esprit Descarte ou Spinosa[2] !
20 Car tu sais le vrai nom de celui qui perça,
Pour que nous puissions voir sa lumière sans voiles,
Ces trous du noir plafond qu'on nomme les étoiles !
Car je te sens flotter sous mes rameaux penchants ;
Car ta lyre invisible a de sublimes chants !
Car mon sombre océan, où l'esquif[3] s'aventure,
T'épouvante et te plaît ; car la sainte nature,
La nature éternelle, et les champs, et les bois,
Parlent à ta grande âme avec leur grande voix !

Paris, 1840. – Jersey, 1855.

---

1. Il s'agit de Delphine Gay de Girardin, poétesse
et amie de Victor Hugo qui mourut le 29 juin 1855.

2. Philosophes du XVIIe siècle.
3. Petite embarcation légère.

XI
Lise

J'avais douze ans ; elle en avait bien seize.
Elle était grande, et, moi, j'étais petit.
Pour lui parler le soir plus à mon aise,
Moi, j'attendais que sa mère sortît ;
Puis je venais m'asseoir près de sa chaise
Pour lui parler le soir plus à mon aise.

Que de printemps passés avec leurs fleurs !
Que de feux morts, et que de tombes closes !
Se souvient-on qu'il fut jadis des cœurs ?
10 Se souvient-on qu'il fut jadis des roses ?
Elle m'aimait. Je l'aimais. Nous étions
Deux purs enfants, deux parfums, deux rayons.

Dieu l'avait faite ange, fée et princesse.
Comme elle était bien plus grande que moi,
Je lui faisais des questions sans cesse
Pour le plaisir de lui dire : Pourquoi ?
Et, par moments elle évitait, craintive,
Mon œil rêveur qui la rendait pensive.

Puis j'étalais mon savoir enfantin,
20 Mes jeux, la balle et la toupie agile ;
J'étais tout fier d'apprendre le latin ;
Je lui montrais mon Phèdre et mon Virgile[1] ;

---

1. *Phèdre* : tragédie d'Euripide, reprise par Racine. Virgile est un poète romain.

Lise

Le personnage de Lise est lié à un souvenir d'enfance de Victor Hugo. Alors âgé de 9 ans, il avait séjourné avec sa famille à Bayonne lors d'un voyage pour aller retrouver le général Hugo en Espagne. Il avait rencontré une jeune fille d'une quinzaine d'années qui servit de modèle à Lise.

Aurore

Je bravais tout ; rien ne me faisait mal ;
Je lui disais : Mon père est général.

Quoiqu'on soit femme, il faut parfois qu'on lise
Dans le latin, qu'on épelle en rêvant ;
Pour lui traduire un verset, à l'église,
Je me penchais sur son livre souvent.
Un ange ouvrait sur nous son aile blanche,
30 Quand nous étions à vêpres le dimanche.

Elle disait de moi : C'est un enfant !
Je l'appelais mademoiselle Lise.
Pour lui traduire un psaume[2], bien souvent,
Je me penchais sur son livre à l'église ;
Si bien qu'un jour, vous le vîtes, mon Dieu !
Sa joue en fleur toucha ma lèvre en feu.

Jeunes amours, si vite épanouies,
Vous êtes l'aube et le matin du cœur.
Charmez l'enfant, extases inouïes !
40 Et, quand le soir vient avec la douleur,
Charmez encor nos âmes éblouies,
Jeunes amours, si vite épanouies !

Mai 1843.

---

2. Poème biblique.

XII

Vere novo[1]

Comme le matin rit sur les roses en pleurs !
Oh ! les charmants petits amoureux qu'ont les fleurs !
Ce n'est dans les jasmins, ce n'est dans les pervenches
Qu'un éblouissement de folles ailes blanches
Qui vont, viennent, s'en vont, reviennent, se fermant,
Se rouvrant, dans un vaste et doux frémissement.
Ô printemps ! quand on songe à toutes les missives[2]
Qui des amants rêveurs vont aux belles pensives,
À ces cœurs confiés au papier, à ce tas
De lettres que le feutre écrit au taffetas,
Au message d'amour, d'ivresse et de délire
Qu'on reçoit en avril et qu'en mai l'on déchire,
On croit voir s'envoler, au gré du vent joyeux,
Dans les prés, dans les bois, sur les eaux, dans les cieux,
Et rôder en tous lieux, cherchant partout une âme,
Et courir à la fleur en sortant de la femme,
Les petits morceaux blancs, chassés en tourbillons,
De tous les billets doux, devenus papillons.

Mai 1831.

---

1. « Au retour du printemps ». Formule issue d'une poésie de Virgile.
2. Lettres.

XIII
🔍 À propos d'Horace

Marchands de grec ! marchands de latin ! cuistres ! dogues !
Philistins ! Magisters[1] ! je vous hais, pédagogues !
Car, dans votre aplomb grave, infaillible, hébété,
Vous niez l'idéal, la grâce et la beauté !
Car vos textes, vos lois, vos règles sont fossiles !
Car, avec l'air profond, vous êtes imbéciles !
Car vous enseignez tout, et vous ignorez tout !
Car vous êtes mauvais et méchants ! – Mon sang bout
Rien qu'à songer au temps où, rêveuse bourrique[2],
10   Grand diable de seize ans, j'étais en rhétorique[3] !
Que d'ennuis ! de fureurs ! de bêtises ! – gredins ! –
Que de froids châtiments et que de chocs soudains !
« Dimanche en retenue et cinq cents vers d'Horace ! »
Je regardais le monstre aux ongles noirs de crasse,
Et je balbutiais : « Monsieur… – Pas de raisons !
Vingt fois l'ode à Plancus et l'épître aux Pisons[4] ! »
Or j'avais justement, ce jour-là, – douce idée
Qui me faisait rêver d'Armide et d'Haydée[5], –
Un rendez-vous avec la fille du portier.
20   Grand Dieu ! perdre un tel jour ! le perdre tout entier !
Je devais, en parlant d'amour, extase pure !
En l'enivrant avec le ciel et la nature,

---

1. Suite d'insultes : cuistres : pédants ; dogues : chiens de garde ; philistins : personnes de goût vulgaire, sans intérêt pour les arts et les lettres ; magisters : maîtres d'école, ici au sens de pédants.

2. Âne, au sens figuré : personne bête et têtue.

3. Classe de rhétorique : autrefois classe de première.

4. Il s'agit de copier vingt fois deux œuvres du poète romain Horace.

5. Armide est un personnage du poète italien Le Tasse et Haydée est un personnage du poète anglais Byron.

🔎 Romantisme et Antiquité

L'Antiquité classique reste une source d'inspiration constante pour Victor Hugo. Il admire Homère et apprécie particulièrement Virgile, poète latin qu'il choisit comme guide dans son parcours poétique. Il est touché par l'épisode de la descente aux enfers dans l'*Énéide*. Il est par ailleurs sensible à la poésie cosmique de Lucrèce (*De natura rerum*).

Aurore ▰▰

La mener, si le temps n'était pas trop mauvais,
Manger de la galette aux buttes Saint-Gervais[6] !
Rêve heureux ! je voyais, dans ma colère bleue,
Tout cet éden[7], congé, les lilas, la banlieue,
Et j'entendais, parmi le thym et le muguet,
Les vagues violons de la mère Saguet[8] !
Ô douleur ! Furieux, je montais à ma chambre,
30   Fournaise au mois de juin, et glacière en décembre,
Et, là, je m'écriais :

                    – Horace ! ô bon garçon !
Qui vivais dans le calme et selon la raison,
Et qui t'allais poser, dans ta sagesse franche,
Sur tout, comme l'oiseau se pose sur la branche,
Sans peser, sans rester, ne demandant aux dieux
Que le temps de chanter ton chant libre et joyeux !
Tu marchais, écoutant le soir, sous les charmilles,
Les rires étouffés des folles jeunes filles,
Les doux chuchotements dans l'angle obscur du bois ;
40   Tu courtisais ta belle esclave quelquefois,

Myrtale[9] aux blonds cheveux, qui s'irrite et se cabre
Comme la mer creusant les golfes de Calabre[10] ;
Ou bien tu t'accoudais à table, buvant sec
Ton vin que tu mettais toi-même en un pot grec.
Pégase[11] te soufflait des vers de sa narine ;
Tu songeais ; tu faisais des odes à Barine[12],
À Mécène, à Virgile, à ton champ de Tibur[13],
À Chloé qui passait le long de ton vieux mur,
Portant sur son beau front l'amphore délicate.

---

6. Il s'agit du Pré-Saint-Gervais,
en banlieue parisienne.

7. Paradis.

8. La mère Saguet tenait une guinguette
à côté de Vanves en banlieue parisienne.

9. Personnage de pastorale.

10. Région d'Italie.

11. Cheval ailé divin de la mythologie.

12. Prénom de femme chez Horace.

13. Mécène : homme politique romain ;
Virgile : poète romain ; le champ de Tibur :
ville de Tivoli en Italie.

Les Contemplations • **47**

Aurore

50 La nuit, lorsque Phœbé devient la sombre Hécate[14],
Les halliers[15] s'emplissaient pour toi de visions ;
Tu voyais des lueurs, des formes, des rayons,
Cerbère[16] se frotter, la queue entre les jambes,
À Bacchus, dieu des vins et père des ïambes ;
Silène[17] digérer dans sa grotte, pensif ;
Et se glisser dans l'ombre, et s'enivrer, lascif,
Aux blanches nudités des nymphes peu vêtues,
Le faune aux pieds de chèvre, aux oreilles pointues !
Horace, quand grisé d'un petit vin sabin,
60 Tu surprenais Glycère ou Lycoris[18] au bain,
Qui t'eût dit, ô Flaccus[19] ! quand tu peignais à Rome
Les jeunes chevaliers courant dans l'hippodrome,
Comme Molière a peint en France les marquis,
Que tu faisais ces vers charmants, profonds, exquis,
Pour servir, dans le siècle odieux où nous sommes,
D'instruments de torture à d'horribles bonshommes,
Mal peignés, mal vêtus, qui mâchent, lourds pédants,
Comme un singe une fleur, ton nom entre leurs dents !
Grimauds[20] hideux qui n'ont, tant leur tête est vidée,
70 Jamais eu de maîtresse et jamais eu d'idée !

Puis j'ajoutais, farouche :

                    – Ô cancres ! qui mettez
Une soutane aux dieux de l'éther[21] irrités,
Un béguin[22] à Diane, et qui de vos tricornes[23]
Coiffez sinistrement les olympiens mornes,
Eunuques[24], tourmenteurs, crétins, soyez maudits !
Car vous êtes les vieux, les noirs, les engourdis ;

---

14. Phœbé : fille d'Ouranos, associée à la lune ;
Hécate : déesse de la lune.

15. Groupes de buissons.

16. Chien mythologique à trois têtes gardien
des enfers.

17. Satyre qui accompagne Dionysos.

18. Prénoms féminins romains.

19. Surnom du poète Horace.

20. Ignorants.

21. Voûte céleste.

22. Coiffe.

23. Chapeaux à trois pointes.

24. Hommes sans virilité.

Aurore

Car vous êtes l'hiver ; car vous êtes, ô cruches !
L'ours qui va dans les bois cherchant un arbre à ruches,
L'ombre, le plomb, la mort, la tombe, le néant !
80 Nul ne vit près de vous dressé sur son séant ;
Et vous pétrifiez d'une haleine sordide
Le jeune homme naïf, étincelant, splendide ;
Et vous vous approchez de l'aurore, endormeurs !
À Pindare[25] serein plein d'épiques rumeurs,
À Sophocle, à Térence, à Plaute[26], à l'ambroisie[27],
Ô traîtres, vous mêlez l'antique hypocrisie,
Vos ténèbres, vos mœurs, vos jougs, vos exeats[28],
Et l'assoupissement des noirs couvents béats,
Vos coups d'ongle rayant tous les sublimes livres,
90 Vos préjugés qui font vos yeux de brouillards ivres,
L'horreur de l'avenir, la haine du progrès ;
Et vous faites, sans peur, sans pitié, sans regrets,
À la jeunesse, aux cœurs vierges, à l'espérance,
Boire dans votre nuit ce vieil opium rance !
Ô fermoirs de la bible humaine ! sacristains[29]
De l'art, de la science, et des maîtres lointains,
Et de la vérité que l'homme aux cieux épelle,
Vous changez ce grand temple en petite chapelle !
Guichetiers de l'esprit, faquins dont le goût sûr
100 Mène en laisse le beau, porte-clefs de l'azur,
Vous prenez Théocrite, Eschyle aux sacrés voiles,
Tibulle plein d'amour, Virgile[30] plein d'étoiles,
Vous faites de l'enfer avec ces paradis !

Et ma rage croissant, je reprenais :

– Maudits,

---

25. Poète romain.

26. Dramaturges grec et romains.

27. Nectar des dieux.

28. Autorisations de sortie d'un établissement.

29. Personnes laïques employées dans un diocèse.

30. Théocrite, Eschyle, Tibulle et Virgile : poètes grecs et romains.

Aurore

Ces monastères sourds ! Bouges[31] ! prisons haïes !
Oh ! comme on fit jadis au pédant de Veïes[32],
Culotte bas, vieux tigre ! Écoliers ! écoliers !
Accourez par essaims, par bandes, par milliers,
Du gamin de Paris au græculus de Rome[33],

110 Et coupez du bois vert, et fouaillez-moi[34] cet homme !
Jeunes bouches, mordez le metteur de bâillons !
Le mannequin sur qui l'on drape des haillons
A tout autant d'esprit que ce cuistre[35] en son antre,
Et tout autant de cœur ; et l'un a dans le ventre
Du latin et du grec comme l'autre a du foin.
Ah ! je prends Phyllodoce et Xanthis[36] à témoin
Que je suis amoureux de leurs claires tuniques ;
Mais je hais l'affreux tas des vils pédants iniques[37] !
Confier un enfant, je vous demande un peu,

120 À tous ces êtres noirs ! autant mettre, morbleu,
La mouche en pension chez une tarentule !
Ces moines, expliquer Platon, lire Catulle,
Tacite racontant le grand Agricola,
Lucrèce ! eux, déchiffrer Homère[38], ces gens-là !
Ces diacres, ces bedeaux[39] dont le groin renifle !
Crânes d'où sort la nuit, pattes d'où sort la gifle,
Vieux dadais à l'air rogue[40], au sourcil triomphant,
Qui ne savent pas même épeler un enfant !
Ils ignorent comment l'âme naît et veut croître.

130 Cela vous a Laharpe et Nonotte[41] pour cloître !
Ils en sont à l'A, B, C, D, du cœur humain ;
Ils sont l'horrible Hier qui veut tuer Demain ;

---

31. Taudis.

32. Référence à Tite-Live qui évoque un maître d'école châtié pour les mauvais traitements infligés à ses élèves.

33. « Petit Grec » de Rome.

34. Frappez-moi à coups de fouet.

35. Pédant, vaniteux.

36. Référence à deux personnages de Virgile.

37. Injustes.

38. Ensemble de philosophes, d'historiens et de poètes antiques.

39. Employés dans une église.

40. Vieux garçon niais à l'air arrogant.

41. Laharpe est un auteur classique et Nonotte est un jésuite adversaire de Voltaire.

Aurore ▬▬

Ils offrent à l'aiglon leurs règles d'écrevisses.
Et puis ces noirs tessons[42] ont une odeur de vices.
Ô vieux pots égueulés[43] des soifs qu'on ne dit pas !
Le pluriel met une S à leurs meâs culpâs[44],
Les boucs mystérieux, en les voyant, s'indignent,
Et, quand on dit : « Amour ! » terre et cieux ! ils se signent.
Leur vieux viscère mort insulte au cœur naissant.
140 Ils le prennent de haut avec l'adolescent,
Et ne tolèrent pas le jour entrant dans l'âme
Sous la forme pensée ou sous la forme femme.
Quand la muse apparaît, ces hurleurs de holà
Disent : « Qu'est-ce que c'est que cette folle-là ? »
Et, devant ses beautés, de ses rayons accrues,
Ils reprennent : « Couleurs dures, nuances crues ;
» Vapeurs, illusions, rêves ; et quel travers
» Avez-vous de fourrer l'arc-en-ciel dans vos vers ? »
Ils raillent les enfants, ils raillent les poëtes ;
150 Ils font aux rossignols leurs gros yeux de chouettes ;
L'enfant est l'ignorant, ils sont l'ignorantin ;
Ils raturent l'esprit, la splendeur, le matin ;
Ils sarclent[45] l'idéal ainsi qu'un barbarisme[46],
Et ces culs de bouteille ont le dédain du prisme !

Ainsi l'on m'entendait dans ma geôle[47] crier.

Le monologue avait le temps de varier.
Et je m'exaspérais, faisant la faute énorme,
Ayant raison au fond, d'avoir tort dans la forme.
Après l'abbé Tuet, je maudissais Bezout[48] ;
160 Car, outre les pensums[49] où l'esprit se dissout,

---

42. Débris de verre.

43. Ébréchés.

44. « C'est ma faute » en latin.

45. Arrachent.

46. Faute grossière de langage.

47. Prison.

48. Tuet est un rédacteur de manuels de latin et Bézout est un rédacteur de manuels de mathématiques au XVIIIᵉ siècle.

49. Punitions, travaux ennuyeux.

Les Contemplations • 51

Aurore

J'étais alors en proie à la mathématique.
Temps sombre ! enfant ému du frisson poétique,
Pauvre oiseau qui heurtais du crâne mes barreaux,
On me livrait tout vif aux chiffres, noirs bourreaux ;
On me faisait de force ingurgiter l'algèbre ;
On me liait au fond d'un Boisbertrand[50] funèbre ;
On me tordait, depuis les ailes jusqu'au bec,
Sur l'affreux chevalet des X et des Y ;
Hélas ! on me fourrait sous les os maxillaires[51]
170 Le théorème orné de tous ses corollaires[52] ;
Et je me débattais, lugubre patient
Du diviseur prêtant main-forte au quotient.
De là mes cris.

Un jour, quand l'homme sera sage,
Lorsqu'on n'instruira plus les oiseaux par la cage,
Quand les sociétés difformes sentiront
Dans l'enfant mieux compris se redresser leur front,
Que, des libres essors[53] ayant sondé les règles,
On connaîtra la loi de croissance des aigles,
Et que le plein midi rayonnera pour tous,
180 Savoir étant sublime, apprendre sera doux.
Alors, tout en laissant au sommet des études
Les grands livres latins et grecs, ces solitudes
Où l'éclair gronde, où luit la mer, où l'astre rit,
Et qu'emplissent les vents immenses de l'esprit,
C'est en les pénétrant d'explication tendre,
En les faisant aimer, qu'on les fera comprendre.
Homère emportera dans son vaste reflux
L'écolier ébloui ; l'enfant ne sera plus
Une bête de somme attelée à Virgile ;

---

50. Auteur d'un cours d'algèbre.

51. Les mâchoires.

52. Conséquences.

53. Élans.

Aurore

190　Et l'on ne verra plus ce vif esprit agile
　　　Devenir, sous le fouet d'un cuistre ou d'un abbé,
　　　Le lourd cheval poussif du pensum embourbé.
　　　Chaque village aura, dans un temple rustique,
　　　Dans la lumière, au lieu du magister[54] antique,
　　　Trop noir pour que jamais le jour y pénétrât,
　　　L'instituteur lucide et grave, magistrat
　　　Du progrès, médecin de l'ignorance, et prêtre
　　　De l'idée ; et dans l'ombre on verra disparaître
　　　L'éternel écolier et l'éternel pédant.
200　L'aube vient en chantant, et non pas en grondant.
　　　Nos fils riront de nous dans cette blanche sphère ;
　　　Ils se demanderont ce que nous pouvions faire
　　　Enseigner au moineau par le hibou hagard.
　　　Alors, le jeune esprit et le jeune regard
　　　Se lèveront avec une clarté sereine
　　　Vers la science auguste, aimable et souveraine ;
　　　Alors, plus de grimoire[55] obscur, fade, étouffant ;
　　　Le maître, doux apôtre incliné sur l'enfant,
　　　Fera, lui versant Dieu, l'azur et l'harmonie,
210　Boire la petite âme à la coupe infinie.
　　　Alors, tout sera vrai, lois, dogmes, droits, devoirs.
　　　Tu laisseras passer dans tes jambages[56] noirs
　　　Une pure lueur, de jour en jour moins sombre,
　　　Ô nature, alphabet des grandes lettres d'ombre !

Paris, mai 1831.

---

54. Maître d'école.

55. Écrit indéchiffrable.

56. Traits verticaux pour tracer les lettres *m, n, u*.

Les Contemplations • 53

XIV
🔍 À Granville, en 1836

Voici juin. Le moineau raille[1]
Dans les champs les amoureux ;
Le rossignol de muraille
Chante dans son nid pierreux.

Les herbes et les branchages,
Pleins de soupirs et d'abois,
Font de charmants rabâchages
Dans la profondeur des bois.

La grive et la tourterelle
10 Prolongent, dans les nids sourds,
La ravissante querelle
Des baisers et des amours.

Sous les treilles de la plaine,
Dans l'antre où verdit l'osier,
Virgile enivre Silène,
Et Rabelais Grandgousier[2].

Ô Virgile, verse à boire !
Verse à boire, ô Rabelais !
La forêt est une gloire ;
20 La caverne est un palais !

---

1. Tourne en ridicule.

2. Le poète latin Virgile fait boire le satyre Silène et Rabelais fait boire son personnage Grandgousier.

🔍 Granville

Granville est une ville normande où Victor Hugo s'est souvent promené. Elle est située sur la côte et l'on peut voir au loin l'île de Jersey où Hugo séjournera en 1852 lors de son exil.

Aurore

Il n'est pas de lac ni d'île
Qui ne nous prenne au gluau[3],
Qui n'improvise une idylle[4],
Ou qui ne chante un duo.

Car l'amour chasse aux bocages,
Et l'amour pêche aux ruisseaux,
Car les belles sont les cages
Dont nos cœurs sont les oiseaux.

De la source, sa cuvette,
30 La fleur, faisant son miroir,
Dit : « Bonjour », à la fauvette,
Et dit au hibou : « Bonsoir ».

Le toit espère la gerbe,
Pain d'abord et chaume après ;
La croupe du bœuf dans l'herbe
Semble un mont dans les forêts.

L'étang rit à la macreuse[5],
Le pré rit au loriot[6],
Pendant que l'ornière creuse
40 Gronde le lourd chariot.

L'or fleurit en giroflée ;
L'ancien zéphyr[7] fabuleux
Souffle avec sa joue enflée
Au fond des nuages bleus.

---

3. Planche enduite de glu pour prendre au piège les oiseaux.

4. Petit poème et/ou aventure amoureuse.

5. Canard migrateur.

6. Oiseau.

7. Vent d'ouest.

Les Contemplations • **55**

Aurore

Jersey[8], sur l'onde docile,
Se drape d'un beau ciel pur,
Et prend des airs de Sicile
Dans un grand haillon d'azur.

Partout l'églogue[9] est écrite ;
Même en la froide Albion[10],
L'air est plein de Théocrite[11],
Le vent sait par cœur Bion[12] ;

Et redit, mélancolique,
La chanson que fredonna
Moschus, grillon bucolique
De la cheminée Etna[13].

L'hiver tousse, vieux phtisique[14],
Et s'en va ; la brume fond ;
Les vagues font la musique
Des vers que les arbres font.

Toute la nature sombre
Verse un mystérieux jour ;
L'âme qui rêve a plus d'ombre
Et la fleur a plus d'amour.

L'herbe éclate en pâquerettes ;
Les parfums, qu'on croit muets,
Content les peines secrètes
Des liserons aux bleuets.

---

8. Île anglo-normande où Victor Hugo connaîtra l'exil.
9. Poème sur un sujet bucolique.
10. Angleterre.
11. Poète grec.
12. Poète bucolique.
13. Volcan de Sicile.
14. Tuberculeux.

Aurore

Les petites ailes blanches
70   Sur les eaux et les sillons
S'abattent en avalanches ;
Il neige des papillons.

Et sur la mer, qui reflète
L'aube au sourire d'émail,
La bruyère violette
Met au vieux mont un camail[15],

Afin qu'il puisse, à l'abîme
Qu'il contient et qu'il bénit,
Dire sa messe sublime
80   Sous sa mitre[16] de granit.

Granville, juin 1836.

XV
La coccinelle

Elle me dit : « Quelque chose
» Me tourmente. » Et j'aperçus
Son cou de neige, et, dessus,
Un petit insecte rose.

J'aurais dû – mais, sage ou fou,
À seize ans, on est farouche, –
Voir le baiser sur sa bouche
Plus que l'insecte à son cou.

On eût dit un coquillage ;
10   Dos rose et taché de noir.

---

15. Une pèlerine.   **16.** Couvre-chef des évêques.

Les Contemplations • **57**

Aurore

Les fauvettes pour nous voir
Se penchaient dans le feuillage.
Sa bouche fraîche était là :
Je me courbai sur la belle,
Et je pris la coccinelle ;
Mais le baiser s'envola.

« Fils, apprends comme on me nomme »,
Dit l'insecte du ciel bleu,
« Les bêtes sont au bon Dieu ;
20 » Mais la bêtise est à l'homme. »

Paris, mai 1830.

XVI
Vers 1820

Denise, ton mari, notre vieux pédagogue,
Se promène ; il s'en va troubler la fraîche églogue[1]
Du bel adolescent Avril dans la forêt ;
Tout tremble et tout devient pédant, dès qu'il paraît :
L'âne bougonne un thème au bœuf son camarade ;
Le vent fait sa tartine, et l'arbre sa tirade,
L'églantier verdissant, doux garçon qui grandit,
Déclame le récit de Théramène, et dit :
Son front large est armé de cornes menaçantes.

10 Denise, cependant, tu rêves et tu chantes,
À l'âge où l'innocence ouvre sa vague fleur,
Et, d'un œil ignorant, sans joie et sans douleur,
Sans crainte et sans désir, tu vois, à l'heure où rentre
L'étudiant en classe et le docteur dans l'antre,
Venir à toi, montant ensemble l'escalier,
L'ennui, maître d'école, et l'amour, écolier.

---

1. Poème sur un sujet bucolique.

XVII
À M. Froment Meurice[1]

Nous sommes frères : la fleur
Par deux arts peut être faite.
Le poëte est ciseleur[2],
Le ciseleur est poëte.

Poëtes ou ciseleurs,
Par nous l'esprit se révèle.
Nous rendons les bons meilleurs,
Tu rends la beauté plus belle.

Sur son bras ou sur son cou,
Tu fais de tes rêveries,
Statuaire[3] du bijou,
Des palais de pierreries !

Ne dis pas : « Mon art n'est rien… »
Sors de la route tracée,
Ouvrier magicien,
Et mêle à l'or la pensée !

Tous les penseurs, sans chercher
Qui finit ou qui commence,
Sculptent le même rocher :
Ce rocher, c'est l'art immense.

Michel-Ange[4], grand vieillard,
En larges blocs qu'il nous jette,
Le fait jaillir au hasard ;
Benvenuto[5] nous l'émiette.

---

1. Joaillier réputé (1802-1855).

2. Artisan qui crée des motifs décoratifs sur des objets d'orfèvrerie.

3. Sculpteur.

4. Sculpteur, peintre, architecte de la Renaissance italienne. On lui doit entre autres la chapelle Sixtine.

5. Benvenuto Cellini, orfèvre et sculpteur de la Renaissance italienne.

Les Contemplations • 59

Aurore

Et, devant l'art infini,
Dont jamais la loi ne change,
La miette de Cellini
Vaut le bloc de Michel-Ange.

Tout est grand ; sombre ou vermeil[6],
30 Tout feu qui brille est une âme.
L'étoile vaut le soleil ;
L'étincelle vaut la flamme.

Paris, 22 octobre 1841.

XVIII

Les oiseaux

Je rêvais dans un grand cimetière désert ;
De mon âme et des morts j'écoutais le concert,
Parmi les fleurs de l'herbe et les croix de la tombe.
Dieu veut que ce qui naît sorte de ce qui tombe.
Et l'ombre m'emplissait.

Autour de moi, nombreux,
Gais, sans avoir souci de mon front ténébreux,
Dans ce champ, lit fatal de la sieste dernière,
Des moineaux francs faisaient l'école buissonnière.
C'était l'éternité que taquine l'instant.
10 Ils allaient et venaient, chantant, volant, sautant,
Égratignant la mort de leurs griffes pointues,
Lissant leur bec au nez lugubre des statues,
Becquetant les tombeaux, ces grains mystérieux.
Je pris ces tapageurs ailés au sérieux ;
Je criai : – Paix aux morts ! vous êtes des harpies[1].

---

6. D'un rouge vif.

Poème XVIII – 1. Monstres à corps de vautour et à tête de femme.

Aurore

– Nous sommes des moineaux, me dirent ces impies[2].
– Silence ! allez-vous-en ! repris-je, peu clément.
Ils s'enfuirent ; j'étais le plus fort. Seulement,
Un d'eux resta derrière, et, pour toute musique,
20 Dressa la queue, et dit : – Quel est ce vieux classique ?

Comme ils s'en allaient tous, furieux, maugréant[3],
Criant, et regardant de travers le géant,
Un houx[4] noir qui songeait près d'une tombe, un sage,
M'arrêta brusquement par la manche au passage,
Et me dit : – Ces oiseaux sont dans leur fonction.
Laisse-les. Nous avons besoin de ce rayon.
Dieu les envoie. Ils font vivre le cimetière.
Homme, ils sont la gaîté de la nature entière.
Ils prennent son murmure au ruisseau, sa clarté
30 À l'astre, son sourire au matin enchanté ;
Partout où rit un sage, ils lui prennent sa joie,
Et nous l'apportent ; l'ombre en les voyant flamboie ;
Ils emplissent leurs becs des cris des écoliers ;
À travers l'homme et l'herbe, et l'onde, et les halliers[5],
Ils vont pillant la joie en l'univers immense.
Ils ont cette raison qui te semble démence[6].
Ils ont pitié de nous qui loin d'eux languissons[7] ;
Et, lorsqu'ils sont bien pleins de jeux et de chansons,
D'églogues[8], de baisers, de tous les commérages
40 Que les nids en avril font sous les verts ombrages,
Ils accourent, joyeux, charmants, légers, bruyants,
Nous jeter tout cela dans nos trous effrayants,
Et viennent, des palais, des bois, de la chaumière,
Vider dans notre nuit toute cette lumière !
Quand mai nous les ramène, ô songeur, nous disons :

---

2. Personnes qui méprisent la religion.
3. Grognant.
4. Arbrisseau.
5. Buissons.
6. Folie.
7. Languir : attendre avec impatience.
8. Poèmes bucoliques.

Les Contemplations • 61

Aurore

« Les voilà ! » tout s'émeut, pierres, tertres[9], gazons ;
Le moindre arbrisseau parle, et l'herbe est en extase ;
Le saule pleureur chante en achevant sa phrase ;
Ils confessent les ifs, devenus babillards[10] ;
50   Ils jasent de la vie avec les corbillards[11] ;
Des linceuls[12] trop pompeux ils décrochent l'agrafe ;
Ils se moquent du marbre ; ils savent l'orthographe ;
Et, moi qui suis ici le vieux chardon boudeur,
Devant qui le mensonge étale sa laideur
Et ne se gêne pas, me traitant comme un hôte,
Je trouve juste, ami, qu'en lisant à voix haute
L'épitaphe où le mort est toujours bon et beau,
Ils fassent éclater de rire le tombeau.

Paris, mai 1835.

XIX

Vieille chanson du jeune temps

Je ne songeais pas à Rose ;
Rose au bois vint avec moi ;
Nous parlions de quelque chose,
Mais je ne sais plus de quoi.

J'étais froid comme les marbres ;
Je marchais à pas distraits ;
Je parlais des fleurs, des arbres ;
Son œil semblait dire : « Après ? »

La rosée offrait ses perles,
10   Le taillis ses parasols ;
J'allais ; j'écoutais les merles,
Et Rose les rossignols.

---

9. Buttes de terre.

10. Bavards.

11. Véhicules dans lesquels on transporte les morts.

12. Draps mortuaires.

Aurore

Moi, seize ans, et l'air morose.
Elle vingt ; ses yeux brillaient.
Les rossignols chantaient Rose
Et les merles me sifflaient.

Rose, droite sur ses hanches,
Leva son beau bras tremblant
Pour prendre une mûre aux branches ;
20 Je ne vis pas son bras blanc.

Une eau courait, fraîche et creuse,
Sur les mousses de velours ;
Et la nature amoureuse
Dormait dans les grands bois sourds.

Rose défit sa chaussure,
Et mit, d'un air ingénu,
Son petit pied dans l'eau pure ;
Je ne vis pas son pied nu.

Je ne savais que lui dire ;
30 Je la suivais dans le bois,
La voyant parfois sourire
Et soupirer quelquefois.

Je ne vis qu'elle était belle
Qu'en sortant des grands bois sourds.
« Soit ; n'y pensons plus ! » dit-elle.
Depuis, j'y pense toujours.

Paris, juin 1831.

Les Contemplations • **63**

XX

À un poëte aveugle

Merci, poëte ! – Au seuil de mes lares[1] pieux,
Comme un hôte divin, tu viens et te dévoiles ;
Et l'auréole d'or de tes vers radieux
Brille autour de mon nom comme un cercle d'étoiles.

Chante ! Milton[2] chantait ; chante ! Homère a chanté.
Le poëte des sens perce la triste brume ;
L'aveugle voit dans l'ombre un monde de clarté.
Quand l'œil du corps s'éteint, l'œil de l'esprit s'allume.

Paris, mai 1842.

XXI

Elle était déchaussée, elle était décoiffée,
Assise, les pieds nus, parmi les joncs penchants ;
Moi qui passais par là, je crus voir une fée,
Et je lui dis : Veux-tu t'en venir dans les champs ?

Elle me regarda de ce regard suprême
Qui reste à la beauté quand nous en triomphons,
Et je lui dis : Veux-tu, c'est le mois où l'on aime,
Veux-tu nous en aller sous les arbres profonds ?

Elle essuya ses pieds à l'herbe de la rive ;
10 Elle me regarda pour la seconde fois,
Et la belle folâtre alors devint pensive.

---

1. Dieux tutélaires dans les maisons romaines.
2. Poète anglais.

Les aveugles

Ce poète aveugle est peut-être un certain Baour-Lormian, poète devenu aveugle. Mais on peut aussi penser à la légende qui fait symboliquement d'Homère un aède aveugle (mais inspiré par les dieux).

Aurore ▪

Oh ! comme les oiseaux chantaient au fond des bois !
Comme l'eau caressait doucement le rivage !
Je vis venir à moi, dans les grands roseaux verts,
La belle fille heureuse, effarée et sauvage,
Ses cheveux dans ses yeux, et riant au travers.

Mont.-l'Am.[1], juin 183...

XXII
La fête chez Thérèse[1]

La chose fut exquise et fort bien ordonnée.
C'était au mois d'avril, et dans une journée
Si douce, qu'on eût dit qu'amour l'eût faite exprès.
Thérèse la duchesse à qui je donnerais,
Si j'étais roi, Paris, si j'étais Dieu, le monde,
Quand elle ne serait que Thérèse la blonde,
Cette belle Thérèse, aux yeux de diamant,
Nous avait conviés dans son jardin charmant.

On était peu nombreux. Le choix faisait la fête.
10   Nous étions tous ensemble et chacun tête à tête.
Des couples pas à pas erraient de tous côtés.
C'étaient les fiers seigneurs et les rares beautés,
Les Amyntas rêvant auprès des Léonores[2] ,
Les marquises riant avec les monsignores[3] ;
Et l'on voyait rôder dans les grands escaliers
Un nain qui dérobait leur bourse aux cavaliers.
À midi, le spectacle avec la mélodie.
Pourquoi jouer Plautus[4] la nuit ? La comédie
Est une belle fille, et rit mieux au grand jour.

---

1. Montfort-l'Amaury est une ville des Yvelines
où Victor Hugo séjourna souvent chez des amis.
Poème XXII – 1. Les hypothèses concernant l'identité de
Thérèse sont nombreuses et fragiles. Il s'agit peut-être
d'une condensation de plusieurs souvenirs du poète.

2. Personnages de théâtre.
3. Messeigneurs en italien.
4. Plaute, auteur latin de comédies.

Les Contemplations • **65**

Aurore

20 Or, on avait bâti, comme un temple d'amour,
Près d'un bassin dans l'ombre habité par un cygne,
Un théâtre en treillage[5] où grimpait une vigne.
Un cintre à claire-voie[6] en anse de panier,
Cage verte où sifflait un bouvreuil[7] prisonnier,
Couvrait toute la scène, et sur leurs gorges blanches,
Les actrices sentaient errer l'ombre des branches.
On entendait au loin de magiques accords ;
Et, tout en haut, sortant de la frise à mi-corps,
Pour attirer la foule aux lazzis[8] qu'il répète,
30 Le blanc Pulcinella sonnait de la trompette.
Deux faunes soutenaient le manteau d'Arlequin[9] ;
Trivelin leur riait au nez comme un faquin.
Parmi les ornements sculptés dans le treillage,
Colombine dormait dans un gros coquillage,
Et, quand elle montrait son sein et ses bras nus,
On eût cru voir la conque, et l'on eût dit Vénus.
Le seigneur Pantalon, dans une niche, à droite,
Vendait des limons doux sur une table étroite,
Et criait par instants : « Seigneurs, l'homme est divin.
40 Dieu n'avait fait que l'eau, mais l'homme a fait le vin ! »
Scaramouche en un coin harcelait de sa batte
Le tragique Alcantor, suivi du triste Arbate[10] ;
Crispin, vêtu de noir, jouait de l'éventail ;
Perché, jambe pendante, au sommet du portail,
Carlino se penchait, écoutant les aubades,
Et son pied ébauchait de rêveuses gambades.

---

5. Type de clôture dans un jardin.

6. Partie du théâtre au-dessus
de la scène qui comporte des vides.

7. Oiseau de type passereau.

8. Jeux de scène de la commedia
dell'arte.

9. Châssis à droite et à gauche
de la scène de théâtre.

10. Alcantor est un personnage
de Molière et Arbate de Racine.

La commedia dell'arte

La commedia dell'arte est un type
de théâtre né en Italie au XVIe siècle qui eut
un énorme succès en Europe. Il est fondé
sur l'improvisation à partir d'un scénario
pré-établi, ce qui permet de valoriser le jeu
de l'acteur par des intonations,
des mimiques. Les personnages sont
encore célèbres de nos jours : Pulcinella :
Polichinelle ; Arlequin, Trivelin, Colombine,
Pantalon, Scaramouche, Crispin, Carlino.

Aurore

Le soleil tenait lieu de lustre ; la saison
Avait brodé de fleurs un immense gazon,
Vert tapis déroulé sous maint groupe folâtre.
50   Rangés des deux côtés de l'agreste théâtre,
Les vrais arbres du parc, les sorbiers, les lilas,
Les ébéniers[11] qu'avril charge de falbalas[12],
De leur sève embaumée exhalant les délices,
Semblaient se divertir à faire les coulisses,
Et, pour nous voir, ouvrant leurs fleurs comme des yeux,
Joignaient aux violons leur murmure joyeux ;
Si bien qu'à ce concert gracieux et classique,
La nature mêlait un peu de sa musique.

Tout nous charmait, les bois, le jour serein, l'air pur,
60   Les femmes tout amour et le ciel tout azur.

Pour la pièce, elle était fort bonne, quoique ancienne.
C'était, nonchalamment assis sur l'avant-scène,
Pierrot qui haranguait, dans un grave entretien,
Un singe timbalier à cheval sur un chien.

Rien de plus. C'était simple et beau. – Par intervalles,
Le singe faisait rage et cognait ses timbales ;
Puis Pierrot répliquait. – Écoutait qui voulait.
L'un faisait apporter des glaces au valet ;
L'autre, galant drapé d'une cape fantasque,
70   Parlait bas à sa dame en lui nouant son masque ;
Trois marquis attablés chantaient une chanson.
Thérèse était assise à l'ombre d'un buisson ;
Les roses pâlissaient à côté de sa joue,
Et, la voyant si belle, un paon faisait la roue.

Moi, j'écoutais, pensif, un profane couplet
Que fredonnait dans l'ombre un abbé violet.

---

11. Le sorbier et l'ébénier (l'ébène) sont des noms d'arbre.
12. Ornements excessifs.

Les Contemplations • **67**

Aurore

La nuit vint ; tout se tut ; les flambeaux s'éteignirent ;
Dans les bois assombris les sources se plaignirent ;
Le rossignol, caché dans son nid ténébreux,
Chanta comme un poëte et comme un amoureux.
Chacun se dispersa sous les profonds feuillages ;
Les folles en riant entraînèrent les sages ;
L'amante s'en alla dans l'ombre avec l'amant ;
Et, troublés comme on l'est en songe, vaguement,
Ils sentaient par degrés se mêler à leur âme,
À leurs discours secrets, à leurs regards de flamme,
À leur cœur, à leurs sens, à leur molle raison,
Le clair de lune bleu qui baignait l'horizon.

Avril 18…

XXIII

L'enfance

L'enfant chantait ; la mère au lit, exténuée,
Agonisait, beau front dans l'ombre se penchant ;
La mort au-dessus d'elle errait dans la nuée ;
Et j'écoutais ce râle, et j'entendais ce chant.

L'enfant avait cinq ans, et près de la fenêtre
Ses rires et ses jeux faisaient un charmant bruit ;
Et la mère, à côté de ce pauvre doux être
Qui chantait tout le jour, toussait toute la nuit.

La mère alla dormir sous les dalles du cloître ;
Et le petit enfant se remit à chanter… –
La douleur est un fruit ; Dieu ne le fait pas croître
Sur la branche trop faible encor pour le porter.

Paris, janvier 1835.

XXIV

Heureux l'homme, occupé de l'éternel destin,
Qui, tel qu'un voyageur qui part de grand matin,
Se réveille, l'esprit rempli de rêverie,
Et dès l'aube du jour se met à lire et prie !
À mesure qu'il lit, le jour vient lentement
Et se fait dans son âme ainsi qu'au firmament.
Il voit distinctement, à cette clarté blême,
Des choses dans sa chambre et d'autres en lui-même ;
Tout dort dans la maison ; il est seul, il le croit,
Et cependant, fermant leur bouche de leur doigt,
Derrière lui, tandis que l'extase l'enivre,
Les anges souriants se penchent sur son livre.

Paris, septembre 1842.

XXV
Unité

Par-dessus l'horizon aux collines brunies,
Le soleil, cette fleur des splendeurs infinies,
Se penchait sur la terre à l'heure du couchant ;
Une humble marguerite, éclose au bord d'un champ,
Sur un mur gris, croulant parmi l'avoine folle,
Blanche, épanouissait sa candide auréole ;
Et la petite fleur, par-dessus le vieux mur,
Regardait fixement, dans l'éternel azur,
Le grand astre épanchant sa lumière immortelle.
– Et moi, j'ai des rayons aussi ! – lui disait-elle.

Granville, juillet 1836.

Aurore

XXVI

Quelques mots à un autre[1]

On y revient ; il faut y revenir moi-même.
Ce qu'on attaque en moi, c'est mon temps, et je l'aime.
Certe, on me laisserait en paix, passant obscur,
Si je ne contenais, atome de l'azur,
Un peu du grand rayon dont notre époque est faite.

Hier le citoyen, aujourd'hui le poëte.
Le « romantique » après le « libéral ». – Allons,
Soit ; dans mes deux sentiers mordez mes deux talons.
Je suis le ténébreux par qui tout dégénère.
Sur mon autre côté lancez l'autre tonnerre.

Vous aussi, vous m'avez vu tout jeune, et voici
Que vous me dénoncez, bonhomme, vous aussi,
Me déchirant le plus allégrement du monde,
Par attendrissement pour mon enfance blonde.
Vous me criez : « Comment, Monsieur ! qu'est-ce que c'est ?
» La stance[2] va nu-pieds ! le drame est sans corset !
» La muse jette au vent sa robe d'innocence !
» Et l'art crève la règle, et dit : "C'est la croissance !" »
Géronte[3] littéraire aux aboiements plaintifs,
Vous vous ébahissez, en vers rétrospectifs,
Que ma voix trouble l'ordre, et que ce romantique
Vive, et que ce petit, à qui l'Art Poétique
Avec tant de bonté donna le pain et l'eau,
Devienne si pesant aux genoux de Boileau[4]

---

1. Ce poème fait écho à « Réponse à un acte d'accusation » (Livre I, poème 7).

2. Nombre défini de vers comportant une unité.

3. Personnage de vieillard dans les comédies de Molière.

4. Écrivain du xviie siècle et théoricien du classicisme.

Aurore ▬▶

Vous regardez mes vers, pourvus d'ongles et d'ailes,
Refusant de marcher derrière les modèles,
Comme après les doyens marchent les petits clercs ;
Vous en voyez sortir de sinistres éclairs ;
Horreur ! et vous voilà poussant des cris d'hyène
30 À travers les barreaux de la Quotidienne[5].

Vous épuisez sur moi tout votre calepin,
Et le père Bouhours et le père Rapin[6] ;
Et m'écrasant avec tous les noms qu'on vénère,
Vous lâchez le grand mot : Révolutionnaire.

Et, sur ce, les pédants en chœur disent : Amen !
On m'empoigne ; on me fait passer mon examen ;
La Sorbonne bredouille et l'école griffonne ;
De vingt plumes jaillit la colère bouffonne :
« Que veulent ces affreux novateurs ? ça, des vers !
40 » Devant leurs livres noirs, la nuit, dans l'ombre ouverts,
» Les lectrices ont peur au fond de leurs alcôves.
» Le Pinde[7] entend rugir leurs rimes bêtes fauves
» Et frémit. Par leur faute, aujourd'hui tout est mort ;
» L'alexandrin saisit la césure[8], et la mord ;
» Comme le sanglier dans l'herbe et dans la sauge,
» Au beau milieu du vers l'enjambement patauge ;
» Que va-t-on devenir ? Richelet[9] s'obscurcit.
» Il faut à toute chose un magister dixit[10].
» Revenons à la règle et sortons de l'opprobre[11] ;
50 » L'hippocrène[12] est de l'eau ; donc, le beau, c'est le sobre.
» Les vrais sages, ayant la raison pour lien,

---

5. Journal monarchiste.

6. Auteurs typiquement classiques.

7. Montagne grecque.

8. Coupe de l'alexandrin
à la sixième syllabe.

9. Théoricien de la poésie classique.

10. « Le professeur l'a dit » en latin.

11. L'humiliation.

12. Source consacrée aux Muses en Grèce.

Les Contemplations • **71**

Aurore

» Ont toujours consulté, sur l'art, Quintilien[13] ;
» Sur l'algèbre, Leibniz[14], sur la guerre, Végèce[15]. »

Quand l'impuissance écrit, elle signe : Sagesse.

Je ne vois pas pourquoi je ne vous dirais point
Ce qu'à d'autres j'ai dit, sans leur montrer le poing.
Eh bien, démasquons-nous ! c'est vrai, notre âme est noire ;
Sortons du domino nommé forme oratoire.
On nous a vus, poussant vers un autre horizon

60 La langue, avec la rime entraînant la raison,
Lancer au pas de charge, en batailles rangées,
Sur Laharpe[16] éperdu toutes ces insurgées.
Nous avons au vieux style attaché ce brûlot[17] :
Liberté ! Nous avons, dans le même complot,
Mis l'esprit, pauvre diable, et le mot, pauvre hère ;
Nous avons déchiré le capuchon, la haire[18],
Le froc, dont on couvrait l'Idée aux yeux divins.
Tous on fait rage en foule. Orateurs, écrivains,
Poëtes, nous avons, du doigt avançant l'heure,

70 Dit à la rhétorique : – Allons, fille majeure,
Lève les yeux ! – et j'ai, chantant, luttant, bravant,
Tordu plus d'une grille au parloir du couvent ;
J'ai, torche en main, ouvert les deux battants du drame ;
Pirates, nous avons, à la voile, à la rame,
De la triple unité pris l'aride archipel ;
Sur l'Hélicon[19] tremblant j'ai battu le rappel.
Tout est perdu ! le vers vague[20] sans muselière !

---

13. Rhéteur romain.

14. Philosophe et mathématicien.

15. Écrivain romain spécialisé dans la tactique militaire.

16. Écrivain et critique français du XVIIIe siècle.

17. Écrit polémique.

18. Chemise de chanvre, rugueuse, qu'on porte pour se punir de ses péchés.

19. Montagne grecque.

20. Divague, erre.

La triple unité

Règle d'unité de temps, de lieu et d'action établie par le théâtre classique au XVIIe siècle : l'intrigue doit se dérouler en un seul lieu, en vingt-quatre heures et être centrée sur une action principale.

Aurore ▬▶

À Racine effaré nous préférons Molière ;
Ô pédants ! à Ducis nous préférons Rotrou[21].
80 Lucrèce Borgia[22] sort brusquement d'un trou,
Et mêle des poisons hideux à vos guimauves ;
Le drame échevelé fait peur à vos fronts chauves ;
C'est horrible ! oui, brigand, jacobin, malandrin[23],
J'ai disloqué ce grand niais d'alexandrin.
Les mots de qualité, les syllabes marquises,
Vivaient ensemble au fond de leurs grottes exquises,
Faisant la bouche en cœur et ne parlant qu'entre eux,
J'ai dit aux mots d'en bas : Manchots, boiteux, goîtreux[24],
Redressez-vous, planez, et mêlez-vous, sans règles,
90 Dans la caverne immense et farouche des aigles !
J'ai déjà confessé ce tas de crimes-là ;
Oui, je suis Papavoine, Érostrate, Attila[25] :
Après ?
        Emportez-vous, et criez à la garde,
Brave homme ! tempêtez ! tonnez ! je vous regarde.

Nos progrès prétendus vous semblent outrageants ;
Vous détestez ce siècle où, quand il parle aux gens,
Le vers des trois saluts d'usage[26] se dispense ;
Temps sombre où, sans pudeur, on écrit comme on pense,
Où l'on est philosophe et poëte crûment,
100 Où de ton vin sincère, adorable, écumant,
Ô sévère idéal, tous les songeurs sont ivres.
Vous couvrez d'abat-jour, quand vous ouvrez nos livres,
Vos yeux, par la clarté du mot propre brûlés ;

---

21. Ducis est un auteur du XVIIIe siècle qui édulcora les tragédies de Shakespeare qui est opposé à un autre auteur : Rotrou, valorisé ici comme contemporain de Corneille.

22. Personnage du drame éponyme de Victor Hugo. Ce dernier en a fait l'emblème des mœurs dissolues du XVIe siècle italien.

23. Voleur.

24. Qualificatifs péjoratifs.

25. Papavoine est un meurtrier d'enfants guillotiné au XIXe siècle, Erostrate a incendié le temple de Diane à Éphèse dans l'Antiquité et Attila est le chef de de la tribu des Huns dans l'Antiquité.

26. Allusion aux trois saluts des comédiens au théâtre avant le début de la pièce : un salut côté jardin, un salut côté cour, un salut au public.

Les Contemplations • 73

Aurore

Vous exécrez[27] nos vers francs et vrais ; vous hurlez
De fureur en voyant nos strophes toutes nues.
Mais où donc est le temps des nymphes[28] ingénues,
Qui couraient dans les bois, et dont la nudité
Dansait dans la lueur des vagues soirs d'été ?
Sur l'aube nue et blanche, entr'ouvrant sa fenêtre,
110 Faut-il plisser la brume honnête et prude, et mettre
Une feuille de vigne à l'astre dans l'azur ?
Le flot, conque[29] d'amour, est-il d'un goût peu sûr ?
Ô Virgile ! Pindare[30] ! Orphée ! est-ce qu'on gaze[31],
Comme une obscénité, les ailes de Pégase[32],
Qui semble, les ouvrant au haut du mont béni,
L'immense papillon du baiser infini ?
Est-ce que le soleil splendide est un cynique ?
La fleur a-t-elle tort d'écarter sa tunique ?
Calliope[33], planant derrière un pan des cieux,
120 Fait donc mal de montrer à Dante[34] soucieux
Ses seins éblouissants à travers les étoiles ?
Vous êtes un ancien d'hier. Libre et sans voiles,
Le grand Olympe[35] nu vous ferait dire : Fi[36] !
Vous mettez une jupe au Cupidon[37] bouffi ;
Au clinquant, aux neuf sœurs en atours, au Parnasse[38]
De Titon du Tillet[39], votre goût est tenace ;
Les Ménades[40] pour vous danseraient le cancan[41] ;

---

27. Haïssez.
28. Divinités associées à la nature.
29. Coquillage.
30. Poètes romains.
31. Mettre de la gaze (une étoffe légère).
32. Cheval fabuleux de la mythologie.
33. Muse de la poésie.
34. Poète italien du Moyen Âge.
35. Le mont Olympe, lieu de séjour des dieux dans la mythologie grecque.

36. Interjection de dégoût.
37. Cupidon est l'équivalent romain d'Eros, le dieu de l'amour chez les Grecs.
38. Lieu de séjour d'Apollon et des neuf muses.
39. Ami de Boileau, symbole du classicisme.
40. Prêtresses du dieu Bacchus.
41. French cancan : danse considérée comme inconvenante.

Orphée

Orphée est un personnage mythologique parti chercher son épouse Eurydice aux enfers et considéré comme un symbole de la poésie comme art de faire revivre les morts.

Aurore

Apollon vous ferait l'effet d'un Mohican[42] ;
Vous prendriez Vénus pour une sauvagesse.

130 L'âge – c'est là souvent toute notre sagesse –
A beau vous bougonner tout bas : « Vous avez tort ;
» Vous vous ferez tousser si vous criez si fort ;
» Pour quelques nouveautés sauvages et fortuites,
» Monsieur, ne troublez pas la paix de vos pituites[43].
» Ces gens-ci vont leur train ; qu'est-ce que ça vous fait ?
» Ils ne trouvent que cendre au feu qui vous chauffait.
» Pourquoi déclarez-vous la guerre à leur tapage ?
» Ce siècle est libéral comme vous fûtes page.
» Fermez bien vos volets, tirez bien vos rideaux,
140 » Soufflez votre chandelle, et tournez-lui le dos !
» Qu'est l'âme du vrai sage ? Une sourde-muette.
» Que vous importe, à vous, que tel ou tel poëte,
» Comme l'oiseau des cieux, veuille avoir sa chanson ;
» Et que tel garnement du Pinde, nourrisson
» Des Muses, au milieu d'un bruit de corybante[44],
» Marmot sombre, ait mordu leur gorge un peu tombante ? »

Vous n'en tenez nul compte, et vous n'écoutez rien.
Voltaire, en vain, grand homme et peu voltairien,
Vous murmure à l'oreille : « Ami, tu nous assommes ! »
150 – Vous écumez ! – partant de ceci : que nous, hommes
De ce temps d'anarchie et d'enfer, nous donnons
L'assaut au grand Louis[45] juché sur vingt grands noms ;
Vous dites qu'après tout nous perdons notre peine,
Que haute est l'escalade et courte notre haleine ;
Que c'est dit, que jamais nous ne réussirons ;
Que Batteux[46] nous regarde avec ses gros yeux ronds,

---

42. Tribu d'Indiens d'Amérique.
43. Mucosités rejetées par les alcooliques.
44. Prêtre de Cybèle qui danse avec des tambours, faisant beaucoup de bruit.

45. Louis le Grand : Louis XIV, roi de la période du classicisme.
46. Professeur de rhétorique.

Les Contemplations • 75

Aurore

Que Tancrède[47] est de bronze et qu'Hamlet[48] est de sable ;
Vous déclarez Boileau perruque indéfrisable ;
Et, coiffé de lauriers, d'un coup d'œil de travers
160 Vous indiquez le tas d'ordures de nos vers,
Fumier où la laideur de ce siècle se guinde,
Au pauvre vieux bon goût, ce balayeur du Pinde ;
Et même, allant plus loin, vaillant, vous nous criez :
« Je vais vous balayer moi-même ! »

> Balayez.

> Paris, novembre 1834.

XXVII

Oui, je suis le rêveur ; je suis le camarade
Des petites fleurs d'or du mur qui se dégrade,
Et l'interlocuteur des arbres et du vent.
Tout cela me connaît, voyez-vous. J'ai souvent,
En mai, quand de parfums les branches sont gonflées,
Des conversations avec les giroflées ;
Je reçois des conseils du lierre et du bleuet.
L'être mystérieux que vous croyez muet,
Sur moi se penche, et vient avec ma plume écrire.
10 J'entends ce qu'entendit Rabelais[1] ; je vois rire
Et pleurer ; et j'entends ce qu'Orphée[2] entendit.
Ne vous étonnez pas de tout ce que me dit
La nature aux soupirs ineffables. Je cause
Avec toutes les voix de la métempsycose.
Avant de commencer le grand concert sacré,

---

47. Héros du Tasse mais aussi d'une tragédie de Voltaire.
48. Héros de la tragédie éponyme de Shakespeare.
Poème XXVII – 1. Écrivain du XVIᵉ siècle très apprécié de V. Hugo.
2. Voir encart, p. 74.

La métempsycose

La croyance selon laquelle une âme peut habiter successivement plusieurs corps. C'est une croyance partagée par Victor Hugo tout spécialement après la mort de sa fille Léopoldine. Lors de séances de spiritisme, il entre en contact avec elle et se persuade qu'elle continue à vivre autrement. On retrouve une trace de cette croyance notamment dans le poème « Le revenant » (livre III, poème 23).

Le moineau, le buisson, l'eau vive dans le pré,
La forêt, basse énorme, et l'aile et la corolle,
Tous ces doux instruments m'adressent la parole ;
Je suis l'habitué de l'orchestre divin ;
20 Si je n'étais songeur, j'aurais été sylvain[3].
J'ai fini, grâce au calme en qui je me recueille,
À force de parler doucement à la feuille,
À la goutte de pluie, à la plume, au rayon,
Par descendre à ce point dans la création,
Cet abîme où frissonne un tremblement farouche,
Que je ne fais plus même envoler une mouche !
Le brin d'herbe, vibrant d'un éternel émoi,
S'apprivoise et devient familier avec moi,
Et, sans s'apercevoir que je suis là, les roses
30 Font avec les bourdons toutes sortes de choses ;
Quelquefois, à travers les doux rameaux bénis,
J'avance largement ma face sur les nids,
Et le petit oiseau, mère inquiète et sainte,
N'a pas plus peur de moi que nous n'aurions de crainte,
Nous, si l'œil du bon Dieu regardait dans nos trous ;
Le lis prude[4] me voit approcher sans courroux[5]
Quand il s'ouvre aux baisers du jour ; la violette
La plus pudique fait devant moi sa toilette ;
Je suis pour ces beautés l'ami discret et sûr ;
40 Et le frais papillon, libertin de l'azur,
Qui chiffonne gaîment une fleur demi-nue,
Si je viens à passer dans l'ombre, continue,
Et, si la fleur se veut cacher dans le gazon,
Il lui dit : « Es-tu bête ! Il est de la maison. »

Les Roches, août 1835.

---

3. Divinité romaine protectrice des bois.

4. Pudique.

5. Colère.

XXVIII

Il faut que le poëte, épris d'ombre et d'azur,
Esprit doux et splendide, au rayonnement pur,
Qui marche devant tous, éclairant ceux qui doutent,
Chanteur mystérieux qu'en tressaillant écoutent
Les femmes, les songeurs, les sages, les amants,
Devienne formidable à de certains moments.
Parfois, lorsqu'on se met à rêver sur son livre,
Où tout berce, éblouit, calme, caresse, enivre,
Où l'âme, à chaque pas, trouve à faire son miel,
Où les coins les plus noirs ont des lueurs du ciel ;
Au milieu de cette humble et haute poésie,
Dans cette paix sacrée où croît la fleur choisie,
Où l'on entend couler les sources et les pleurs,
Où les strophes, oiseaux peints de mille couleurs,
Volent chantant l'amour, l'espérance et la joie,
Il faut que, par instants, on frissonne, et qu'on voie
Tout à coup, sombre, grave et terrible au passant,
Un vers fauve sortir de l'ombre en rugissant !
Il faut que le poëte aux semences fécondes,
Soit comme ces forêts vertes, fraîches, profondes,
Pleines de chants, amour du vent et du rayon,
Charmantes, où soudain l'on rencontre un lion.

Paris, mai 1842.

XXIX
Halte en marchant

Une brume couvrait l'horizon ; maintenant,
Voici le clair midi qui surgit rayonnant ;
Le brouillard se dissout en perles sur les branches,
Et brille, diamant, au collier des pervenches.
Le vent souffle à travers les arbres, sur les toits
Du hameau noir cachant ses chaumes dans les bois ;

Aurore ▰

Et l'on voit tressaillir, épars dans les ramées[1],
Le vague arrachement des tremblantes fumées ;
Un ruisseau court dans l'herbe, entre deux hauts talus,
10   Sous l'agitation des saules chevelus ;
Un orme, un hêtre, anciens du vallon, arbres frères
Qui se donnent la main des deux rives contraires,
Semblent, sous le ciel bleu, dire : À la bonne foi !
L'oiseau chante son chant plein d'amour et d'effroi
Et du frémissement des feuilles et des ailes ;
L'étang luit sous le vol des vertes demoiselles.
Un bouge[2] est là, montrant, dans la sauge et le thym,
Un vieux saint souriant parmi des brocs[3] d'étain,
Avec tant de rayons et de fleurs sur la berge,
20   Que c'est peut-être un temple ou peut-être une auberge.
Que notre bouche ait soif, ou que ce soit le cœur,
Gloire au Dieu bon qui tend la coupe au voyageur !
Nous entrons. « Qu'avez-vous » « Des œufs frais, de l'eau fraîche. »
On croit voir l'humble toit effondré d'une crèche.
À la source du pré, qu'abrite un vert rideau,
Une enfant blonde alla remplir sa jarre[4] d'eau,
Joyeuse et soulevant son jupon de futaine[5].
Pendant qu'elle plongeait sa cruche à la fontaine,
L'eau semblait admirer, gazouillant doucement,
30   Cette belle petite aux yeux de firmament[6].
Et moi, près du grand lit drapé de vieilles serges[7],
Pensif, je regardais un Christ battu de verges[8].
Eh ! qu'importe l'outrage aux martyrs éclatants,
Affront de tous les lieux, crachat de tous les temps,
Vaine clameur d'aveugle, éternelle huée
Où la foule toujours s'est follement ruée !

---

1. Feuillages.
2. Taudis.
3. Récipients métalliques.
4. Récipient en terre cuite.
5. Tissu de coton.
6. Voûte céleste.
7. Tissus.
8. Baguettes.

Les Contemplations • **79**

Aurore

Plus tard, le vagabond flagellé devient Dieu ;
Ce front noir et saignant semble fait de ciel bleu,
Et, dans l'ombre, éclairant palais, temple, masure,
40 Le crucifix blanchit et Jésus-Christ s'azure[9].
La foule un jour suivra vos pas ; allez, saignez,
Souffrez, penseurs, des pleurs de vos bourreaux baignés !
Le deuil sacre les saints, les sages, les génies ;
La tremblante auréole éclôt aux gémonies,
Et sur ce vil marais flotte, lueur du ciel,
Du cloaque[10] de sang feu follet éternel.
Toujours au même but le même sort ramène :
Il est, au plus profond de notre histoire humaine,
Une sorte de gouffre où viennent, tour à tour,
50 Tomber tous ceux qui sont de la vie et du jour,
Les bons, les purs, les grands, les divins, les célèbres,
Flambeaux échevelés au souffle des ténèbres ;
Là se sont engloutis les Dantes disparus,
Socrate, Scipion, Milton, Thomas Morus,
Eschyle[11], ayant aux mains des palmes frissonnantes.
Nuit d'où l'on voit sortir leurs mémoires planantes !
Car ils ne sont complets qu'après qu'ils sont déchus.
De l'exil d'Aristide, au bûcher de Jean Huss[12],
Le genre humain pensif – c'est ainsi que nous sommes –
60 Rêve ébloui devant l'abîme des grands hommes.
Ils sont, telle est la loi des hauts destins penchant,
Tes semblables, soleil ! leur gloire est leur couchant ;
Et, fier Niagara dont le flot gronde et lutte,
Tes pareils : ce qu'ils ont de plus beau, c'est leur chute.

Un de ceux qui liaient Jésus-Christ au poteau,
Et qui, sur son dos nu, jetaient un vil manteau,
Arracha de ce front tranquille une poignée
De cheveux qu'inondait la sueur résignée,

---

9. Prend la couleur de l'azur.

10. Lieu destiné à recevoir les immondices.

11. Noms de poètes et de philosophes.

12. Aristide est un homme politique de la Grèce antique frappé d'ostracisme (condamné à l'exil) et Jean Huss fut brûlé vif au xve siècle.

Aurore

Et dit : « Je vais montrer à Caïphe[13] cela ! »
70   Et, crispant son poing noir, cet homme s'en alla ;
La nuit était venue et la rue était sombre ;
L'homme marchait ; soudain, il s'arrêta dans l'ombre,
Stupéfait, pâle, et comme en proie aux visions,
Frémissant ! – Il avait dans la main des rayons.

Forêt de Compiègne, juin 1837.

---

13. Dans le Nouveau Testament, souverain devant lequel Jésus est amené lors de son arrestation et qui le condamne à la crucifixion.

Les Contemplations • **81**

LIVRE DEUXIÈME
L'Âme en fleur

I

Premier mai

Tout conjugue le verbe aimer. Voici les roses.
Je ne suis pas en train de parler d'autres choses.
Premier mai ! l'amour gai, triste, brûlant, jaloux,
Fait soupirer les bois, les nids, les fleurs, les loups ;
L'arbre où j'ai, l'autre automne, écrit une devise,
La redit pour son compte et croit qu'il l'improvise ;
Les vieux antres[1] pensifs, dont rit le geai moqueur,
Clignent leurs gros sourcils et font la bouche en cœur ;
L'atmosphère, embaumée et tendre, semble pleine
Des déclarations qu'au Printemps fait la plaine,
Et que l'herbe amoureuse adresse au ciel charmant.
À chaque pas du jour dans le bleu firmament,
La campagne éperdue, et toujours plus éprise,
Prodigue les senteurs, et dans la tiède brise
Envoie au renouveau ses baisers odorants ;
Tous ses bouquets, azurs, carmins, pourpres, safrans[2],
Dont l'haleine s'envole en murmurant : Je t'aime !
Sur le ravin, l'étang, le pré, le sillon même,
Font des taches partout de toutes les couleurs ;
Et, donnant les parfums, elle a gardé les fleurs ;
Comme si ses soupirs et ses tendres missives
Au mois de mai, qui rit dans les branches lascives,
Et tous les billets doux de son amour bavard,
Avaient laissé leur trace aux pages du buvard !
Les oiseaux dans les bois, molles voix étouffées,
Chantent des triolets et des rondeaux aux fées ;

---

1. Cavernes, grottes.　　**2.** Ensemble de couleurs : bleu,
rouge foncé, rouge violacé et jaune.

L'Âme en fleur

Tout semble confier à l'ombre un doux secret ;
Tout aime, et tout l'avoue à voix basse ; on dirait
Qu'au nord, au sud brûlant, au couchant, à l'aurore,
La haie en fleur, le lierre et la source sonore,
Les monts, les champs, les lacs et les chênes mouvants,
Répètent un quatrain fait par les quatre vents.

Saint-Germain, 1er mai 18…

II

Mes vers fuiraient, doux et frêles,
Vers votre jardin si beau,
Si mes vers avaient des ailes,
Des ailes comme l'oiseau.

Ils voleraient, étincelles,
Vers votre foyer qui rit,
Si mes vers avaient des ailes,
Des ailes comme l'esprit.

Près de vous, purs et fidèles,
Ils accourraient nuit et jour,
Si mes vers avaient des ailes,
Des ailes comme l'amour.

Paris, mars 18…

L'Âme en fleur

III

🔍 Le rouet d'Omphale

Il est dans l'atrium[1], le beau rouet d'ivoire.
La roue agile est blanche, et la quenouille[2] est noire ;
La quenouille est d'ébène[3] incrusté de lapis.
Il est dans l'atrium sur un riche tapis.

Un ouvrier d'Égine[4] a sculpté sur la plinthe[5]
Europe[6], dont un dieu n'écoute pas la plainte.
Le taureau blanc l'emporte. Europe, sans espoir,
Crie, et, baissant les yeux, s'épouvante de voir
L'Océan monstrueux qui baise ses pieds roses.

10   Des aiguilles, du fil, des boîtes demi-closes,
Les laines de Milet[7], peintes de pourpre et d'or,
Emplissent un panier près du rouet qui dort.

Cependant, odieux, effroyables, énormes,
Dans le fond du palais, vingt fantômes difformes,
Vingt monstres tout sanglants, qu'on ne voit qu'à demi,
Errent en foule autour du rouet endormi :
Le lion néméen, l'hydre affreuse de Lerne,
Cacus, le noir brigand de la noire caverne,

---

1. Pièce centrale d'un bâtiment romain,
ce qui détone avec l'origine grecque de l'histoire.

2. Bâton qui sert à filer la laine.

3. Bois de couleur noire.

4. Île grecque.

5. Bande de bois.

6. Princesse phénicienne que Zeus,
transformé en taureau blanc, enleva
et dont il eut plusieurs enfants.

7. Cité grecque.

🔵 **La reine de Lydie**

Dans la mythologie grecque, Omphale était la reine de Lydie à laquelle Héraclès fut vendu comme esclave. Cette dernière lui imposa des travaux traditionnellement effectués par des femmes : coudre, filer la laine avec un rouet (instrument permettant le filage).

Livre premier – Aurore

Le triple Géryon, et les typhons des eaux[8],
20 Qui, le soir, à grand bruit, soufflent dans les roseaux ;
De la massue au front tous ont l'empreinte horrible,
Et tous, sans approcher, rôdant d'un air terrible,
Sur le rouet, où pend un fil souple et lié,
Fixent de loin, dans l'ombre, un œil humilié[9].

Juin 18…

---

8. Ensemble des exploits accomplis par Hercule et connus sous le nom de travaux.
9. Celui d'Héraclès réduit à des travaux féminins.

Explication de texte **3**

Livre II, *L'Âme en fleur*, poème III, « Le rouet d'Omphale », → p. 84 à 85

Comment renouveler l'inspiration antique ?

SITUER

1 Qu'est-ce qu'un rouet ?

2 À quel épisode de la mythologie le titre fait-il référence ?

EXPLIQUER

Une description méliorative → v. 1 à 12

3 Quel est le mètre employé ici ? Dans quel type de poème le trouve-t-on le plus souvent ?

4 Relevez le champ lexical mélioratif dans ces vers.

5 Que symbolise l'illustration présente sur le rouet ?

6 En quoi peut-on dire que la première partie du poème fait référence au monde féminin ?

Une vision cauchemardesque → v. 13 à 24

7 Commentez le premier mot du vers 13. Quelle est sa valeur ?

8 Relevez le lexique de l'horreur présent dans cette partie du poème.

9 À quels travaux d'Hercule font référence les vers 17 à 19 ?

10 Expliquez le sens du dernier vers.

11 En quoi peut-on dire que la deuxième partie du poème fait référence au monde masculin ?

CONCLURE

12 En quoi ce poème oppose-t-il monde masculin et monde féminin ?

📖 ÉTUDE DE LA LANGUE

- Étudiez les fonctions de l'adjectif dans les quatre premiers vers.

⭐ ACTIVITÉ

- Recherchez d'autres poèmes qui font référence à l'Antiquité dans *Les Contemplations*.

IV

Chanson

Si vous n'avez rien à me dire,
Pourquoi venir auprès de moi ?
Pourquoi me faire ce sourire
Qui tournerait la tête au roi ?
Si vous n'avez rien à me dire,
Pourquoi venir auprès de moi ?

Si vous n'avez rien à m'apprendre,
Pourquoi me pressez-vous la main ?
Sur le rêve angélique et tendre,
Auquel vous songez en chemin,
Si vous n'avez rien à m'apprendre,
Pourquoi me pressez-vous la main ?

Si vous voulez que je m'en aille,
Pourquoi passez-vous par ici ?
Lorsque je vous vois, je tressaille :
C'est ma joie et c'est mon souci.
Si vous voulez que je m'en aille,
Pourquoi passez-vous par ici ?

Mai 18…

V

Hier au soir

Hier, le vent du soir, dont le souffle caresse,
Nous apportait l'odeur des fleurs qui s'ouvrent tard ;
La nuit tombait ; l'oiseau dormait dans l'ombre épaisse.
Le printemps embaumait, moins que votre jeunesse ;
Les astres rayonnaient, moins que votre regard.

L'Âme en fleur

Moi, je parlais tout bas. C'est l'heure solennelle
Où l'âme aime à chanter son hymne le plus doux.
Voyant la nuit si pure et vous voyant si belle,
J'ai dit aux astres d'or : Versez le ciel sur elle !
10   Et j'ai dit à vos yeux : Versez l'amour sur nous !

Mai 18…

VI
Lettre

Tu vois cela d'ici. Des ocres et des craies ;
Plaines où les sillons croisent leurs mille raies,
Chaumes à fleur de terre et que masque un buisson ;
Quelques meules de foin debout sur le gazon ;
De vieux toits enfumant le paysage bistre ;
Un fleuve qui n'est pas le Gange ou le Caystre[1] ;
Pauvre cours d'eau normand troublé de sels marins ;
À droite, vers le nord, de bizarres terrains
Pleins d'angles qu'on dirait façonnés à la pelle ;
10   Voilà les premiers plans ; une ancienne chapelle
Y mêle son aiguille, et range à ses côtés
Quelques ormes tortus[2], aux profils irrités,
Qui semblent, fatigués du zéphyr[3] qui s'en joue,
Faire une remontrance[4] au vent qui les secoue.
Une grosse charrette, au coin de ma maison,
Se rouille ; et, devant moi, j'ai le vaste horizon
Dont la mer bleue emplit toutes les échancrures[5] ;
Des poules et des coqs, étalant leurs dorures,

---

1. Fleuves d'Inde et d'Asie Mineure.

2. Tordus.

3. Vent de l'ouest.

4. Remarque désagréable.

5. Ouvertures.

L'Âme en fleur

Causent sous ma fenêtre, et les greniers des toits
20 Me jettent, par instants, des chansons en patois.
Dans mon allée habite un cordier patriarche[6],
Vieux qui fait bruyamment tourner sa roue, et marche
À reculons, son chanvre autour des reins tordu.
J'aime ces flots où court le grand vent éperdu ;
Les champs à promener tout le jour me convient ;
Les petits villageois, leur livre en main, m'envient,
Chez le maître d'école où je me suis logé,
Comme un grand écolier abusant d'un congé.
Le ciel rit, l'air est pur ; tout le jour, chez mon hôte,
30 C'est un doux bruit d'enfants épelant à voix haute ;
L'eau coule, un verdier[7] passe ; et moi, je dis : Merci !
Merci, Dieu tout-puissant ! – Ainsi je vis ; ainsi,
Paisible, heure par heure, à petit bruit, j'épanche
Mes jours, tout en songeant à vous, ma beauté blanche !
J'écoute les enfants jaser, et, par moment,
Je vois en pleine mer passer superbement,
Au-dessus des pigeons du tranquille village,
Quelque navire ailé qui fait un long voyage,
Et fuit sur l'Océan, par tous les vents traqué,
40 Qui naguère dormait au port, le long du quai,
Et que n'ont retenu, loin des vagues jalouses,
Ni les pleurs des parents, ni l'effroi des épouses,
Ni le sombre reflet des écueils dans les eaux,
Ni l'importunité des sinistres[8] oiseaux.

Près le Tréport, juin 18…

---

6. Vieil homme qui fabrique des cordages.

7. Oiseau vert et jaune.

8. De mauvais augure.

L'Âme en fleur

VII

Nous allions au verger cueillir des bigarreaux[9].
Avec ses beaux bras blancs en marbre de Paros[10],
Elle montait dans l'arbre et courbait une branche ;
Les feuilles frissonnaient au vent ; sa gorge blanche,
Ô Virgile, ondoyait dans l'ombre et le soleil ;
Ses petits doigts allaient chercher le fruit vermeil,
Semblable au feu qu'on voit dans le buisson qui flambe.
Je montais derrière elle ; elle montrait sa jambe,
Et disait : « Taisez-vous ! » à mes regards ardents,
10   Et chantait. Par moments, entre ses belles dents,
Pareille, aux chansons près, à Diane farouche,
Penchée, elle m'offrait la cerise à sa bouche ;
Et ma bouche riait, et venait s'y poser,
Et laissait la cerise et prenait le baiser.

Triel, juillet 18...

---

9. Grosses cerises.
10. Île grecque connue pour ses carrières de marbre.

Victor Hugo et les femmes

Les femmes ont beaucoup compté pour Hugo. Il y a d'abord Adèle, son amie d'enfance qui devient sa femme en 1822, puis Juliette Drouet avec qui il a une très longue liaison, ou encore, parmi ses innombrables conquêtes, Léonie Biard, qui est emprisonnée pour adultère. Mais ce sont ses filles, Léopoldine, morte noyée en 1843, et Adèle, qui sera internée pour folie, qui sont les figures majeures de sa poésie.

Explication de texte

4

Livre II, *L'Âme en fleur*, poème VII ➔ p. 90

Comment revivre le souvenir heureux ?

SITUER

1 Établissez un lien entre le titre du livre II et le poème VII.

2 Le personnage féminin dont il est question est Juliette Drouet. Faites une recherche concernant ses liens avec Victor Hugo.

EXPLIQUER

Une célébration sensuelle

3 Quelles parties du corps féminin sont évoquées dans ce poème ?

4 Quelles attitudes mettent en valeur la sensualité de la femme ?

5 Quelles formules mettent en valeur le désir de l'homme ?

La dimension artistique

6 Relevez trois références à l'art et à la littérature dans le poème. Quelle est leur fonction ?

7 L'écrivain Théophile Gautier parlait de Juliette Drouet en ces termes : « Le col, les épaules et les bras sont d'une perfection toute antique chez Mlle Juliette ; elle pourrait inspirer dignement les sculpteurs et être admise au concours de beauté avec les jeunes Athéniennes qui laissaient tomber leurs voiles devant Praxitèle [sculpteur antique] méditant sa Vénus. » Quels points communs voyez-vous avec le poème de Victor Hugo ?

La dimension mémorielle

8 À quel temps est le poème ? Quelle est sa valeur ?

9 Commentez la datation « Triel, juillet 18... ». Pourquoi selon vous le poète a-t-il ajouté cette date incomplète ?

10 En quoi peut-on dire que le souvenir prend néanmoins une dimension universelle capable d'émouvoir le lecteur ?

CONCLURE

11 En quoi ce texte montre-t-il que la poésie peut redonner vie aux moments heureux du passé ?

Les Contemplations • 91

ÉTUDE DE LA LANGUE

- Relevez le temps verbal au vers 7 et analysez son emploi.

ACTIVITÉ

- Quelle illustration proposeriez-vous pour ce poème ? Cherchez des peintures du XIXe siècle français.

L'Âme en fleur

VIII

Tu peux, comme il te plaît, me faire jeune ou vieux.
Comme le soleil fait serein ou pluvieux
L'azur dont il est l'âme et que sa clarté dore,
Tu peux m'emplir de brume ou m'inonder d'aurore.
Du haut de ta splendeur, si pure qu'en ses plis
Tu sembles une femme enfermée en un lis,
Et qu'à d'autres moments, l'œil qu'éblouit ton âme
Croit voir, en te voyant, un lis dans une femme,
Si tu m'as souri, Dieu ! tout mon être bondit ;
Si, Madame, au milieu de tous, vous m'avez dit,
À haute voix : « Bonjour, Monsieur », et bas : « Je t'aime ! »
Si tu m'as caressé de ton regard suprême,
Je vis ! je suis léger, je suis fier, je suis grand ;
Ta prunelle m'éclaire en me transfigurant ;
J'ai le reflet charmant des yeux dont tu m'accueilles ;
Comme on sent dans un bois des ailes sous les feuilles,
On sent de la gaîté sous chacun de mes mots ;
Je cours, je vais, je ris ; plus d'ennuis, plus de maux ;
Et je chante, et voilà sur mon front la jeunesse !
Mais que ton cœur injuste, un jour, me méconnaisse ;
Qu'il me faille porter en moi, jusqu'à demain,
L'énigme de ta main retirée à ma main :
– Qu'ai-je fait ? qu'avait-elle ? Elle avait quelque chose.
Pourquoi, dans la rumeur du salon où l'on cause,
Personne n'entendant, me disait-elle *vous* ? –
Si je ne sais quel froid dans ton regard si doux
A passé comme passe au ciel une nuée[1],
Je sens mon âme en moi toute diminuée ;
Je m'en vais courbé, las, sombre comme un aïeul ;
Il semble que sur moi, secouant son linceul,
Se soit soudain penché le noir vieillard Décembre ;
Comme un loup dans son trou, je rentre dans ma chambre ;
Le chagrin – âge et deuil, hélas ! ont le même air, –

---

1. Nuage.

L'Âme en fleur

Assombrit chaque trait de mon visage amer,
Et m'y creuse une ride avec sa main pesante.
Joyeux, j'ai vingt-cinq ans ; triste, j'en ai soixante.

Paris, juin 18…

IX
En écoutant les oiseaux

Oh ! quand donc aurez-vous fini, petits oiseaux,
De jaser[1] au milieu des branches et des eaux,
Que nous nous expliquions et que je vous querelle
Rouge-gorge, verdier, fauvette, tourterelle[2],
Oiseaux, je vous entends, je vous connais. Sachez
Que je ne suis pas dupe, ô doux ténors cachés,
De votre mélodie et de votre langage.
Celle que j'aime est loin et pense à moi ; je gage,
Ô rossignol, dont l'hymne, exquis et gracieux,
10 Donne un frémissement à l'astre dans les cieux,
Que ce que tu dis là, c'est le chant de son âme.
Vous guettez les soupirs de l'homme et de la femme,
Oiseaux ; quand nous aimons et quand nous triomphons,
Quand notre être, tout bas, s'exhale en chants profonds,
Vous, attentifs, parmi les bois inaccessibles,
Vous saisissez au vol ces strophes invisibles,
Et vous les répétez tout haut, comme de vous ;
Et vous mêlez, pour rendre encor l'hymne plus doux,
À la chanson des cœurs le battement des ailes ;
20 Si bien qu'on vous admire, écouteurs infidèles,
Et que le noir sapin murmure aux vieux tilleuls :
« Sont-ils charmants d'avoir trouvé cela tout seuls ! »
Et que l'eau, palpitant sous le chant qui l'effleure,
Baise avec un sanglot le beau saule qui pleure ;
Et que le dur tronc d'arbre a des airs attendris ;

---

1. Pousser des cris.
2. Différentes espèces d'oiseaux.

L'Âme en fleur

Et que l'épervier rêve, oubliant la perdrix,
Et que les loups s'en vont songer auprès des louves !
« Divin ! » dit le hibou ; le moineau dit : « Tu trouves ? »
Amour, lorsqu'en nos cœurs tu te réfugias,
30 L'oiseau vint y puiser ; ce sont ces plagiats[3],
Ces chants qu'un rossignol, belles, prend sur vos bouches,
Qui font que les grands bois courbent leurs fronts farouches,
Et que les lourds rochers, stupides et ravis,
Se penchent, les laissant piller le chènevis[4],
Et ne distinguent plus, dans leurs rêves étranges,
La langue des oiseaux de la langue des anges.

Caudebec, septembre 183…

X

Mon bras pressait ta taille frêle
Et souple comme le roseau ;
Ton sein palpitait comme l'aile
        D'un jeune oiseau.

Longtemps muets, nous contemplâmes
Le ciel où s'éteignait le jour.
Que se passait-il dans nos âmes ?
        Amour ! Amour !

Comme un ange qui se dévoile,
10 Tu me regardais dans ma nuit,
Avec ton beau regard d'étoile,
        Qui m'éblouit.

Forêt de Fontainebleau, juillet 18…

---

3. Copies.
4. Graine de chanvre.

L'Âme en fleur

XI

Les femmes sont sur la terre
Pour tout idéaliser ;
L'univers est un mystère
Que commente leur baiser.

C'est l'amour qui, pour ceinture,
A l'onde et le firmament[1],
Et dont toute la nature,
N'est, au fond, que l'ornement.

Tout ce qui brille, offre à l'âme
10   Son parfum ou sa couleur ;
Si Dieu n'avait fait la femme,
Il n'aurait pas fait la fleur.

À quoi bon vos étincelles,
Bleus saphirs, sans les yeux doux ?
Les diamants, sans les belles,
Ne sont plus que des cailloux ;

Et, dans les charmilles[2] vertes,
Les roses dorment debout,
Et sont des bouches ouvertes
20   Pour ne rien dire du tout.

Tout objet qui charme ou rêve
Tient des femmes sa clarté ;
La perle blanche, sans Ève,
Sans toi, ma fière beauté,

---

1. Voûte céleste.
2. Haies de feuillages.

L'Âme en fleur

Ressemblant, tout enlaidie,
À mon amour qui te fuit,
N'est plus que la maladie
D'une bête dans la nuit.

Paris, avril 18…

XII
Églogue[1]

Nous errions, elle et moi, dans les monts de Sicile.
Elle est fière pour tous et pour moi seul docile.
Les cieux et nos pensers[2] rayonnaient à la fois.
Oh ! comme aux lieux déserts les cœurs sont peu farouches !
Que de fleurs aux buissons, que de baisers aux bouches,
   Quand on est dans l'ombre des bois !

Pareils à deux oiseaux qui vont de cime en cime,
Nous parvînmes enfin tout au bord d'un abîme.
Elle osa s'approcher de ce sombre entonnoir ;
Et, quoique mainte épine offensât[3] ses mains blanches,
Nous tâchâmes, penchés et nous tenant aux branches,
   D'en voir le fond lugubre et noir.

En ce même moment, un titan[4] centenaire,
Qui venait d'y rouler sous vingt coups de tonnerre,
Se tordait dans ce gouffre où le jour n'ose entrer ;
Et d'horribles vautours au bec impitoyable,
Attirés par le bruit de sa chute effroyable,
   Commençaient à le dévorer.

---

1. Poème classique dont le sujet est bucolique, c'est-à-dire consacré à la nature.
2. Orthographe ancienne de pensées.

3. Offenser : abîmer.
4. Dans la mythologie grecque ce sont les géants qui ont précédé les dieux de l'Olympe.

Les Contemplations • **97**

L'Âme en fleur

Alors, elle me dit : « J'ai peur qu'on ne nous voie !
20 » Cherchons un antre[5] afin d'y cacher notre joie !
» Vois ce pauvre géant ! nous aurions notre tour !
» Car les dieux envieux qui l'ont fait disparaître,
» Et qui furent jaloux de sa grandeur, peut-être
Seraient jaloux de notre amour ! »

Septembre 18…

XIII

Viens ! – une flûte invisible
Soupire dans les vergers. –
La chanson la plus paisible
Est la chanson des bergers.

Le vent ride, sous l'yeuse[1],
Le sombre miroir des eaux. –
La chanson la plus joyeuse
Est la chanson des oiseaux.

Que nul soin ne te tourmente.
10 Aimons-nous ! aimons toujours ! –
La chanson la plus charmante
Est la chanson des amours.

Les Metz, août 18…

---

5. Grotte.
Poème XII – 1. Chêne vert.

L'Âme en fleur

XIV
Billet du matin

Si les liens des cœurs ne sont pas des mensonges,
Oh ! dites, vous devez avoir eu de doux songes,
Je n'ai fait que rêver de vous toute la nuit.
Et nous nous aimions tant ! Vous me disiez : « Tout fuit,
» Tout s'éteint, tout s'en va ; ta seule image reste. »
Nous devions être morts dans ce rêve céleste ;
Il semblait que c'était déjà le paradis.
Oh ! oui, nous étions morts, bien sûr ; je vous le dis.
Nous avions tous les deux la forme de nos âmes.
Tout ce que l'un de l'autre, ici-bas nous aimâmes
Composait notre corps de flamme et de rayons,
Et, naturellement, nous nous reconnaissions.
Il nous apparaissait des visages d'aurore
Qui nous disaient : « C'est moi ! » la lumière sonore
Chantait ; et nous étions des frissons et des voix.
Vous me disiez : « Écoute ! » et je répondais : « Vois ! »
Je disais : « Viens-nous-en dans les profondeurs sombres ;
» Vivons ; c'est autrefois que nous étions des ombres. »
Et, mêlant nos appels et nos cris : « Viens ! oh ! viens ! »
« Et moi, je me rappelle, et toi, tu te souviens. »
Éblouis, nous chantions : – C'est nous-mêmes qui sommes
Tout ce qui nous semblait, sur la terre des hommes,
Bon, juste, grand, sublime, ineffable et charmant ;
Nous sommes le regard et le rayonnement ;
Le sourire de l'aube et l'odeur de la rose,
C'est nous ; l'astre est le nid où notre aile se pose ;
Nous avons l'infini pour sphère et pour milieu,
L'éternité pour l'âge ; et notre amour, c'est Dieu.

Paris, juin 18…

L'Âme en fleur

XV
Paroles dans l'ombre

Elle disait : C'est vrai, j'ai tort de vouloir mieux ;
Les heures sont ainsi très doucement passées ;
Vous êtes là ; mes yeux ne quittent pas vos yeux,
Où je regarde aller et venir vos pensées.

Vous voir est un bonheur ; je ne l'ai pas complet.
Sans doute, c'est encor bien charmant de la sorte !
Je veille, car je sais tout ce qui vous déplaît,
À ce que nul fâcheux ne vienne ouvrir la porte ;

Je me fais bien petite, en mon coin, près de vous ;
10   Vous êtes mon lion, je suis votre colombe ;
J'entends de vos papiers le bruit paisible et doux ;
Je ramasse parfois votre plume qui tombe ;
Sans doute, je vous ai ; sans doute, je vous vois.
La pensée est un vin dont les rêveurs sont ivres,
Je le sais ; mais, pourtant, je veux qu'on songe à moi.
Quand vous êtes ainsi tout un soir dans vos livres,

Sans relever la tête et sans me dire un mot,
Une ombre reste au fond de mon cœur qui vous aime ;
Et, pour que je vous voie entièrement, il faut
20   Me regarder un peu, de temps en temps, vous-même.

Paris, octobre 18…

Un lieu autobiographique

« Dans l'ombre » peut faire allusion à l'atelier
que Juliette Drouet avait aménagé chez elle,
dans l'ombre, pour que Victor Hugo y travaille.

L'Âme en fleur

XVI

L'hirondelle au printemps cherche les vieilles tours,
Débris où n'est plus l'homme, où la vie est toujours ;
La fauvette[1] en avril cherche, ô ma bien-aimée,
La forêt sombre et fraîche et l'épaisse ramée[2],
La mousse, et, dans les nœuds des branches, les doux toits
Qu'en se superposant font les feuilles des bois.
Ainsi fait l'oiseau. Nous, nous cherchons, dans la ville,
Le coin désert, l'abri solitaire et tranquille,
Le seuil qui n'a pas d'yeux obliques et méchants,
La rue où les volets sont fermés ; dans les champs,
Nous cherchons le sentier du pâtre[3] et du poëte ;
Dans les bois, la clairière inconnue et muette
Où le silence éteint les bruits lointains et sourds.
L'oiseau cache son nid, nous cachons nos amours.

Fontainebleau, juin 18…

XVII

Sous les arbres

Ils marchaient à côté l'un de l'autre ; des danses
Troublaient le bois joyeux ; ils marchaient, s'arrêtaient,
Parlaient, s'interrompaient, et, pendant les silences,
Leurs bouches se taisant, leurs âmes chuchotaient.

Ils songeaient ; ces deux cœurs, que le mystère écoute,
Sur la création au sourire innocent
Penchés, et s'y versant dans l'ombre goutte à goutte,
Disaient à chaque fleur quelque chose en passant.

---

1. Oiseau qui appartient à l'espère des passereaux.
2. Feuillage.
3. Berger.

Les Contemplations • **101**

L'Âme en fleur

Elle sait tous les noms des fleurs qu'en sa corbeille
10   Mai nous rapporte avec la joie et les beaux jours ;
Elle les lui nommait comme eût fait une abeille,
Puis elle reprenait : « Parlons de nos amours.

» Je suis en haut, je suis en bas », lui disait-elle,
« Et je veille sur vous, d'en bas comme d'en haut. »
Il demandait comment chaque plante s'appelle,
Se faisant expliquer le printemps mot à mot.

Ô champs ! il savourait ces fleurs et cette femme.
Ô bois ! ô prés ! nature où tout s'absorbe en un,
Le parfum de la fleur est votre petite âme,
20   Et l'âme de la femme est votre grand parfum !

La nuit tombait ; au tronc d'un chêne, noir pilastre[1],
Il s'adossait pensif ; elle disait : « Voyez
» Ma prière toujours dans vos cieux comme un astre,
» Et mon amour toujours comme un chien à tes pieds. »

Juin 18...

XVIII

Je sais bien qu'il est d'usage
D'aller en tous lieux criant
Que l'homme est d'autant plus sage
Qu'il rêve plus de néant ;

D'applaudir la grandeur noire,
Les héros, le fer qui luit,
Et la guerre, cette gloire
Qu'on fait avec de la nuit ;

---

1. Pilier.

L'Âme en fleur

D'admirer les coups d'épée,
10   Et la fortune, ce char
Dont une roue est Pompée,
Dont l'autre roue est César ;

Et Pharsale et Trasimène,
Et tout ce que les Nérons[1]
font voler de cendre humaine
Dans le souffle des clairons !
Je sais que c'est la coutume
D'adorer ces nains géants
Qui, parce qu'ils sont écume,
20   Se supposent océans ;

Et de croire à la poussière,
À la fanfare qui fuit,
Aux pyramides de pierre,
Aux avalanches de bruit.

Moi, je préfère, ô fontaines,
Moi, je préfère, ô ruisseaux,
Au Dieu des grands capitaines,
Le Dieu des petits oiseaux !

Ô mon doux ange, en ces ombres
30   Où, nous aimant, nous brillons,
Au Dieu des ouragans sombres
Qui poussent les bataillons,

---

1. Le poème comporte un ensemble de références au monde romain antique : Pompée et César sont des généraux romains : Néron est un empereur ; Pharsale est le lieu d'une bataille qui opposa César à Pompée et Trasimène est le lieu d'une bataille qui opposa les Romains à Hannibal.

L'Âme en fleur

Au Dieu des vastes armées,
Des canons au lourd essieu[2],
Des flammes et des fumées,
Je préfère le bon Dieu !

Le bon Dieu, qui veut qu'on aime,
Qui met au cœur de l'amant
Le premier vers du poëme,
Le dernier au firmament[3] ;

Qui songe à l'aile qui pousse,
Aux œufs blancs, au nid troublé,
Si la caille a de la mousse,
Et si la grive a du blé ;
Et qui fait, pour les Orphées[4],
Tenir, immense et subtil,
Tout le doux monde des fées
Dans le vert bourgeon d'avril !

Si bien, que cela s'envole
Et se disperse au printemps,
Et qu'une vague auréole
Sort de tous les nids chantants !

Vois-tu, quoique notre gloire
Brille en ce que nous créons,
Et dans notre grande histoire
Pleine de grands panthéons[5] ;

---

2. Axe où sont fixées les roues.

3. Voûte céleste.

4. Voir encart, p. 74.

5. Temples consacrés aux dieux.

L'Âme en fleur

Quoique nous ayons des glaives,
Des temples, Chéops, Babel[6],
Des tours, des palais, des rêves,
Et des tombeaux jusqu'au ciel ;

Il resterait peu de choses
À l'homme, qui vit un jour,
Si Dieu nous ôtait les roses,
Si Dieu nous ôtait l'amour !

Chelles, septembre 18…

XIX
N'envions rien…

Ô femme, pensée aimante
Et cœur souffrant,
Vous trouvez la fleur charmante
Et l'oiseau grand ;

Vous enviez la pelouse
Aux fleurs de miel ;
Vous voulez que je jalouse
L'oiseau du ciel.

Vous dites, beauté superbe
Au front terni,
Regardant tour à tour l'herbe
Et l'infini :

« Leur existence est la bonne.
» Là, tout est beau ;
» Là, sur la fleur qui rayonne,
» Plane l'oiseau !

---

6. Chéops est un roi égyptien commanditaire d'une grande pyramide qui porte son nom ; Babel est le nom biblique de Babylone et est aussi celui d'une tour qui y fut construite par les hommes et détruite par Dieu. Les deux bâtiments sont le symbole de l'orgueil humain.

Les Contemplations • **105**

L'Âme en fleur

» Près de vous, aile bénie,
   » Lis enchanté,
» Qu'est-ce, hélas ! que le génie
20   » Et la beauté ?

» Fleur pure, alouette agile,
   » À vous le prix !
» Toi, tu dépasses Virgile[7],
   » Toi, Lycoris[8] !

» Quel vol profond dans l'air sombre !
   » Quels doux parfums ! – »
Et des pleurs brillent sous l'ombre
   De vos cils bruns.

Oui, contemplez l'hirondelle,
30   Les liserons ;
Mais ne vous plaignez pas, belle,
   Car nous mourrons !

Car nous irons dans la sphère
   De l'éther[9] pur ;
La femme y sera lumière,
   Et l'homme azur ;

Et les roses sont moins belles
   Que les houris[10] ;
Et les oiseaux ont moins d'ailes
40   Que les esprits !

Août 18…

---

7. Poète romain, auteur de l'*Énéide*.

8. Personnage féminin de l'*Énéide*.

9. Substance qui emplit l'espace.

10. Beautés célestes du paradis musulman.

L'Énéide

L'*Énéide* est un poème épique de Virgile, auteur latin, qui fait le récit des aventures du héros troyen Énée depuis sa fuite de Troie, détruite par les Grecs, jusqu'à son arrivée au Latium, en Italie. Énée est considéré comme l'ancêtre du peuple romain.

L'Âme en fleur

XX
🔍 Il fait froid

L'hiver blanchit le dur chemin.
Tes jours aux méchants sont en proie.
La bise mord ta douce main ;
La haine souffle sur ta joie.

La neige emplit le noir sillon.
La lumière est diminuée… –
Ferme ta porte à l'aquilon !
Ferme ta vitre à la nuée !

Et puis laisse ton cœur ouvert !
Le cœur, c'est la sainte fenêtre.
Le soleil de brume est couvert ;
Mais Dieu va rayonner peut-être !

Doute du bonheur, fruit mortel ;
Doute de l'homme plein d'envi ;
Doute du prêtre et de l'autel ;
Mais crois à l'amour, ô ma vie !

Crois à l'amour, toujours entier,
Toujours brillant sous tous les voiles !
À l'amour, tison du foyer !
À l'amour, rayon des étoiles !

Aime, et ne désespère pas.
Dans ton âme, où parfois je passe,
Où mes vers chuchotent tout bas,
Laisse chaque chose à sa place.
La fidélité sans ennui,

🔍 Une allusion autobiographique

Juliette Drouet s'était vu refuser le rôle de la reine dans *Ruy Blas* et ce, malgré les demandes de Victor Hugo. Elle en était très affectée. Le poète tente ici de la rassurer.

Les Contemplations • 107

L'Âme en fleur

La paix des vertus élevées,
Et l'indulgence pour autrui,
Éponge des fautes lavées.

Dans ta pensée où tout est beau,
Que rien ne tombe ou ne recule.
Fais de ton amour ton flambeau.
On s'éclaire de ce qui brûle.

À ces démons d'inimitié[11]
Oppose ta douceur sereine,
Et reverse-leur en pitié
Tout ce qu'ils t'ont vomi de haine.

La haine, c'est l'hiver du cœur.
Plains-les ! Mais garde ton courage.
Garde ton sourire vainqueur,
Bel arc-en-ciel, sors de l'orage !

Garde ton amour éternel.
L'hiver, l'astre éteint-il sa flamme ?
Dieu ne retire rien du ciel ;
Ne retire rien de ton âme !

31 décembre 18…

XXI

Il lui disait : « Vois-tu, si tous deux nous pouvions,
» L'âme pleine de foi, le cœur plein de rayons,
» Ivres de douce extase et de mélancolie,
» Rompre les mille nœuds dont la ville nous lie ;
» Si nous pouvions quitter ce Paris triste et fou,
» Nous fuirions ; nous irions quelque part, n'importe où,
» Chercher, loin des vains bruits, loin des haines jalouses,

---

11. D'hostilité.

L'Âme en fleur

» Un coin où nous aurions des arbres, des pelouses,
» Une maison petite avec des fleurs, un peu
» De solitude, un peu de silence, un ciel bleu,
» La chanson d'un oiseau qui sur le toit se pose,
» De l'ombre ; – et quel besoin avons-nous d'autre chose ? »

Juillet 18…

XXII

Aimons toujours ! aimons encore !
Quand l'amour s'en va, l'espoir fuit.
L'amour, c'est le cri de l'aurore,
L'amour, c'est l'hymne de la nuit.

Ce que le flot dit aux rivages,
Ce que le vent dit aux vieux monts,
Ce que l'astre dit aux nuages,
C'est le mot ineffable : Aimons !

L'amour fait songer, vivre et croire.
Il a, pour réchauffer le cœur,
Un rayon de plus que la gloire,
Et ce rayon, c'est le bonheur !

Aime ! qu'on les loue ou les blâme,
Toujours les grands cœurs aimeront :
Joins cette jeunesse de l'âme
À la jeunesse de ton front !

Aime, afin de charmer tes heures !
Afin qu'on voie en tes beaux yeux
Des voluptés intérieures
Le sourire mystérieux !

L'Âme en fleur

Aimons-nous toujours davantage !
Unissons-nous mieux chaque jour.
Les arbres croissent en feuillage ;
Que notre âme croisse en amour !

Soyons le miroir et l'image !
Soyons la fleur et le parfum !
Les amants, qui, seuls sous l'ombrage,
Se sentent deux et ne sont qu'un !

Les poëtes cherchent les belles.
La femme, ange aux chastes faveurs,
Aime à rafraîchir sous ses ailes
Ces grands fronts brûlants et rêveurs. –

Venez à nous, beautés touchantes !
Viens à moi, toi, mon bien, ma loi !
Ange ! viens à moi quand tu chantes,
Et, quand tu pleures, viens à moi !

Nous seuls comprenons vos extases.
Car notre esprit n'est point moqueur ;
Car les poëtes sont les vases
Où les femmes versent leurs cœurs.

Moi qui ne cherche dans ce monde
Que la seule réalité,
Moi qui laisse fuir comme l'onde
Tout ce qui n'est que vanité,

Je préfère aux biens dont s'enivre
L'orgueil du soldat ou du roi,
L'ombre que tu fais sur mon livre
Quand ton front se penche sur moi.

L'Âme en fleur

Toute ambition allumée
Dans notre esprit, brasier[1] subtil,
Tombe en cendre ou vole en fumée,
Et l'on se dit : « Qu'en reste-t-il ? »

Tout plaisir, fleur à peine éclose
Dans notre avril sombre et terni,
S'effeuille et meurt, lis, myrte ou rose,
Et l'on se dit : « C'est donc fini ! »

L'amour seul reste. Ô noble femme,
Si tu veux, dans ce vil séjour,
Garder ta foi, garder ton âme,
Garder ton Dieu, garde l'amour !

Conserve en ton cœur, sans rien craindre,
Dusses-tu pleurer et souffrir,
La flamme qui ne peut s'éteindre
Et la fleur qui ne peut mourir !

Mai 18...

XXIII

Après l'hiver

Tout revit, ma bien-aimée !
Le ciel gris perd sa pâleur ;
Quand la terre est embaumée,
Le cœur de l'homme est meilleur.

En haut, d'où l'amour ruisselle,
En bas, où meurt la douleur,
La même immense étincelle
Allume l'astre et la fleur.

---

1. Incendie, au sens figuré : foyer de passions.

Les Contemplations • **111**

L'Âme en fleur

L'hiver fuit, saison d'alarmes,
Noir avril mystérieux
Où l'âpre[1] sève des larmes
Coule, et du cœur monte aux yeux.

Ô douce désuétude[2]
De souffrir et de pleurer !
Veux-tu, dans la solitude,
Nous mettre à nous adorer ?

La branche au soleil se dore
Et penche, pour l'abriter,
Ses boutons qui vont éclore
Sur l'oiseau qui va chanter.

L'aurore où nous nous aimâmes
Semble renaître à nos yeux ;
Et mai sourit dans nos âmes
Comme il sourit dans les cieux.

On entend rire, on voit luire
Tous les êtres tour à tour,
La nuit les astres bruire,
Et les abeilles le jour.

Et partout nos regards lisent,
Et, dans l'herbe et dans les nids,
De petites voix nous disent :
« Les aimants sont les bénis ! »

L'air enivre ; tu reposes
À mon cou tes bras vainqueurs. –
Sur les rosiers que de roses !
Que de soupirs dans nos cœurs !

---

1. Amère.

2. Pratique qui n'est plus en usage.

L'Âme en fleur

Comme l'aube, tu me charmes ;
Ta bouche et tes yeux chéris
Ont, quand tu pleures, ses larmes,
Et ses perles quand tu ris.

La nature, sœur jumelle
D'Ève et d'Adam et du jour,
Nous aime, nous berce et mêle
Son mystère à notre amour.

Il suffit que tu paraisses
Pour que le ciel, t'adorant,
Te contemple ; et, nos caresses,
Toute l'ombre nous les rend !

Clartés et parfums nous-mêmes,
Nous baignons nos cœurs heureux
Dans les effluves suprêmes
Des éléments amoureux.

Et, sans qu'un souci t'oppresse,
Sans que ce soit mon tourment,
J'ai l'étoile pour maîtresse ;
Le soleil est ton amant ;

Et nous donnons notre fièvre
Aux fleurs où nous appuyons
Nos bouches, et notre lèvre
Sent le baiser des rayons.

Juin 18…

Les Contemplations • 113

L'Âme en fleur

XXIV

Que le sort, quel qu'il soit, vous trouve toujours grande !
　　　Que demain soit doux comme hier !
Qu'en vous, ô ma beauté, jamais ne se répande
　　　Le découragement amer,
Ni le fiel, ni l'ennui des cœurs qui se dénouent,
Ni cette cendre, hélas ! que sur un front pâli,
　　　Dans l'ombre, à petit bruit secouent
　　　Les froides ailes de l'oubli !

Laissez, laissez brûler pour vous, ô vous que j'aime,
　　　Mes chants dans mon âme allumés !
Vivez pour la nature, et le ciel, et moi-même !
　　　Après avoir souffert, aimez !
Laissez entrer en vous, après nos deuils funèbres,
L'aube, fille des nuits, l'amour, fils des douleurs,
　　　Tout ce qui luit dans les ténèbres,
　　　Tout ce qui sourit dans les pleurs !

Octobre 18…

XXV

Je respire où tu palpites,
Tu sais ; à quoi bon, hélas !
Rester là si tu me quittes,
Et vivre si tu t'en vas ?

À quoi bon vivre, étant l'ombre
De cet ange qui s'enfuit !
À quoi bon, sous le ciel sombre,
N'être plus que de la nuit ?

Je suis la fleur des murailles
Dont avril est le seul bien.

L'Âme en fleur

Il suffit que tu t'en ailles
Pour qu'il ne reste plus rien.

Tu m'entoures d'auréoles ;
Te voir est mon seul souci.
Il suffit que tu t'envoles
Pour que je m'envole aussi.

Si tu pars, mon front se penche ;
Mon âme au ciel, son berceau,
Fuira, car dans ta main blanche
Tu tiens ce sauvage oiseau.

Que veux-tu que je devienne,
Si je n'entends plus ton pas ?
Est-ce ta vie ou la mienne
Qui s'en va ? Je ne sais pas.

Quand mon courage succombe,
J'en reprends dans ton cœur pur ;
Je suis comme la colombe
Qui vient boire au lac d'azur.

L'amour fait comprendre à l'âme
L'univers, sombre et béni ;
Et cette petite flamme
Seule éclaire l'infini.

Sans toi, toute la nature
N'est plus qu'un cachot fermé,
Où je vais à l'aventure,
Pâle et n'étant plus aimé.

Sans toi, tout s'effeuille et tombe ;
L'ombre emplit mon noir sourcil ;
Une fête est une tombe,
La patrie est un exil.

L'Âme en fleur

Je t'implore et te réclame ;
Ne fuis pas loin de mes maux,
Ô fauvette[1] de mon âme
Qui chantes dans mes rameaux !

De quoi puis-je avoir envie,
De quoi puis-je avoir effroi,
Que ferai-je de la vie
Si tu n'es plus près de moi ?

Tu portes dans la lumière,
Tu portes dans les buissons,
Sur une aile ma prière,
Et sur l'autre mes chansons.

Que dirai-je aux champs que voile
L'inconsolable douleur ?
Que ferai-je de l'étoile ?
Que ferai-je de la fleur ?

Que dirai-je au bois morose
Qu'illuminait ta douceur ?
Que répondrai-je à la rose
Disant : « Où donc est ma sœur ? »

J'en mourrai ; fuis, si tu l'oses.
À quoi bon, jours révolus !
Regarder toutes ces choses
Qu'elle ne regarde plus ?

Que ferai-je de la lyre,
De la vertu, du destin ?
Hélas ! et, sans ton sourire,
Que ferai-je du matin ?

---

1. Oiseau de l'espèce des passereaux.

L'Âme en fleur

Que ferai-je, seul, farouche,
Sans toi, du jour et des cieux,
De mes baisers sans ta bouche,
Et de mes pleurs sans tes yeux !

Août 18…

XXVI

Crépuscule

L'étang mystérieux, suaire aux blanches moires,
Frissonne ; au fond du bois la clairière apparaît ;
Les arbres sont profonds et les branches sont noires ;
Avez-vous vu Vénus à travers la forêt ?

Avez-vous vu Vénus au sommet des collines ?
Vous qui passez dans l'ombre, êtes-vous des amants ?
Les sentiers bruns sont pleins de blanches mousselines[1] ;
L'herbe s'éveille et parle aux sépulcres dormants.

Que dit-il, le brin d'herbe ? et que répond la tombe ?
Aimez, vous qui vivez ! on a froid sous les ifs[2].
Lèvre, cherche la bouche ! aimez-vous ! la nuit tombe ;
Soyez heureux pendant que nous sommes pensifs.

Dieu veut qu'on ait aimé. Vivez ! faites envie,
Ô couples qui passez sous le vert coudrier[3].
Tout ce que dans la tombe, en sortant de la vie,
On emporta d'amour, on l'emploie à prier.

Les mortes d'aujourd'hui furent jadis les belles.
Le ver luisant dans l'ombre erre avec son flambeau.

---

1. Tissus souples en coton.

2. Espèce de conifère.

3. Noisetier.

Les Contemplations • **117**

L'Âme en fleur

Le vent fait tressaillir, au milieu des javelles[1],
20   Le brin d'herbe, et Dieu fait tressaillir le tombeau.

La forme d'un toit noir dessine une chaumière ;
On entend dans les prés le pas lourd du faucheur ;
L'étoile aux cieux, ainsi qu'une fleur de lumière,
Ouvre et fait rayonner sa splendide fraîcheur.

Aimez-vous ! c'est le mois où les fraises sont mûres.
L'ange du soir rêveur, qui flotte dans les vents,
Mêle, en les emportant sur ses ailes obscures,
Les prières des morts aux baisers des vivants.

Chelles, août 18…

XXVII
La nichée[1] sous le portail

Oui, va prier à l'église,
Va ; mais regarde en passant,
Sous la vieille voûte grise,
Ce petit nid innocent.

Aux grands temples où l'on prie
Le martinet[2], frais et pur,
Suspend la maçonnerie
Qui contient le plus d'azur.

La couvée[3] est dans la mousse
10   Du portail qui s'attendrit ;
Elle sent la chaleur douce
Des ailes de Jésus-Christ.

---

1. Céréales en épi dont on fait des gerbes.   **2.** Oiseau migrateur.

Poème XXVII – 1. Oisillons qui sont dans le même nid.   **3.** L'ensemble des œufs.

L'Âme en fleur

L'église, où l'ombre flamboie,
Vibre, émue à ce doux bruit ;
Les oiseaux sont pleins de joie,
La pierre est pleine de nuit.

Les saints, graves personnages,
Sous les porches palpitants,
Aiment ces doux voisinages
Du baiser et du printemps.

Les vierges et les prophètes,
Se penchent dans l'âpre tour,
Sur ces ruches d'oiseaux faites
Pour le divin miel amour.

L'oiseau se perche sur l'ange ;
L'apôtre rit sous l'arceau.
« Bonjour, saint ! » dit la mésange.
Le saint dit : « Bonjour, oiseau ! »

Les cathédrales sont belles
Et hautes sous le ciel bleu ;
Mais le nid des hirondelles
Est l'édifice de Dieu.

Lagny, juin 18…

L'Âme en fleur

XXVIII

Un soir que je regardais le ciel

Elle me dit, un soir, en souriant :
– Ami, pourquoi contemplez-vous sans cesse
Le jour qui fuit, ou l'ombre qui s'abaisse,
Ou l'astre d'or qui monte à l'orient ?
Que font vos yeux là-haut ? je les réclame.
Quittez le ciel ; regardez dans mon âme !

Dans ce vaste ciel, ombre où vous vous plaisez,
Où vos regards démesurés vont lire,
Qu'apprendrez-vous qui vaille mon sourire ?
Qu'apprendras-tu qui vaille nos baisers ?
Oh ! de mon cœur lève les chastes voiles.
Si tu savais comme il est plein d'étoiles !

Que de soleils ! vois-tu, quand nous aimons,
Tout est en nous un radieux spectacle.
Le dévouement, rayonnant sur l'obstacle,
Vaut bien Vénus qui brille sur les monts.
Le vaste azur n'est rien, je te l'atteste ;
Le ciel que j'ai dans l'âme est plus céleste !

C'est beau de voir un astre s'allumer.
Le monde est plein de merveilleuses choses.
Douce est l'aurore, et douces sont les roses.
Rien n'est si doux que le charme d'aimer !
La clarté vraie est la meilleure flamme,
C'est le rayon qui va de l'âme à l'âme !

L'amour vaut mieux, au fond des antres frais,
Que ces soleils qu'on ignore et qu'on nomme.
Dieu mit, sachant ce qui convient à l'homme,
Le ciel bien loin et la femme tout près.
Il dit à ceux qui scrutent l'azur sombre :
« Vivez ! aimez ! le reste, c'est mon ombre ! »

L'Âme en fleur

Aimons ! c'est tout. Et Dieu le veut ainsi.
Laisse ton ciel que de froids rayons dorent !
Tu trouveras, dans deux yeux qui t'adorent,
Plus de beauté, plus de lumière aussi !
Aimer, c'est voir, sentir, rêver, comprendre.
L'esprit plus grand s'ajoute au cœur plus tendre.

Viens ! bien-aimé ! n'entends-tu pas toujours
Dans nos transports une harmonie étrange ?
Autour de nous la nature se change
En une lyre et chante nos amours.
Viens ! aimons-nous ! errons sur la pelouse.
Ne songe plus au ciel ! j'en suis jalouse ! –

Ma bien-aimée ainsi tout bas parlait,
Avec son front posé sur sa main blanche,
Et l'œil rêveur d'un ange qui se penche,
Et sa voix grave, et cet air qui me plaît ;
Belle et tranquille, et de me voir charmée,
Ainsi tout bas parlait ma bien-aimée.

Nos cœurs battaient ; l'extase m'étouffait ;
Les fleurs du soir entr'ouvraient leurs corolles…
Qu'avez-vous fait, arbres, de nos paroles ?
De nos soupirs, rochers, qu'avez-vous fait ?
C'est un destin bien triste que le nôtre,
Puisqu'un tel jour s'envole comme un autre !

Ô souvenir ! trésor dans l'ombre accru !
Sombre horizon des anciennes pensées !
Chère lueur des choses éclipsées !
Rayonnement du passé disparu !
Comme du seuil et du dehors d'un temple,
L'œil de l'esprit en rêvant vous contemple !

Les Contemplations • **121**

L'Âme en fleur

Quand les beaux jours font place aux jours amers,
De tout bonheur il faut quitter l'idée ;
Quand l'espérance est tout à fait vidée,
Laissons tomber la coupe au fond des mers.
L'oubli ! l'oubli ! c'est l'onde où tout se noie ;
C'est la mer sombre où l'on jette sa joie.

Montf.[5], septembre, 18… – Brux., janvier 18…

---

5. Montf. est une abréviation de Montfermeil ou de Montfort-l'Amaury. Brux. est une abréviation de Bruxelles où Hugo séjourna quand il dut s'exiler de France en 1852. Cela rend particulièrement nostalgique le souvenir évoqué dans le poème.

LIVRE TROISIÈME
Les luttes et les rêves

I

🔍 Écrit sur un exemplaire de la *Divina Commedia*

Un soir, dans le chemin je vis passer un homme
Vêtu d'un grand manteau comme un consul de Rome,
Et qui me semblait noir sur la clarté des cieux.
Ce passant s'arrêta, fixant sur moi ses yeux
Brillants, et si profonds qu'ils en étaient sauvages,
Et me dit : « J'ai d'abord été, dans les vieux âges,
» Une haute montagne emplissant l'horizon ;
» Puis, âme encore aveugle et brisant ma prison,
» Je montai d'un degré dans l'échelle des êtres,
» Je fus un chêne, et j'eus des autels et des prêtres,
» Et je jetai des bruits étranges dans les airs ;
» Puis je fus un lion rêvant dans les déserts,
» Parlant à la nuit sombre avec sa voix grondante ;
» Maintenant, je suis homme, et je m'appelle Dante. »

                                                        Juillet 1843.

Dante

Dante, poète italien du Moyen Âge (1265-1321), est l'auteur de *La Divine Comédie* qui raconte la descente aux Enfers et la montée au Paradis du poète guidé par Virgile. Il est considéré comme un modèle par Hugo qui s'en inspire souvent et s'identifie à lui car il a connu comme le poète italien la gloire et l'exil.

Les luttes et les rêves

II

🔍 Melancholia

Écoutez. Une femme au profil décharné,
Maigre, blême, portant un enfant étonné,
Est là qui se lamente au milieu de la rue.
La foule, pour l'entendre, autour d'elle se rue.
Elle accuse quelqu'un, une autre femme, ou bien
Son mari. Ses enfants ont faim. Elle n'a rien ;
Pas d'argent ; pas de pain ; à peine un lit de paille.
L'homme est au cabaret pendant qu'elle travaille.
Elle pleure, et s'en va. Quand ce spectre a passé,
10   Ô penseurs, au milieu de ce groupe amassé,
Qui vient de voir le fond d'un cœur qui se déchire,
Qu'entendez-vous toujours ? Un long éclat de rire.

Cette fille au doux front a cru peut-être, un jour,
Avoir droit au bonheur, à la joie, à l'amour.
Mais elle est seule, elle est sans parents, pauvre fille !
Seule ! – n'importe ! elle a du courage, une aiguille,
Elle travaille, et peut gagner dans son réduit,
En travaillant le jour, en travaillant la nuit,
Un peu de pain, un gîte, une jupe de toile.
20   Le soir, elle regarde en rêvant quelque étoile,
Et chante au bord du toit tant que dure l'été.
Mais l'hiver vient. Il fait bien froid, en vérité,
Dans ce logis mal clos tout en haut de la rampe ;
Les jours sont courts, il faut allumer une lampe ;

> 🔵 **Victor Hugo, poète engagé**
>
> La vie de Victor Hugo est marquée par ses engagements politiques
> et sociaux dans ses œuvres comme dans ses activités publiques. D'abord
> royaliste, il évolue vers un certain libéralisme politique, puis devient
> un farouche partisan de la République (*Les Châtiments* (1853) s'opposent
> à Napoléon III) ; il lutte contre la misère, les inégalités, la peine de mort,
> et en faveur de l'école laïque.

Les luttes et les rêves

L'huile est chère, le bois est cher, le pain est cher.
Ô jeunesse ! printemps ! aube ! en proie à l'hiver !
La faim passe bientôt sa griffe sous la porte,
Décroche un vieux manteau, saisit la montre, emporte
Les meubles, prend enfin quelque humble bague d'or ;
30 Tout est vendu ! L'enfant travaille et lutte encor ;
Elle est honnête ; mais elle a, quand elle veille,
La misère, démon, qui lui parle à l'oreille.
L'ouvrage manque, hélas ! cela se voit souvent.
Que devenir ? Un jour, ô jour sombre ! elle vend
La pauvre croix d'honneur de son vieux père, et pleure ;
Elle tousse, elle a froid. Il faut donc qu'elle meure !
À dix-sept ans ! grand Dieu ! mais que faire ?... – Voilà
Ce qui fait qu'un matin la douce fille alla
Droit au gouffre, et qu'enfin, à présent, ce qui monte
40 À son front, ce n'est plus la pudeur, c'est la honte.
Hélas ! et maintenant, deuil et pleurs éternels !
C'est fini. Les enfants, ces innocents cruels,
La suivent dans la rue avec des cris de joie.
Malheureuse ! elle traîne une robe de soie,
Elle chante, elle rit... ah ! pauvre âme aux abois !
Et le peuple sévère, avec sa grande voix,
Souffle qui courbe un homme et qui brise une femme,
Lui dit quand elle vient : « C'est toi ? Va-t'en, infâme ! »

Un homme s'est fait riche en vendant à faux poids ;
50 La loi le fait juré. L'hiver, dans les temps froids,
Un pauvre a pris un pain pour nourrir sa famille.
Regardez cette salle où le peuple fourmille ;
Ce riche y vient juger ce pauvre. Écoutez bien.
C'est juste, puisque l'un a tout et l'autre rien.
Ce juge, – ce marchand, – fâché de perdre une heure,
Jette un regard distrait sur cet homme qui pleure,
L'envoie au bagne, et part pour sa maison des champs.
Tous s'en vont en disant : « C'est bien ! » bons et méchants ;
Et rien ne reste là qu'un Christ pensif et pâle,
60 Levant les bras au ciel dans le fond de la salle.

Les Contemplations • **125**

Les luttes et les rêves

Un homme de génie apparaît. Il est doux,
Il est fort, il est grand ; il est utile à tous ;
Comme l'aube au-dessus de l'océan qui roule,
Il dore d'un rayon tous les fronts de la foule ;
Il luit ; le jour qu'il jette est un jour éclatant ;
Il apporte une idée au siècle qui l'attend ;
Il fait son œuvre ; il veut des choses nécessaires,
Agrandir les esprits, amoindrir les misères,
Heureux, dans ses travaux dont les cieux sont témoins,
70 Si l'on pense un peu plus, si l'on souffre un peu moins !
Il vient ! – Certe, on le va couronner ! – On le hue !
Scribes, savants, rhéteurs, les salons, la cohue,
Ceux qui n'ignorent rien, ceux qui doutent de tout,
Ceux qui flattent le roi, ceux qui flattent l'égout,
Tous hurlent à la fois et font un bruit sinistre.
Si c'est un orateur ou si c'est un ministre,
On le siffle. Si c'est un poëte, il entend
Ce chœur : « Absurde ! faux ! monstrueux ! révoltant ! »
Lui, cependant, tandis qu'on bave sur sa palme,
80 Debout, les bras croisés, le front levé, l'œil calme,
Il contemple, serein, l'idéal et le beau ;
Il rêve ; et par moments il secoue un flambeau
Qui, sous ses pieds, dans l'ombre, éblouissant la haine,
Éclaire tout à coup le fond de l'âme humaine ;
Ou, ministre, il prodigue et ses nuits et ses jours ;
Orateur, il entasse efforts, travaux, discours ;
Il marche, il lutte ! Hélas ! l'injure ardente et triste,
À chaque pas qu'il fait, se transforme et persiste.
Nul abri. Ce serait un ennemi public,
90 Un monstre fabuleux, dragon ou basilic,
Qu'il serait moins traqué de toutes les manières,
Moins entouré de gens armés de grosses pierres,
Moins haï ! – Pour eux tous, et pour ceux qui viendront,
Il va semant la gloire, il recueille l'affront.
Le progrès est son but, le bien est sa boussole ;
Pilote, sur l'avant du navire il s'isole ;
Tout marin, pour dompter les vents et les courants,

Les luttes et les rêves

Met tour à tour le cap sur des points différents,
Et, pour mieux arriver, dévie en apparence ;
100 Il fait de même ; aussi blâme et cris ; l'ignorance
Sait tout, dénonce tout ; il allait vers le nord,
Il avait tort ; il va vers le sud, il a tort ;
Si le temps devient noir, que de rage et de joie !
Cependant, sous le faix sa tête à la fin ploie,
L'âge vient, il couvait un mal profond et lent,
Il meurt. L'envie alors, ce démon vigilant,
Accourt, le reconnaît, lui ferme la paupière,
Prend soin de le clouer de ses mains dans la bière,
Se penche, écoute, épie en cette sombre nuit
110 S'il est vraiment bien mort, s'il ne fait pas de bruit,
S'il ne peut plus savoir de quel nom on le nomme,
Et, s'essuyant les yeux, dit : « C'était un grand homme ! »
Où vont tous ces enfants dont pas un seul ne rit ?
Ces doux êtres pensifs que la fièvre maigrit ?
Ces filles de huit ans qu'on voit cheminer seules ?
Ils s'en vont travailler quinze heures sous des meules ;
Ils vont, de l'aube au soir, faire éternellement
Dans la même prison le même mouvement.
Accroupis sous les dents d'une machine sombre,
120 Monstre hideux qui mâche on ne sait quoi dans l'ombre,
Innocents dans un bagne, anges dans un enfer,
Ils travaillent. Tout est d'airain, tout est de fer.
Jamais on ne s'arrête et jamais on ne joue.
Aussi quelle pâleur ! La cendre est sur leur joue.

Le travail des enfants

Le titre du poème fait certainement référence à une gravure d'Albert Dürer intitulée *Melancholia*. Ce poème a un sens tout particulier d'après les propos d'Adèle Hugo, la fille du poète : « Après nous avoir lu cette pièce mon père nous dit que c'était elle qui contenait le germe du roman inédit *Misérables*, que les pauvres petits enfants pâlis sous le travail de la dure machine […] lui avaient donné l'idée de proposer une loi d'amélioration à la chambre des pairs pour alléger le sort de ces malheureux innocents. » (Adèle Hugo, *Journal de l'exil*, 25 décembre 1855).

Les luttes et les rêves

Il fait à peine jour, ils sont déjà bien las.
Ils ne comprennent rien à leur destin, hélas !
Ils semblent dire à Dieu : « Petits comme nous sommes,
» Notre père, voyez ce que nous font les hommes ! »
Ô servitude[1] infâme imposée à l'enfant !
130 Rachitisme[2] ! travail dont le souffle étouffant
Défait ce qu'a fait Dieu ; qui tue, œuvre insensée,
La beauté sur les fronts, dans les cœurs la pensée,
Et qui ferait – c'est là son fruit le plus certain ! –
D'Apollon un bossu, de Voltaire un crétin !
Travail mauvais qui prend l'âge tendre en sa serre,
Qui produit la richesse en créant la misère,
Qui se sert d'un enfant ainsi que d'un outil !
Progrès dont on demande : « Où va-t-il ? que veut-il ? »
Qui brise la jeunesse en fleur ! qui donne, en somme,
140 Une âme à la machine et la retire à l'homme !
Que ce travail, haï des mères, soit maudit !
Maudit comme le vice où l'on s'abâtardit,
Maudit comme l'opprobre et comme le blasphème !
Ô Dieu ! qu'il soit maudit au nom du travail même,
Au nom du vrai travail, saint, fécond, généreux,
Qui fait le peuple libre et qui rend l'homme heureux !

Le pesant chariot porte une énorme pierre ;
Le limonier[3], suant du mors[4] à la croupière[5],
Tire, et le roulier[6] fouette, et le pavé glissant
150 Monte, et le cheval triste a le poitrail en sang.
Il tire, traîne, geint, tire encore et s'arrête ;
Le fouet noir tourbillonne au-dessus de sa tête ;
C'est lundi ; l'homme hier buvait aux Porcherons[7]

---

1. Esclavage.
2. Maladie de la croissance liée à une carence en vitamine D apportée par le soleil. Or les enfants obligés de travailler ne voient pas la lumière et sont mal nourris.
3. Cheval destiné à l'attelage.
4. Pièce métallique insérée dans la bouche du cheval pour le guider.
5. Partie du harnais du cheval située sur la croupe.
6. Voiturier.
7. Nom d'un cabaret situé au nord-ouest de Paris.

Les luttes et les rêves

Un vin plein de fureur, de cris et de jurons ;
Oh ! quelle est donc la loi formidable qui livre
L'être à l'être, et la bête effarée à l'homme ivre !
L'animal éperdu ne peut plus faire un pas ;
Il sent l'ombre sur lui peser ; il ne sait pas,
Sous le bloc qui l'écrase et le fouet qui l'assomme,
160 Ce que lui veut la pierre et ce que lui veut l'homme.
Et le roulier n'est plus qu'un orage de coups
Tombant sur ce forçat qui traîne les licous[8],
Qui souffre et ne connaît ni repos ni dimanche.
Si la corde se casse, il frappe avec le manche,
Et, si le fouet se casse, il frappe avec le pié ;
Et le cheval, tremblant, hagard, estropié,
Baisse son cou lugubre et sa tête égarée ;
On entend, sous les coups de la botte ferrée,
Sonner le ventre nu du pauvre être muet !
170 Il râle ; tout à l'heure encore il remuait ;
Mais il ne bouge plus et sa force est finie.
Et les coups furieux pleuvent ; son agonie
Tente un dernier effort ; son pied fait un écart,
Il tombe, et le voilà brisé sous le brancard ;
Et, dans l'ombre, pendant que son bourreau redouble,
Il regarde Quelqu'un de sa prunelle trouble ;
Et l'on voit lentement s'éteindre, humble et terni,
Son œil plein des stupeurs sombres de l'infini,
Où luit vaguement l'âme effrayante des choses.
180 Hélas !

Cet avocat plaide toutes les causes ;
Il rit des généreux qui désirent savoir
Si blanc n'a pas raison, avant de dire noir ;
Calme, en sa conscience il met ce qu'il rencontre,
Ou le sac d'argent Pour, ou le sac d'argent Contre ;
Le sac pèse pour lui ce que la cause vaut.
Embusqué, plume au poing, dans un journal dévot,

---

8. Harnais qui se placent sur la tête du cheval.

Les Contemplations • **129**

Les luttes et les rêves

Comme un bandit tuerait, cet écrivain diffame.
La foule hait cet homme et proscrit cette femme ;
Ils sont maudits. Quel est leur crime ? Ils ont aimé.
190 L'opinion rampante accable l'opprimé,
Et, chatte aux pieds des forts, pour le faible est tigresse.
De l'inventeur mourant le parasite engraisse.
Le monde parle, assure, affirme, jure, ment,
Triche, et rit d'escroquer la dupe Dévouement.
Le puissant resplendit et du destin se joue ;
Derrière lui, tandis qu'il marche et fait la roue,
Sa fiente[9] épanouie engendre son flatteur.
Les nains sont dédaigneux de toute leur hauteur.
Ô hideux coins de rue où le chiffonnier morne
200 Va, tenant à la main sa lanterne de corne,
Vos tas d'ordures sont moins noirs que les vivants !
Qui, des vents ou des cœurs, est le plus sûr ? Les vents.
Cet homme ne croit rien et fait semblant de croire ;
Il a l'œil clair, le front gracieux, l'âme noire ;
Il se courbe ; il sera votre maître demain.

Tu casses des cailloux, vieillard, sur le chemin ;
Ton feutre humble et troué s'ouvre à l'air qui le mouille ;
Sous la pluie et le temps ton crâne nu se rouille ;
Le chaud est ton tyran, le froid est ton bourreau ;
210 Ton vieux corps grelottant tremble sous ton sarrau[10] ;
Ta cahute[11], au niveau du fossé de la route,
Offre son toit de mousse à la chèvre qui broute ;
Tu gagnes dans ton jour juste assez de pain noir
Pour manger le matin et pour jeûner le soir ;
Et, fantôme suspect devant qui l'on recule,
Regardé de travers quand vient le crépuscule,
Pauvre au point d'alarmer les allants et venants,
Frère sombre et pensif des arbres frissonnants,

---

9. Ses excréments.

10. Blouse de travail.

11. Petite maison sans confort, taudis.

Les luttes et les rêves

Tu laisses choir tes ans ainsi qu'eux leur feuillage ;
220 Autrefois, homme alors dans la force de l'âge,
Quand tu vis que l'Europe implacable venait,
Et menaçait Paris et notre aube qui naît,
Et, mer d'hommes, roulait vers la France effarée,
Et le Russe et le Hun sur la terre sacrée
Se ruer, et le nord revomir Attila[12],
Tu te levas, tu pris ta fourche ; en ces temps-là,
Tu fus, devant les rois qui tenaient la campagne,
Un des grands paysans de la grande Champagne.
C'est bien. Mais, vois, là-bas, le long du vert sillon,
230 Une calèche arrive, et, comme un tourbillon,
Dans la poudre du soir qu'à ton front tu secoues,
Mêle l'éclair du fouet au tonnerre des roues.
Un homme y dort. Vieillard, chapeau bas ! Ce passant
Fit sa fortune à l'heure où tu versais ton sang ;
Il jouait à la baisse, et montait à mesure
Que notre chute était plus profonde et plus sûre ;
Il fallait un vautour à nos morts ; il le fut ;
Il fit, travailleur âpre et toujours à l'affût,
Suer à nos malheurs des châteaux et des rentes ;
240 Moscou remplit ses prés de meules odorantes ;
Pour lui, Leipsick payait des chiens et des valets,
Et la Bérésina[13] charriait un palais ;
Pour lui, pour que cet homme ait des fleurs, des charmilles,
Des parcs dans Paris même ouvrant leurs larges grilles,
Des jardins où l'on voit le cygne errer sur l'eau,
Un million joyeux sortit de Waterloo[14] ;
Si bien que du désastre il a fait sa victoire,
Et que, pour la manger, et la tordre, et la boire,
Ce Shaylock, avec le sabre de Blucher[15],

---

12. Envahisseur antique.

13. Nom de deux défaites de Napoléon.

14. Ultime défaite de Napoléon qui signa sa chute.

15. Shylock : personnage de l'usurier juif dans la pièce *Le Marchand de Venise* de Shakespeare. Blücher est le général prussien qui vainquit Napoléon à Waterloo.

Les Contemplations • 131

Les luttes et les rêves

250 A coupé sur la France une livre de chair.
Or, de vous deux, c'est toi qu'on hait, lui qu'on vénère ;
Vieillard, tu n'es qu'un gueux[16], et ce millionnaire,
C'est l'honnête homme. Allons, debout, et chapeau bas !

Les carrefours sont pleins de chocs et de combats.
Les multitudes vont et viennent dans les rues.
Foules ! sillons creusés par ces mornes charrues :
Nuit, douleur, deuil ! champ triste où souvent a germé
Un épi qui fait peur à ceux qui l'ont semé !
Vie et mort ! onde où l'hydre[17] à l'infini s'enlace !
260 Peuple océan jetant l'écume populace !
Là sont tous les chaos et toutes les grandeurs ;
Là, fauve, avec ses maux, ses horreurs, ses laideurs,
Ses larves, désespoirs, haines, désirs, souffrances,
Qu'on distingue à travers de vagues transparences,
Ses rudes appétits, redoutables aimants,
Ses prostitutions, ses avilissements,
Et la fatalité de ses mœurs imperdables,
La misère épaissit ses couches formidables.
Les malheureux sont là, dans le malheur reclus.
270 L'indigence[18], flux noir, l'ignorance, reflux,
Montent, marée affreuse, et, parmi les décombres,
Roulent l'obscur filet des pénalités sombres.
Le besoin fuit le mal qui le tente et le suit,
Et l'homme cherche l'homme à tâtons ; il fait nuit ;
Les petits enfants nus tendent leurs mains funèbres ;
Le crime, antre béant, s'ouvre dans ces ténèbres ;
Le vent secoue et pousse, en ses froids tourbillons,
Les âmes en lambeaux dans les corps en haillons ;
Pas de cœur où ne croisse une horrible chimère[19].
280 Qui grince des dents ? L'homme. Et qui pleure ? La mère.

---

16. Misérable.

17. Monstre marin antique.

18. Pauvreté.

19. Ici illusion.

Les luttes et les rêves

Qui sanglote ? La vierge aux yeux hagards et doux.
Qui dit : J'ai froid ? L'aïeule. Et qui dit : J'ai faim ? Tous !
Et le fond est horreur, et la surface est joie.
Au-dessus de la faim, le festin qui flamboie,
Et sur le pâle amas des cris et des douleurs,
Les chansons et le rire et les chapeaux de fleurs !
Ceux-là sont les heureux. Ils n'ont qu'une pensée :
À quel néant jeter la journée insensée ?
Chiens, voitures, chevaux ! cendre au reflet vermeil !
290 Poussière dont les grains semblent d'or au soleil !
Leur vie est au plaisir sans fin, sans but, sans trêve,
Et se passe à tâcher d'oublier dans un rêve
L'enfer au-dessous d'eux et le ciel au-dessus.
Quand on voile Lazare[20], on efface Jésus.
Ils ne regardent pas dans les ombres moroses.
Ils n'admettent que l'air tout parfumé de roses,
La volupté, l'orgueil, l'ivresse, et le laquais,
Ce spectre galonné[21] du pauvre, à leurs banquets.
Les fleurs couvrent les seins et débordent des vases.
300 Le bal, tout frissonnant de souffles et d'extases,
Rayonne, étourdissant ce qui s'évanouit ;
Éden étrange fait de lumière et de nuit.
Les lustres au plafond laissent pendre leurs flammes,
Et semblent la racine ardente et pleine d'âmes
De quelque arbre céleste épanoui plus haut.
Noir paradis dansant sur l'immense cachot !
Ils savourent, ravis, l'éblouissement sombre
Des beautés, des splendeurs, des quadrilles[22] sans nombre,
Des couples, des amours, des yeux bleus, des yeux noirs.
310 Les valses, visions, passent dans les miroirs.
Parfois, comme aux forêts la fuite des cavales,

---

20. Allusion non pas à Lazare de Béthanie que ressuscite Jésus mais à Lazare le pauvre qui se voit repoussé par un homme riche. Ce dernier se retrouve en enfer alors que Lazare est au paradis – Évangile de Luc.

21. Garni d'un galon, signe distinctif des grades dans l'armée.

22. Danse de salon.

Les Contemplations • 133

Les luttes et les rêves

Les galops effrénés courent ; par intervalles,
Le bal reprend haleine ; on s'interrompt, on fuit,
On erre, deux à deux, sous les arbres sans bruit ;
Puis, folle, et rappelant les ombres éloignées,
La musique, jetant les notes à poignées,
Revient, et les regards s'allument, et l'archet,
Bondissant, ressaisit la foule qui marchait.
Ô délire ! et d'encens et de bruit enivrées,
320   L'heure emporte en riant les rapides soirées,
Et les nuits et les jours, feuilles mortes des cieux.
D'autres, toute la nuit, roulent les dés joyeux,
Ou bien, âpre, et mêlant les cartes qu'ils caressent,
Où des spectres riants ou sanglants apparaissent,
Leur soif de l'or, penchée autour d'un tapis vert[23],
Jusqu'à ce qu'au volet le jour bâille entr'ouvert,
Poursuit le pharaon, le lansquenet ou l'hombre[24] ;
Et, pendant qu'on gémit et qu'on frémit dans l'ombre,
Pendant que les greniers grelottent sous les toits,
330   Que les fleuves, passants pleins de lugubres voix,
Heurtent aux grands quais blancs les glaçons qu'ils charrient,
Tous ces hommes contents de vivre boivent, rient,
Chantent ; et, par moments, on voit, au-dessus d'eux,
Deux poteaux soutenant un triangle hideux
Qui sortent lentement du noir pavé des villes… –

Ô forêts ! bois profonds ! solitudes ! asiles !

Paris, juillet 1838.

---

23. Tapis de jeu.
24. Noms de jeux de cartes.

Explication de texte 5

Livre III, *Les luttes et les rêves*, poème II, « Melancholia »
→ p. 127 à 128, v. 113 à 146

Comment mettre la poésie au service de l'engagement politique ?

SITUER

1 Expliquez le titre du poème.

2 Résumez ce qui précède notre extrait.

EXPLIQUER

Un tableau pathétique → v. 113 à 128

3 Quel est le rôle des trois questions initiales ?

4 Le pathétique est une tonalité qui suscite la compassion. Relevez les figures de style et le lexique qui rendent pathétique l'évocation.

5 Par quels moyens stylistiques le poète rend-il effrayante la « machine » ?

6 Dans quel but le poète donne-t-il la parole aux enfants aux vers 127-128 ?

La révolte de l'homme → v. 129 à 146

7 Quel sens donnez-vous aux exclamations des vers 129, 130, 133, 134 ?

8 Quels arguments soulignent le scandale du travail des enfants ?

9 Quels mots sont répétés entre les vers 141 à 145 ? Comment interprétez-vous ces répétitions ?

CONCLURE

10 En quoi peut-on parler de poème engagé ?

📖 ÉTUDE DE LA LANGUE

• Relevez et analysez dans les vers 130-132 la fonction des pronoms relatifs.

⭐ ACTIVITÉ

• Quelles causes Victor Hugo a-t-il défendues ? Faites une recherche documentaire.

Les Contemplations • **135**

Les luttes et les rêves

III

Saturne

I

Il est des jours de brume et de lumière vague,
Où l'homme, que la vie à chaque instant confond,
Étudiant la plante, ou l'étoile, ou la vague,
S'accoude au bord croulant du problème sans fond ;

Où le songeur, pareil aux antiques augures[1],
Cherchant Dieu, que jadis plus d'un voyant surprit,
Médite en regardant fixement les figures
    Qu'on a dans l'ombre de l'esprit ;

Où, comme en s'éveillant on voit, en reflets sombres,
10 Des spectres du dehors errer sur le plafond,
Il sonde le destin, et contemple les ombres
Que nos rêves jetés parmi les choses font !

Des heures où, pourvu qu'on ait à sa fenêtre
Une montagne, un bois, l'océan qui dit tout,
Le jour prêt à mourir ou l'aube prête à naître,
    En soi-même on voit tout à coup

---

1. Prêtres de l'Antiquité chargés d'interpréter les signes.

> **La religion de Victor Hugo**
>
> « Saturne » marque le début de la méditation hugolienne sur la religion. La religion de Victor Hugo est une création personnelle. Si elle présente de nombreux symboles chrétiens (anges, croix, prophètes), elle s'éloigne cependant de tout dogmatisme et mêle plusieurs spiritualités. C'est une religion cosmique qui fait la part belle à la Nature, à la méditation et à l'omniprésence des âmes des morts.

Les luttes et les rêves

Sur l'amour, sur les biens qui tous nous abandonnent,
Sur l'homme, masque vide et fantôme rieur,
Éclore des clartés effrayantes qui donnent
Des éblouissement à l'œil intérieur ;

De sorte qu'une fois que ces visions glissent
Devant notre paupière en ce vallon d'exil,
Elles n'en sortent plus et pour jamais emplissent
  L'arcade du sombre sourcil !

II

Donc, puisque j'ai parlé de ces heures de doute
Où l'un trouve le calme et l'autre le remords,
Je ne cacherai pas au peuple qui m'écoute
Que je songe souvent à ce que font les morts ;

Et que j'en suis venu – tant la nuit étoilée
A fatigué de fois mes regards et mes vœux,
Et tant une pensée inquiète est mêlée
  Aux racines de mes cheveux ! –

À croire qu'à la mort, continuant sa route,
L'âme, se souvenant de son humanité,
Envolée à jamais sous la céleste voûte,
À franchir l'infini passait l'éternité !

Et que les morts voyaient l'extase et la prière,
Nos deux rayons, pour eux grandir bien plus encor,
Et qu'ils étaient pareils à la mouche ouvrière,
  Au vol rayonnant, aux pieds d'or,

Qui, visitant les fleurs pleines de chastes gouttes,
Semble une âme visible en ce monde réel,
Et, leur disant tout bas quelque mystère à toutes,
Leur laisse le parfum en leur prenant le miel !

Les Contemplations

Les luttes et les rêves

Et qu'ainsi, faits vivants par le sépulcre même,
Nous irions tous un jour, dans l'espace vermeil,
Lire l'œuvre infinie et l'éternel poëme,
      Vers à vers, soleil à soleil !

Admirer tout système en ses formes fécondes,
50   Toute création dans sa variété,
Et, comparant à Dieu chaque face des mondes,
Avec l'âme de tout confronter leur beauté !

Et que chacun ferait ce voyage des âmes,
Pourvu qu'il ait souffert, pourvu qu'il ait pleuré.
Tous ! hormis les méchants, dont les esprits infâmes
      Sont comme un livre déchiré.

Ceux-là, Saturne, un globe horrible et solitaire,
Les prendra pour le temps où Dieu voudra punir,
Châtiés à la fois par le ciel et la terre,
60   Par l'aspiration et par le souvenir !

III

Saturne ! sphère énorme ! astre aux aspects funèbres !
Bagne du ciel ! prison dont le soupirail luit !
Monde en proie à la brume, aux souffles, aux ténèbres !
      Enfer fait d'hiver et de nuit !

Son atmosphère flotte en zones tortueuses.
Deux anneaux flamboyants, tournant avec fureur,
font, dans son ciel d'airain, deux arches monstrueuses
D'où tombe une éternelle et profonde terreur.

Ainsi qu'une araignée au centre de sa toile,
70   Il tient sept lunes d'or qu'il lie à ses essieux ;
Pour lui, notre soleil, qui n'est plus qu'une étoile,
      Se perd, sinistre, au fond des cieux !

Les luttes et les rêves

Les autres univers, l'entrevoyant dans l'ombre,
Se sont épouvantés de ce globe hideux.
Tremblants, ils l'ont peuplé de chimères sans nombre,
En le voyant errer formidable autour d'eux !

IV

Oh ! ce serait vraiment un mystère sublime
Que ce ciel si profond, si lumineux, si beau,
Qui flamboie à nos yeux ouverts comme un abîme,
Fût l'intérieur du tombeau !

Que tout se révélât à nos paupières closes !
Que, morts, ces grands destins nous fussent réservés !...
Qu'en est-il de ce rêve et de bien d'autres choses ?
Il est certain, Seigneur, que seul vous le savez.

V

Il est certain aussi que, jadis, sur la terre,
Le patriarche[2], ému d'un redoutable effroi,
Et les saints qui peuplaient la Thébaïde[3] austère
Ont fait des songes comme moi ;

Que, dans sa solitude auguste[4], le prophète
Voyait, pour son regard plein d'étranges rayons,
Par la même fêlure aux réalités faite,
S'ouvrir le monde obscur des pâles visions ;

Et qu'à l'heure où le jour devant la nuit recule,
Ces sages que jamais l'homme, hélas, ne comprit,
Mêlaient, silencieux, au morne crépuscule
Le trouble de leur sombre esprit ;

---

2. Père de l'humanité.

3. Lieu isolé.

4. Vénérable, sacrée.

Les luttes et les rêves

Tandis que l'eau sortait des sources cristallines,
Et que les grands lions, de moments en moments,
Vaguement apparus au sommet des collines,
100 Poussaient dans le désert de longs rugissements !

Avril 1839.

IV

Écrit au bas d'un crucifix

Vous qui pleurez, venez à ce Dieu, car il pleure.
Vous qui souffrez, venez à lui, car il guérit.
Vous qui tremblez, venez à lui, car il sourit.
Vous qui passez, venez à lui, car il demeure.

Mars 1842.

V

Quia pulvis es[1]

Ceux-ci partent, ceux-là demeurent.
Sous le sombre aquilon[2], dont les mille voix pleurent,
Poussière et genre humain, tout s'envole à la fois.
Hélas ! le même vent souffle, en l'ombre où nous sommes,
Sur toutes les têtes des hommes,
Sur toutes les feuilles des bois.

Ceux qui restent à ceux qui passent
Disent : – Infortunés ! déjà vos fronts s'effacent.
Quoi ! vous n'entendez plus la parole et le bruit !
10 Quoi ! vous ne verrez plus ni le ciel ni les arbres !

---

1. Parole de la Genèse : « Homme, souviens-toi que tu es poussière et que tu retourneras en poussière. »

2. Dieu des vents du Nord.

Les luttes et les rêves

Vous allez dormir sous les marbres !
Vous allez tomber dans la nuit ! –

Ceux qui passent à ceux qui restent
Disent : – Vous n'avez rien à vous ! vos pleurs l'attestent !
Pour vous, gloire et bonheur sont des mots décevants.
Dieu donne aux morts les biens réels, les vrais royaumes.
Vivants ! vous êtes des fantômes ;
C'est nous qui sommes les vivants ! –

Février 1843.

VI

La source

Un lion habitait près d'une source ; un aigle
Y venait boire aussi.
Or, deux héros, un jour, deux rois – souvent Dieu règle
La destinée ainsi –

Vinrent à cette source où des palmiers attirent
Le passant hasardeux,
Et, s'étant reconnus, ces hommes se battirent
Et tombèrent tous deux.

L'aigle, comme ils mouraient, vint planer sur leurs têtes,
Et leur dit, rayonnant :
– Vous trouviez l'univers trop petit, et vous n'êtes
Qu'une ombre maintenant !

Ô princes ! et vos os, hier pleins de jeunesse,
Ne seront plus demain
Que des cailloux mêlés, sans qu'on les reconnaisse,
Aux pierres du chemin !

Les luttes et les rêves

Insensés ! à quoi bon cette guerre âpre et rude,
Ce duel, ce talion[1] ?… –
Je vis en paix, moi, l'aigle, en cette solitude,
Avec lui, le lion.

Nous venons tous deux boire à la même fontaine,
Rois dans les mêmes lieux ;
Je lui laisse le bois, la montagne et la plaine,
Et je garde les cieux.

Octobre 1846.

VII

La statue

Quand l'empire romain tomba désespéré,
– Car, ô Rome, l'abîme où Carthage a sombré[1]
Attendait que tu la suivisses ! –
Quand, n'ayant rien en lui de grand qu'il n'eût brisé,
Ce monde agonisa, triste, ayant épuisé
Tous les Césars[2] et tous les vices ;

Quand il expira, vide et riche comme Tyr[3] ;
Tas d'esclaves ayant pour gloire de sentir
Le pied du maître sur leurs nuques ;
Ivre de vin, de sang et d'or ; continuant
Caton par Tigellin[4], l'astre par le néant,
Et les géants par les eunuques[5] ;

Ce fut un noir spectacle et dont on s'enfuyait.
Le pâle cénobite[6] y songeait, inquiet,

---

1. Loi du Talion : loi biblique où le châtiment est identique au forfait.

Poème VII – 1. Villes ennemies qui se sont combattues pendant les guerres puniques dans l'Antiquité.

2. Généraux en chef.

3. Ville de Phénicie (sud du Liban).

4. Caton fut un brillant homme politique et écrivain romain qui s'opposa à Tigellin, l'âme damnée de Néron.

5. Hommes sans virilité.

6. Moine vivant dans un monastère.

Les luttes et les rêves ▰▰▶

Dans les antres[7] visionnaires ;
Et, pendant trois cents ans, dans l'ombre on entendit
Sur ce monde damné, sur ce festin maudit,
          Un écroulement de tonnerres.

Et Luxure, Paresse, Envie, Orgie, Orgueil,
Avarice et Colère[8], au-dessus de ce deuil,
          Planèrent avec des huées[9] ;
Et, comme des éclairs sous le plafond des soirs,
Les glaives[10] monstrueux des sept archanges[11] noirs
          Flamboyèrent dans les nuées.

Juvénal[12], qui peignit ce gouffre universel,
Est statue aujourd'hui ; la statue est de sel,
          Seule sous le nocturne dôme ;
Pas un arbre à ses pieds ; pas d'herbe et de rameaux ;
Et dans son œil sinistre on lit ces sombres mots :
          Pour avoir regardé Sodôme[13].

Février 1843.

VIII

Je lisais. Que lisais-je ? Oh ! le vieux livre austère,
Le poëme éternel ! – La Bible ? – Non, la terre.
Platon[1], tous les matins, quand revit le ciel bleu,
Lisait les vers d'Homère[2], et moi les fleurs de Dieu.
J'épelle les buissons, les brins d'herbe, les sources ;
Et je n'ai pas besoin d'emporter dans mes courses
Mon livre sous mon bras, car je l'ai sous mes pieds.
Je m'en vais devant moi dans les lieux non frayés[3],
Et j'étudie à fond le texte, et je me penche,

---

7. Grottes.
8. Sept péchés capitaux.
9. Cris.
10. Épées.
11. Anges d'un ordre supérieur.
12. Écrivain romain auteur de satires.

13. Ville biblique maudite détruite par la colère divine.
Poème VIII – 1. Philosophe antique.
2. Auteur de l'*Iliade* et de l'*Odyssée*.
3. Non peuplés.

Les Contemplations • 143

Les luttes et les rêves

10 Cherchant à déchiffrer la corolle et la branche.
Donc, courbé, – c'est ainsi qu'en marchant je traduis
La lumière en idée, en syllabes les bruits, –
J'étais en train de lire un champ, page fleurie.
Je fus interrompu dans cette rêverie ;
Un doux martinet[4] noir avec un ventre blanc
Me parlait ; il disait : – Ô pauvre homme, tremblant
Entre le doute morne et la foi qui délivre,
Je t'approuve, il est bon de lire dans ce livre.
Lis toujours, lis sans cesse, ô penseur agité,
20 Et que les champs profonds t'emplissent de clarté !
Il est sain de toujours feuilleter la nature,
Car c'est la grande lettre et la grande écriture ;
Car la terre, cantique où nous nous abîmons,
A pour versets les bois et pour strophes les monts !
Lis. Il n'est rien dans tout ce que peut sonder l'homme
Qui, bien questionné par l'âme, ne se nomme.
Médite. Tout est plein de jour, même la nuit ;
Et tout ce qui travaille, éclaire, aime ou détruit,
A des rayons : la roue au dur moyeu, l'étoile,
30 La fleur, et l'araignée au centre de sa toile.
Rends-toi compte de Dieu. Comprendre, c'est aimer.
Les plaines où le ciel aide l'herbe à germer,
L'eau, les prés, sont autant de phrases où le sage
Voit serpenter des sens qu'il saisit au passage.
Marche au vrai. Le réel, c'est le juste, vois-tu ;
Et voir la vérité, c'est trouver la vertu.
Bien lire l'univers, c'est bien lire la vie.
Le monde est l'œuvre où rien ne ment et ne dévie,
Et dont les mots sacrés répandent de l'encens.
40 L'homme injuste est celui qui fait des contre-sens.
Oui, la création tout entière, les choses,
Les êtres, les rapports, les éléments, les causes,
Rameaux dont le ciel clair perce le réseau noir,
L'arabesque des bois sur les cuivres du soir,

---

4. Oiseau migrateur.

Les luttes et les rêves

La bête, le rocher, l'épi d'or, l'aile peinte,
Tout cet ensemble obscur, végétation sainte,
Compose en se croisant ce chiffre énorme : DIEU.
L'éternel est écrit dans ce qui dure peu ;
Toute l'immensité, sombre, bleue, étoilée,
50 Traverse l'humble fleur, du penseur contemplée ;
On voit les champs, mais c'est de Dieu qu'on s'éblouit.
Le lis que tu comprends en toi s'épanouit ;
Les roses que tu lis s'ajoutent à ton âme.
Les fleurs chastes, d'où sort une invisible flamme,
Sont les conseils que Dieu sème sur le chemin ;
C'est l'âme qui les doit cueillir, et non la main.
Ainsi tu fais ; aussi l'aube est sur ton front sombre ;
Aussi tu deviens bon, juste et sage ; et dans l'ombre
Tu reprends la candeur sublime du berceau. –
60 Je répondis : – Hélas ! tu te trompes, oiseau.
Ma chair, faite de cendre, à chaque instant succombe ;
Mon âme ne sera blanche que dans la tombe ;
Car l'homme, quoi qu'il fasse, est aveugle ou méchant. –
Et je continuai la lecture du champ.

Juillet 1843.

IX

Jeune fille, la grâce emplit tes dix-sept ans.
Ton regard dit : Matin, et ton front dit : Printemps.
Il semble que ta main porte un lis invisible.
Don Juan te voit passer et murmure : « Impossible ! »
Sois belle. Sois bénie, enfant, dans ta beauté.
La nature s'égaie à toute ta clarté ;
Tu fais une lueur sous les arbres ; la guêpe
Touche ta joue en fleur de son aile de crêpe ;
La mouche à tes yeux vole ainsi qu'à des flambeaux.
10 Ton souffle est un encens qui monte au ciel. Lesbos[1]

---

1. Lesbos est un île grecque dont est originaire la poétesse Sappho.

Les Contemplations • **145**

Les luttes et les rêves

Et les marins d'Hydra[2], s'ils te voyaient sans voiles,
Te prendraient pour l'Aurore aux cheveux pleins d'étoiles.
Les êtres de l'azur froncent leur pur sourcil,
Quand l'homme, spectre obscur du mal et de l'exil,
Ose approcher ton âme, aux rayons fiancée.
Sois belle. Tu te sens par l'ombre caressée,
Un ange vient baiser ton pied quand il est nu,
Et c'est ce qui te fait ton sourire ingénu.

Février 1843.

X

Amour

Amour ! « Loi, » dit Jésus. « Mystère, » dit Platon.
Sait-on quel fil nous lie au firmament ? Sait-on
Ce que les mains de Dieu dans l'immensité sèment ?
Est-on maître d'aimer ? Pourquoi deux êtres s'aiment,
Demande à l'eau qui court, demande à l'air qui fuit,
Au moucheron qui vole à la flamme la nuit,
Au rayon d'or qui vient baiser la grappe mûre !
Demande à ce qui chante, appelle, attend, murmure !
Demande aux nids profonds qu'avril met en émoi !
10 Le cœur éperdu crie : Est-ce que je sais, moi ?
Cette femme a passé : je suis fou. C'est l'histoire.
Ses cheveux étaient blonds, sa prunelle était noire ;
En plein midi, joyeuse, une fleur au corset,
Illumination du jour, elle passait ;
Elle allait, la charmante, et riait, la superbe ;
Ses petits pieds semblaient chuchoter avec l'herbe ;
Un oiseau bleu volait dans l'air et me parla ;
Et comment voulez-vous que j'échappe à cela ?
Est-ce que je sais, moi ? C'était au temps des roses ;
20 Les arbres se disaient tout bas de douces choses ;
Les ruisseaux l'ont voulu, les fleurs l'ont comploté.

---

2. Île grecque.

Les luttes et les rêves

J'aime ! – Ô Bodin, Vouglans, Delancre ! prévôté,
Bailliage, châtelet, grand'chambre, saint-office[1],
Demandez le secret de ce doux maléfice
Aux vents, au frais printemps chassant l'hiver hagard,
Au philtre qu'un regard boit dans l'autre regard,
Au sourire qui rêve, à la voix qui caresse,
À ce magicien, à cette charmeresse[2] !
Demandez aux sentiers traîtres qui, dans les bois,
30 Vous font recommencer les mêmes pas cent fois,
À la branche de mai, cette Armide[3] qui guette,
Et fait tourner sur nous en cercle sa baguette !
Demandez à la vie, à la nature, aux cieux,
Au vague enchantement des champs mystérieux !
Exorcisez[4] le pré tentateur, l'antre, l'orme !
Faites, Cujas[5] au poing, un bon procès en forme
Aux sources dont le cœur écoute les sanglots,
Au soupir éternel des forêts et des flots.
Dressez procès-verbal contre les pâquerettes
40 Qui laissent les bourdons froisser leurs collerettes ;
Instrumentez ; tonnez[6]. Prouvez que deux amants
Livraient leur âme aux fleurs, aux bois, aux lacs dormants,
Et qu'ils ont fait un pacte avec la lune sombre,
Avec l'illusion, l'espérance aux yeux d'ombre,
Et l'extase chantant des hymnes inconnus,
Et qu'ils allaient tous deux, dès que brillait Vénus,
Sur l'herbe que la brise agite par bouffées,
Danser au bleu sabbat[7] de ces nocturnes fées,
Éperdus, possédés d'un adorable ennui,
50 Elle n'étant plus elle et lui n'étant plus lui !

---

1. Ensemble de personnalités
et de lieux en lien avec la sorcellerie
et les procès qui ont été menés
contre elle.
2. Celle qui envoie des charmes.
3. Magicienne musulmane dans un poème
du Tasse. Elle tombe amoureuse
d'un chevalier chrétien : Renaud.

4. Chasser les démons du corps
de quelqu'un.
5. Humaniste et juriste du XVIe siècle.
6. Grondez.
7. Supposées assemblées nocturnes
de sorcières.

Les Contemplations • **147**

Les luttes et les rêves

Quoi ! nous sommes encore aux temps où la Tournelle[8],
Déclarant la magie impie et criminelle,
Lui dressait un bûcher par arrêt de la cour,
Et le dernier sorcier qu'on brûle, c'est l'Amour !

Juillet 1843.

XI

?[1]

Une terre au flanc maigre, âpre, avare, inclément,
Où les vivants pensifs travaillent tristement,
Et qui donne à regret à cette race humaine
Un peu de pain pour tant de labeur et de peine ;
Des hommes durs, éclos sur ces sillons ingrats ;
Des cités d'où s'en vont, en se tordant les bras,
La charité, la paix, la foi, sœurs vénérables ;
L'orgueil chez les puissants et chez les misérables ;
La haine au cœur de tous ; la mort, spectre sans yeux,
Frappant sur les meilleurs des coups mystérieux ;
Sur tous les hauts sommets des brumes répandues ;
Deux vierges, la justice et la pudeur, vendues ;
Toutes les passions engendrant tous les mots ;
Des forêts abritant des loups sous leurs rameaux ;
Là le désert torride, ici les froids polaires ;
Des océans émus de subites colères,
Pleins de mâts frissonnants qui sombrent dans la nuit ;
Des continents couverts de fumée et de bruit,
Où, deux torches aux mains, rugit la guerre infâme,
Où toujours quelque part fume une ville en flamme,
Où se heurtent sanglants les peuples furieux ; –

Et que tout cela fasse un astre dans les cieux !

Octobre 1840.

---

8. Chambre criminelle
du Parlement de Paris.

Poème XI – 1. Le point d'interrogation souligne peut-être
le paradoxe de la dimension céleste de la Terre et pourtant
la violence qui y règne.

XII

Explication

La terre est au soleil ce que l'homme est à l'ange.
L'un est fait de splendeur ; l'autre est pétri de fange.
Toute étoile est soleil ; tout astre est paradis.
Autour des globes purs sont les mondes maudits ;
Et dans l'ombre, où l'esprit voit mieux que la lunette,
Le soleil paradis traîne l'enfer planète.
L'ange habitant de l'astre est faillible ; et, séduit,
Il peut devenir l'homme habitant de la nuit.
Voilà ce que le vent m'a dit sur la montagne.

10 Tout globe obscur gémit ; toute terre est un bagne
Où la vie en pleurant, jusqu'au jour du réveil,
Vient écrouer l'esprit qui tombe du soleil.
Plus le globe est lointain, plus le bagne est terrible.
La mort est là, vannant les âmes dans un crible,
Qui juge, et, de la vie invisible témoin,
Rapporte l'ange à l'astre ou le jette plus loin.

Ô globes sans rayons et presque sans aurores !
Énorme Jupiter fouetté de météores,
Mars qui semble de loin la bouche d'un volcan,
20 Ô nocturne Uranus, ô Saturne au carcan !
Châtiments inconnus ! rédemptions ! mystères !
Deuils ! ô lunes encor plus mortes que les terres !
Ils souffrent ; ils sont noirs ; et qui sait ce qu'ils font ?
L'ombre entend par moments leur cri rauque et profond,
Comme on entend, le soir, la plainte des cigales.
Mondes spectres, tirant des chaînes inégales,

Ils vont, blêmes, pareils au rêve qui s'enfuit.
Rougis confusément d'un reflet dans la nuit,
Implorant un messie, espérant des apôtres,
30 Seuls, séparés, les uns en arrière des autres,

Les luttes et les rêves

Tristes, échevelés par des souffles hagards,
Jetant à la clarté de farouches regards,
Ceux-ci, vagues, roulant dans les profondeurs mornes,
Ceux-là, presque engloutis dans l'infini sans bornes,
Ténébreux, frissonnants, froids, glacés, pluvieux,
Autour du paradis ils tournent envieux ;
Et, du soleil, parmi les brumes et les ombres,
On voit passer au loin toutes ces faces sombres.

Novembre 1840.

XIII

La chouette

Une chouette était sur la porte clouée[1] ;
Larve de l'ombre au toit des hommes échouée.
La nature, qui mêle une âme aux rameaux verts,
Qui remplit tout, et vit à des degrés divers,
Dans la bête sauvage et la bête de somme,
Toujours en dialogue avec l'esprit de l'homme,
Lui donne à déchiffrer les animaux, qui sont
Ses signes, alphabet formidable et profond ;
Et, sombre, ayant pour mots l'oiseau, le ver, l'insecte,
10 Parle deux langues : l'une, admirable et correcte,
L'autre, obscur bégaiement. L'éléphant aux pieds lourds,
Le lion, ce grand front de l'antre, l'aigle, l'ours,
Le taureau, le cheval, le tigre au bond superbe,
Sont le langage altier[2] et splendide, le verbe ;
Et la chauve-souris, le crapaud, le putois,
Le crabe, le hibou, le porc, sont le patois.
Or, j'étais là, pensif, bienveillant, presque tendre,
Épelant ce squelette, et tâchant de comprendre
Ce qu'entre les trois clous où son spectre pendait,

---

1. Pratique cruelle qui avait cours dans l'Antiquité et au Moyen Âge pour éloigner les mauvais esprits d'une maison.

2. Fier, hautain.

Les luttes et les rêves

20 Aux vivants, aux souffrants, au bœuf triste, au baudet,
Disait, hélas, la pauvre et sinistre chouette,
Du côté noir de l'être informe silhouette.

Elle disait :
            « Sur son front sombre
Comme la brume se répand !
Il remplit tout le fond de l'ombre.
Comme sa tête morte pend !
De ses yeux coulent ses pensées.
Ses pieds troués, ses mains percées
Bleuissent à l'air glacial.
30 Oh ! comme il saigne dans le gouffre !
Lui qui faisait le bien, il souffre
Comme moi qui faisait le mal.

« Une lumière à son front tremble.
Et la nuit dit au vent : « Soufflons
» Sur cette flamme ! » et, tous ensemble,
Les ténèbres, les aquilons[3],
La pluie et l'horreur, froides bouches,
Soufflent, hagards, hideux, farouches,
Et dans la tempête et le bruit
40 La clarté reparaît grandie… –
Tu peux éteindre un incendie,
Mais pas une auréole, ô nuit !

« Cette âme arriva sur la terre,
Qu'assombrit le soir incertain ;
Elle entra dans l'obscur mystère
Que l'ombre appelle son destin ;
Au mensonge, aux forfaits sans nombre,
À tout l'horrible essaim de l'ombre,
Elle livrait de saints combats ;

---

3. Vent du Nord.

Les luttes et les rêves

50 Elle volait, et ses prunelles
Semblaient deux lueurs éternelles
Qui passaient dans la nuit d'en bas.

« Elle allait parmi les ténèbres,
Poursuivant, chassant, dévorant
Les vices, ces taupes funèbres,
Le crime, ce phalène errant ;
Arrachant de leurs trous la haine,
L'orgueil, la fraude qui se traîne,
L'âpre envie, aspic du chemin,
60 Les vers de terre et les vipères,
Que la nuit cache dans les pierres
Et le mal dans le cœur humain !

« Elle cherchait ces infidèles,
L'Achab, le Nemrod, le Mathan[4],
Que, dans son temple et sous ses ailes,
Réchauffe le faux dieu Satan,
Les vendeurs cachés sous les porches,
Le brûleur allumant ses torches
Au même feu que l'encensoir,
70 Et, quand elle l'avait trouvée,
Toute la sinistre couvée
Se hérissait sous l'autel noir.

« Elle allait, délivrant les hommes
De leurs ennemis ténébreux ;
Les hommes, noirs comme nous sommes,
Prirent l'esprit luttant pour eux ;
Puis ils clouèrent, les infâmes,
L'âme qui défendait leurs âmes,
L'être dont l'œil jetait du jour ;
80 Et leur foule, dans sa démence,

---

4. Figures du mal associées au culte du dieu Baal comme dieu des ténèbres.

Les luttes et les rêves

Railla cette chouette immense
De la lumière et de l'amour !

« Race qui frappes et lapides[5],
Je te plains ! hommes, je vous plains !
Hélas ! Je plains vos poings stupides,
D'affreux clous et de marteaux pleins !
Vous persécutez pêle-mêle
Le mal, le bien, la griffe et l'aile,
Chasseurs sans but, bourreaux sans yeux !
90   Vous clouez de vos mains mal sûres
Les hiboux au seuil des masures[6],
Et Christ sur la porte des cieux ! »

Mai 1843.

XIV

À la mère de l'enfant mort

Oh ! vous aurez trop dit au pauvre petit ange
      Qu'il est d'autres anges là-haut,
Que rien ne souffre au ciel, que jamais rien n'y change,
      Qu'il est doux d'y rentrer bientôt ;

Que le ciel est un dôme aux merveilleux pilastres[1],
      Une tente aux riches couleurs,
Un jardin bleu rempli de lis qui sont des astres,
      Et d'étoiles qui sont des fleurs ;

Que c'est un lieu joyeux plus qu'on ne saurait dire,
10   Où toujours, se laissant charmer,
On a les chérubins[2] pour jouer et pour rire,
      Et le bon Dieu pour nous aimer ;

---

5. Tues en jetant des pierres.   **Poème XIV – 1.** Piliers.
6. Maisons sans confort, taudis.   **2.** Anges.

Les Contemplations • **153**

Les luttes et les rêves

Qu'il est doux d'être un cœur qui brûle comme un cierge,
Et de vivre, en toute saison,
Près de l'enfant Jésus et de la sainte Vierge
Dans une si belle maison !

Et puis vous n'aurez pas assez dit, pauvre mère,
À ce fils si frêle et si doux,
Que vous étiez à lui dans cette vie amère,
Mais aussi qu'il était à vous ;

Que, tant qu'on est petit, la mère sur nous veille,
Mais que plus tard on la défend ;
Et qu'elle aura besoin, quand elle sera vieille,
D'un homme qui soit son enfant ;

Vous n'aurez point assez dit à cette jeune âme
Que Dieu veut qu'on reste ici-bas,
La femme guidant l'homme et l'homme aidant la femme,
Pour les douleurs et les combats ;

Si bien qu'un jour, ô deuil ! irréparable perte !
Le doux être s'en est allé !… –
Hélas ! vous avez donc laissé la cage ouverte,
Que votre oiseau s'est envolé !

Avril 1843.

XV

Épitaphe[1]

Il vivait, il jouait, riante créature.
Que te sert d'avoir pris cet enfant, ô nature ?
N'as-tu pas les oiseaux peints de mille couleurs,

---

1. Inscription funéraire. Ce poème a été écrit en 1843 pour Mme Lefèvre qui faisait partie de la famille Vacquerie, très liée aux Hugo. Charles Vacquerie fut le mari de Léopoldine Hugo (voir livre IV : *Pauca meæ*).

Les luttes et les rêves

Les astres, les grands bois, le ciel bleu, l'onde amère ?
Que te sert d'avoir pris cet enfant à sa mère
Et de l'avoir caché sous des touffes de fleurs ?

Pour cet enfant de plus tu n'es pas plus peuplée,
Tu n'es pas plus joyeuse, ô nature étoilée !
Et le cœur de la mère en proie à tant de soins,
Ce cœur où toute joie engendre une torture,
Cet abîme aussi grand que toi-même, ô nature,
Est vide et désolé pour cet enfant de moins !

Mai 1843.

XVI

Le maître d'études

Ne le tourmentez pas, il souffre. Il est celui
Sur qui, jusqu'à ce jour, pas un rayon n'a lui ;
Oh ! ne confondez pas l'esclave avec le maître !
Et, quand vous le voyez dans vos rangs apparaître,
Humble et calme, et s'asseoir la tête dans ses mains,
Ayant peut-être en lui l'esprit des vieux Romains
Dont il vous dit les noms, dont il vous lit les livres,
Écoliers, frais enfants de joie et d'aurore ivres,
Ne le tourmentez pas ! soyez doux, soyez bons.
Tous nous portons la vie et tous nous nous courbons ;
Mais lui, c'est le flambeau qui la nuit se consomme ;
L'ombre le tient captif, et ce pâle jeune homme,
Enfermé plus que vous, plus que vous enchaîné,
Votre frère, écoliers, et votre frère aîné,
Destin tronqué, matin noyé dans les ténèbres,
Ayant l'ennui sans fin devant ses yeux funèbres,
Indigent, chancelant, et cependant vainqueur,
Sans oiseaux dans son ciel, sans amours dans son cœur,
À l'heure du plein jour, attend que l'aube naisse,
Enfance, ayez pitié de la sombre jeunesse !

Les luttes et les rêves

Apprenez à connaître, enfants qu'attend l'effort,
Les inégalités des âmes et du sort ;
Respectez-le deux fois, dans le deuil qui le mine,
Puisque de deux sommets, enfants, il vous domine,
Puisqu'il est le plus pauvre et qu'il est le plus grand.
Songez que, triste, en butte au souci dévorant,
À travers ses douleurs, ce fils de la chaumière
Vous verse la raison, le savoir, la lumière,
Et qu'il vous donne l'or, et qu'il n'a pas de pain.
30   Oh ! dans la longue salle aux tables de sapin,
Enfants, faites silence à la lueur des lampes !
Voyez, la morne angoisse a fait blêmir ses tempes :
Songez qu'il saigne, hélas ! sous ses pauvres habits.
L'herbe que mord la dent cruelle des brebis,
C'est lui ; vous riez, vous, et vous lui rongez l'âme.
Songez qu'il agonise, amer, sans air, sans flamme ;
Que sa colère dit : Plaignez-moi ; que ses pleurs
Ne peuvent pas couler devant vos yeux railleurs !
Aux heures du travail votre ennui le dévore,
40   Aux heures du plaisir vous le rongez encore ;
Sa pensée, arrachée et froissée, est à vous,
Et, pareille au papier qu'on distribue à tous,
Page blanche d'abord, devient lentement noire.
Vous feuilletez son cœur, vous videz sa mémoire ;
Vos mains, jetant chacune un bruit, un trouble, un mot,
Et raturant l'idée en lui dès qu'elle éclôt,
Toutes en même temps dans son esprit écrivent.
Si des rêves, parfois, jusqu'à son front arrivent,
Vous répandez votre encre à flots sur cet azur ;
50   Vos plumes, tas d'oiseaux hideux au vol obscur,
De leurs mille becs noirs lui fouillent la cervelle.
Le nuage d'ennui passe et se renouvelle.
Dormir, il ne le peut ; penser, il ne le peut.
Chaque enfant est un fil dont son cœur sent le nœud.
Oui, s'il veut songer, fuir, oublier, franchir l'ombre,
Laisser voler son âme aux chimères sans nombre,
Ces écoliers joueurs, vifs, légers, doux, aimants,

Les luttes et les rêves

Pèsent sur lui, de l'aube au soir, à tous moments,
Et le font retomber des voûtes immortelles ;
60   Et tous ces papillons sont le plomb de ses ailes.
Saint et grave martyr changeant de chevalet,
Crucifié par vous, bourreaux charmants, il est
Votre souffre-douleurs et votre souffre-joies ;
Ses nuits sont vos hochets et ces jours sont vos proies ;
Il porte sur son front votre essaim orageux ;
Il a toujours vos bruits, vos rires et vos jeux
Tourbillonnant sur lui comme une âpre tempête.
Hélas ! il est le deuil dont vous êtes la fête ;
Hélas ! il est le cri dont vous êtes le chant.

70   Et, qui sait ? sans rien dire, austère, et se cachant
De sa bonne action comme d'une mauvaise,
Ce pauvre être qui rêve accoudé sur sa chaise,
Mal nourri, mal vêtu, qu'un mendiant plaindrait,
Peut-être a des parents qu'il soutient en secret,
Et fait de ses labeurs, de sa faim, de ses veilles,
Des siècles dont sa voix vous traduit les merveilles,
Et de cette sueur qui coule sur sa chair,
Des rubans au printemps, un peu de feu l'hiver,
Pour quelque jeune sœur ou quelque vieille mère ;
80   Changeant en goutte d'eau la sombre larme amère ;
De sorte que, vivant à son ombre sans bruit,
Une colombe vient la boire dans la nuit !
Songez que pour cette œuvre, enfants, il se dévoue,
Brûle ses yeux, meurtrit son cœur, tourne la roue,
Traîne la chaîne ! Hélas, pour lui, pour son destin,
Pour ses espoirs perdus à l'horizon lointain,
Pour ses vœux, pour son âme aux fers, pour sa prunelle,
Votre cage d'un jour est prison éternelle !
Songez que c'est sur lui que marchent tous vos pas !
90   Songez qu'il ne rit pas, songez qu'il ne vit pas !
L'avenir, cet avril plein de fleurs, vous convie ;
Vous vous envolerez demain en pleine vie ;
Vous sortirez de l'ombre, il restera. Pour lui,

Les Contemplations • **157**

Les luttes et les rêves

Demain sera muet et sourd comme aujourd'hui ;
Demain, même en juillet, sera toujours décembre,
Toujours l'étroit préau, toujours la pauvre chambre,
Toujours le ciel glacé, gris, blafard, pluvieux ;
Et, quand vous serez grands, enfants, il sera vieux.
Et si quelque heureux vent ne souffle et ne l'emporte,
100 Toujours il sera là, seul sous la sombre porte,
Gardant les beaux enfants sous ce mur redouté,
Ayant tout de leur peine et rien de leur gaîté.
Oh ! que votre pensée aime, console, encense
Ce sublime forçat du bagne d'innocence !
Pesez ce qu'il prodigue avec ce qu'il reçoit.
Oh ! qu'il se transfigure à vos yeux, et qu'il soit
Celui qui vous grandit, celui qui vous élève,
Qui donne à vos raisons les deux tranchants du glaive,
Art et science, afin qu'en marchant au tombeau,
110 Vous viviez pour le vrai, vous luttiez pour le beau !
Oh ! qu'il vous soit sacré dans cette tâche auguste
De conduire à l'utile, au sage, au grand, au juste,
Vos âmes en tumulte à qui le ciel sourit !
Quand les cœurs sont troupeau, le berger est esprit.

Et pendant qu'il est là, triste, et que dans la classe
Un chuchotement vague endort son âme lasse,
Oh ! des poëtes purs entr'ouverts sur vos bancs,
Qu'il sorte, dans le bruit confus des soirs tombants,
Qu'il sorte de Platon, qu'il sorte d'Euripide,
120 Et de Virgile, cygne errant du vers limpide,
Et d'Eschyle, lion du drame monstrueux,
Et d'Horace et d'Homère[1] à demi dans les cieux,
Qu'il sorte, pour sa tête aux saints travaux baissée,
Pour l'humble défricheur de la jeune pensée,
Qu'il sorte, pour ce front qui se penche et se fend

---

1. Ensemble de poètes et de philosophes antiques.

Les luttes et les rêves ▰▰

Sur ce sillon humain qu'on appelle l'enfant,
De tous ces livres pleins de hautes harmonies,
La bénédiction sereine des génies !

Juin 1843.

XVII

Chose vue un jour de printemps[1]

Entendant des sanglots, je poussai cette porte.

Les quatre enfants pleuraient et la mère était morte.
Tout dans ce lieu lugubre effrayait le regard.
Sur le grabat[2] gisait le cadavre hagard ;
C'était déjà la tombe et déjà le fantôme.
Pas de feu ; le plafond laissait passer le chaume[3].
Les quatre enfants songeaient comme quatre vieillards.
On voyait, comme une aube à travers des brouillards,
Aux lèvres de la morte un sinistre sourire ;
10   Et l'aîné, qui n'avait que six ans, semblait dire :
« Regardez donc cette ombre où le sort nous a mis ! »
Un crime en cette chambre avait été commis.
Ce crime, le voici : – Sous le ciel qui rayonne,
Une femme est candide, intelligente, bonne ;
Dieu, qui la suit d'en haut d'un regard attendri,
La fit pour être heureuse. Humble, elle a pour mari
Un ouvrier ; tous deux, sans aigreur, sans envie,
Tirent d'un pas égal le licou[4] de la vie.
Le choléra lui prend son mari ; la voilà
20   Veuve avec la misère et quatre enfants qu'elle a.
Alors, elle se met au labeur comme un homme.

---

1. Poème inspiré d'un écrit très célèbre à l'époque : *Les Enfants de la morte* de Charles Lafont (1851).

2. Lit de très mauvaise qualité.

3. La paille.

4. Harnachement de l'animal.

Les Contemplations • **159**

Les luttes et les rêves

Elle est active, propre, attentive, économe ;
Pas de drap à son lit, pas d'âtre[5] à son foyer ;
Elle ne se plaint pas, sert qui veut l'employer,
Ravaude[6] de vieux bas, fait des nattes de paille,
Tricote, file, coud, passe les nuits, travaille
Pour nourrir ses enfants ; elle est honnête enfin.
Un jour on va chez elle, elle est morte de faim.

Oui, les buissons étaient remplis de rouges-gorges ;
Les lourds marteaux sonnaient dans la lueur des forges ;
Les masques abondaient dans les bals, et partout
Les baisers soulevaient la dentelle du loup ;
Tout vivait ; les marchands comptaient de grosses sommes ;
On entendait rouler les chars, rire les hommes ;
Les wagons ébranlaient les plaines ; le steamer[7]
Secouait son panache au-dessus de la mer ;
Et, dans cette rumeur de joie et de lumière,
Cette femme étant seule au fond de sa chaumière,
La faim, goule[8] effarée aux hurlements plaintifs,
Maigre et féroce, était entrée à pas furtifs,
Sans bruits, et l'avait prise à la gorge, et tuée.

La faim, c'est le regard de la prostituée,
C'est le bâton ferré du bandit, c'est la main
Du pâle enfant volant un pain sur le chemin,
C'est la fièvre du pauvre oublié, c'est le râle
Du grabat naufragé dans l'ombre sépulcrale.
Ô Dieu ! la sève abonde, et, dans ses flancs troublés,
La terre est pleine d'herbe et de fruits et de blés ;
Dès que l'arbre a fini, le sillon recommence ;
Et pendant que tout vit, ô Dieu, dans ta clémence,
Que la mouche connaît la feuille du sureau,

---

5. Partie où l'on fait le feu.

6. Reprise, recoud.

7. Bateau à vapeur.

8. Vampire femelle.

Les luttes et les rêves

Pendant que l'étang donne à boire au passereau,
Pendant que le tombeau nourrit les vautours chauves,
Pendant que la nature, en ses profondeurs fauves,
Fait manger le chacal, l'once et le basilic[9],
L'homme expire ! – Oh ! la faim, c'est le crime public.
C'est l'immense assassin qui sort de nos ténèbres.

Dieu ! pourquoi l'orphelin, dans ses langes funèbres,
Dit-il : « J'ai faim ! » L'enfant, n'est-ce pas un oiseau ?
60 Pourquoi le nid a-t-il ce qui manque au berceau ?

Avril 1840.

XVIII

Intérieur

La querelle irritée, amère, à l'œil ardent,
Vipère dont la haine empoisonne la dent,
Siffle et trouble le toit d'une pauvre demeure.
Les mots heurtent les mots. L'enfant s'effraie et pleure.
La femme et le mari laissent l'enfant crier.

– D'où viens-tu ? – Qu'as-tu fait ? – Oh ! mauvais ouvrier !
Il vit dans la débauche et mourra sur la paille.
– Femme vaine et sans cœur qui jamais ne travaille !
– Tu sors du cabaret ? – Quelque amant est venu ?
10 – L'enfant pleure, l'enfant a faim, l'enfant est nu.
Pas de pain. – Elle a peur de salir ses mains blanches !
– Où cours-tu tous les jours ? – Et toi, tous les dimanches ?
– Va boire ! – Va danser ! – Il n'a ni feu ni lieu !
– Ta fille seulement ne sait pas prier Dieu !
– Et ta mère, bandit, c'est toi qui l'as tuée !
– Paix ! – Silence, assassin ! – Tais-toi, prostituée ! –

---

9. Animaux monstrueux.

Les Contemplations • **161**

Les luttes et les rêves

Un beau soleil couchant, empourprant le taudis[1],
Embrasait la fenêtre et le plafond, tandis
Que ce couple hideux, que rend deux fois infâme
20 La misère du cœur et la laideur de l'âme,
Étalait son ulcère et ses difformités
Sans honte, et sans pudeur montrait ses nudités.
Et leur vitre, où pendait un vieux haillon de toile,
Était, grâce au soleil, une éclatante étoile
Qui, dans ce même instant, vive et pure lueur,
Éblouissait au loin quelque passant rêveur !

Septembre 1841.

[1]. Rendant rouge la maison misérable.

Explication de texte 6

Livre III, *Les luttes et les rêves*, poème XVIII, « Intérieur »
➔ p. 161 à 162

Comment dire la misère ouvrière ?

SITUER

1 Quel est le thème du poème ? Est-il courant en poésie ?

2 Quel est le mètre utilisé ici ?

EXPLIQUER

Une scène de ménage ➔ v. 1 à 5

3 Comment s'appelle la figure de style développée des vers 1 à 3 ?

4 Expliquez la répétition de « mots » dans « les mots heurtent les mots ».

5 Quel est le sens de l'allusion à l'enfant aux vers 4 et 5 ?

Le dialogue ➔ v. 6 à 16

6 En quoi la présence et la présentation du dialogue sont-elles originales en poésie ?

7 Sur quels sujets portent les reproches des deux époux ?

8 Relevez un parallélisme entre leurs prises de parole.

9 Quelles sont les différentes modalités utilisées par les interlocuteurs ? Que trahissent-elles ?

La beauté de la nature ➔ v. 17 à 26

10 En quoi la troisième strophe se différencie-t-elle de ce qui précède ?

11 Relevez des antithèses présentes dans la troisième strophe.

12 Quel sens donnez-vous à l'évocation du soleil couchant ?

CONCLURE

13 Peut-on parler ici de poème engagé ?

📖 ÉTUDE DE LA LANGUE

• Étudiez les différentes formes du dialogue rapporté ➔ v. 6 à 16

⭐ ACTIVITÉ

• Quels autres poèmes des *Contemplations* dénoncent la misère ouvrière ?

Les Contemplations • **163**

Les luttes et les rêves

XIX

Baraques de la foire

Lion ! J'étais pensif, ô bête prisonnière,
Devant la majesté de ta grave crinière ;
Du plafond de ta cage elle faisait un dais.
Nous songions tous les deux, et tu me regardais.
Ton regard était beau, lion. Nous autres hommes,
Le peu que nous faisons et le rien que nous sommes
Emplit notre pensée, et dans nos regards vains
Brillent nos plans chétifs[1] que nous croyons divins,
Nos vœux, nos passions que notre orgueil encense,
Et notre petitesse, ivre de sa puissance ;
Et, bouffis d'ignorance ou gonflés de venin,
Notre prunelle éclate et dit : Je suis ce nain !
Nous avons dans nos yeux notre moi misérable.
Mais la bête qui vit sous le chêne et l'érable,
Qui paît le thym, ou fuit dans les halliers[2] profonds,
Qui dans les champs, où nous, hommes, nous étouffons,
Respire, solitaire, avec l'astre et la rose,
L'être sauvage, obscur et tranquille qui cause
Avec la roche énorme et les petites fleurs,
Qui, parmi les vallons et les sources en pleurs,
Plonge son mufle roux aux herbes non foulées,
La brute qui rugit sous les nuits constellées,
Qui rêve et dont les pas fauves et familiers
De l'antre[3] formidable ébranlent les piliers,
Et qui se sent à peine en ces profondeurs sombres,
A sous son fier sourcil les monts, les vastes ombres,
Les étoiles, les prés, le lac serein, les cieux,
Et le mystère obscur des bois silencieux,
Et porte en son œil calme, où l'infini commence,
Le regard éternel de la nature immense.

Juin 1842.

---

1. Fragiles, malingres.　　**2.** Les buissons.　　**3.** La grotte.

XX

Insomnie

Quand une lueur pâle à l'orient se lève,
Quand la porte du jour, vague et pareille au rêve,
Commence à s'entr'ouvrir et blanchit à l'horizon,
Comme l'espoir blanchit le seuil d'une prison,
Se réveiller, c'est bien, et travailler, c'est juste.
Quand le matin à Dieu chante son hymne auguste,
Le travail, saint tribut[1] dû par l'homme mortel,
Est la strophe sacrée au pied du sombre autel ;
Le soc[2] murmure un psaume ; et c'est un chant sublime
10 Qui, dès l'aurore, au fond des forêts, sur l'abîme,
Au bruit de la cognée, au choc des avirons,
Sort des durs matelots et des noirs bûcherons.

Mais, au milieu des nuits, s'éveiller ! quel mystère !
Songer, sinistre et seul, quand tout dort sur la terre !
Quand pas un œil vivant ne veille, pas un feu,
Quand les sept chevaux d'or du grand chariot bleu
Rentrent à l'écurie et descendent au pôle,
Se sentir dans son lit soudain toucher l'épaule
Par quelqu'un d'inconnu qui dit : Allons ! c'est moi !
20 Travaillons ! – La chair gronde et demande pourquoi.
– Je dors. Je suis très las de la course dernière ;
Ma paupière est encor du somme prisonnière ;
Maître mystérieux, grâce ! que me veux-tu ?
Certe, il faut que tu sois un démon bien têtu
De venir m'éveiller toujours quand tout repose !
Aie un peu de raison. Il est encor nuit close ;
Regarde, j'ouvre l'œil puisque cela te plaît ;

---

1. Contribution forcée.
2. Pièce coupante de la charrue.

Les luttes et les rêves

Pas la moindre lueur aux fentes du volet ;
Va-t'en ! je dors, j'ai chaud, je rêve à ma maîtresse.
30 Elle faisait flotter sur moi sa longue tresse,
D'où pleuvaient sur mon front des astres et des fleurs.
Va-t'en ! Tu reviendras demain, au jour, ailleurs.
Je te tourne le dos, je ne veux pas ! décampe[3] !
Ne pose pas ton doigt de braise sur ma tempe :
La biche illusion me mangeait dans le creux
De la main ; tu l'as fait enfuir. J'étais heureux,
Je ronflais comme un bœuf ; laisse-moi. C'est stupide.
Ciel ! déjà ma pensée, inquiète et rapide,
Fil sans bout, se dévide et tourne à ton fuseau.
40 Tu m'apportes un vers, étrange et fauve oiseau
Que tu viens de saisir dans les pâles nuées.
Je n'en veux pas. Le vent, des ses tristes huées[4],
Emplit l'antre[5] des cieux ; les souffles, noirs dragons,
Passent en secouant ma porte sur ses gonds.
– Paix là ! va-t'en, bourreau ! quant au vers, je le lâche. –
Je veux toute la nuit dormir comme un vieux lâche ;
Voyons, ménage un peu ton pauvre compagnon.
Je suis las, je suis mort, laisse-moi dormir !

                                              – Non !

Est-ce que je dors, moi ? dit l'idée implacable.
50 Penseur, subis ta loi ; forçat, tire ton câble.
Quoi ! cette bête a goût au vil foin du sommeil !
L'orient est pour moi toujours clair et vermeil.
Que m'importe le corps ! qu'il marche, souffre et meure !
Horrible esclave, allons, travaille ! c'est mon heure.

Et l'ange étreint Jacob[6], et l'âme tient le corps ;
Nul moyen de lutter ; et tout revient alors,
Le drame commencé dont l'ébauche frissonne,

---

3. Va-t'en !
4. Cris, bourrasques.
5. La grotte.

6. Allusion à l'épisode biblique
de la Genèse où Jacob lutte avec
un ange toute la nuit.

Les luttes et les rêves

Ruy Blas, Marion, Job, Sylva[7], son cor qui sonne,
Ou le roman pleurant avec des yeux humains,
60 Ou l'ode qui s'enfonce en deux profonds chemins,
Dans l'azur près d'Horace et dans l'ombre avec Dante[8] ;
Il faut dans ces labeurs rentrer la tête ardente ;
Dans ces grands horizons subitement rouverts,
Il faut de strophe en strophe, il faut de vers en vers,
S'en aller devant soi, pensif, ivre de l'ombre ;
Il faut, rêveur nocturne en proie à l'esprit sombre,
Gravir le dur sentier de l'inspiration ;
Poursuivre la lointaine et blanche vision,
Traverser, effaré, les clairières désertes,
70 Le champ plein de tombeaux, les eaux, les herbes vertes,
Et franchir la forêt, le torrent, le hallier[9],
Noir cheval galopant sous le noir cavalier.

                                    1843, nuit.

XXI

Écrit sur la plinthe[1] d'un bas-relief antique

À Mademoiselle Louise B.[2]

La musique est dans tout. Un hymne sort du monde.
Rumeur de la galère aux flancs lavés par l'onde,
Bruits des villes, pitié de la sœur pour la sœur,
Passion des amants jeunes et beaux, douceur
Des vieux époux usés ensemble par la vie,
Fanfare de la plaine émaillée et ravie,
Mots échangés le soir sur les seuils fraternels,
Sombre tressaillement des chênes éternels,

---

7. Personnages de drames de Victor Hugo : *Ruy Blas, Marion Delorme, Job* dans *Les Burgraves* et Ruy Gomez de Silva dans *Hernani*.
8. Horace : poète antique et Dante : poète médiéval.
9. Les buissons.

Poème XXI – 1. Bande de faible hauteur, placée au pied des murs, ici au pied d'un bas-relief, c'est-à-dire d'une sculpture peinte.
2. Louise Bertin était la fille d'un ami de Victor Hugo chez qui il écrivit de nombreux poèmes.

Les luttes et les rêves

Vous êtes l'harmonie et la musique même !
10   Vous êtes les soupirs qui font le chant suprême !
Pour notre âme, les jours, la vie et les saisons,
Les songes de nos cœurs, les plis des horizons,
L'aube et ses pleurs, le soir et ses grands incendies,
Flottent dans un réseau de vagues mélodies ;
Une voix dans les champs nous parle, une autre voix
Dit à l'homme autre chose et chante dans les bois.
Par moment, un troupeau bêle, une cloche tinte.
Quand par l'ombre, la nuit, la colline est atteinte,
De toutes parts on voit danser et resplendir,
20   Dans le ciel étoilé du zénith au nadir[3],
Dans la voix des oiseaux, dans le cri des cigales,
Le groupe éblouissant des notes inégales.
Toujours avec notre âme un doux bruit s'accoupla ;
La nature nous dit : Chante ! Et c'est pour cela
Qu'un statuaire ancien sculpta sur cette pierre
Un pâtre[4] sur sa flûte abaissant sa paupière.

Juin 1833.

XXII

La clarté du dehors ne distrait pas mon âme.
La plaine chante et rit comme une jeune femme ;
        Le nid palpite dans les houx ;
Partout la gaîté lui dans les bouches ouvertes ;
Mai, couché dans la mousse au fond des grottes vertes,
        Fait aux amoureux les yeux doux.

Dans les champs de luzerne et dans les champs de fèves,
Les vagues papillons errent, pareils aux rêves ;
        Le blé vert sort des sillons bruns ;

---

3. Le nadir est à l'opposé du zénith.

4. Berger.

Les luttes et les rêves

10 Et les abeilles d'or courent à la pervenche,
Au thym, au liseron, qui tend son urne blanche
            À ces buveuses de parfums.

La nue[1] étale au ciel ses pourpres et ses cuivres[2] ;
Les arbres, tout gonflés de printemps, semblent ivres ;
            Les branches, dans leurs doux ébats,
Se jettent les oiseaux du bout de leurs raquettes ;
Le bourdon galonné fait aux roses coquettes
            Des propositions tout bas.

Moi, je laisse voler les senteurs et les baumes,
20 Je laisse chuchoter les fleurs, ces doux fantômes,
            Et l'aube dire : Vous vivrez !
Je regarde en moi-même, et, seul, oubliant l'heure,
L'œil plein des visions de l'ombre intérieure,
            Je songe aux morts, ces délivrés !

Encore un peu de temps, encore, ô mer superbe,
Quelques reflux ; j'aurai ma tombe aussi dans l'herbe,
            Blanche au milieu du frais gazon,
À l'ombre de quelque arbre où le lierre s'attache ;
On y lira : – Passant, cette pierre te cache
30   La ruine d'une prison.

                                    Ingouville, mai 1843.

---

1. L'ensemble des nuages.
2. Pourpre : couleur rouge et cuivre : couleur dorée.

Les Contemplations • **169**

Les luttes et les rêves

XXIII

Le revenant

Mères en deuil, vos cris là-haut sont entendus.
Dieu, qui tient dans sa main tous les oiseaux perdus,
Parfois au même nid rend la même colombe.
Ô mères, le berceau communique à la tombe.
L'éternité contient plus d'un divin secret.

La mère dont je vais vous parler demeurait
À Blois ; je l'ai connue en un temps plus prospère ;
Et sa maison touchait à celle de mon père.
Elle avait tous les biens que Dieu donne ou permet.
On l'avait mariée à l'homme qu'elle aimait.
Elle eut un fils ; ce fut une ineffable joie.

Ce premier-né couchait dans un berceau de soie ;
Sa mère l'allaitait ; il faisait un doux bruit
À côté du chevet nuptial ; et, la nuit,
La mère ouvrait son âme aux chimères sans nombre,
Pauvre mère, et ses yeux resplendissaient dans l'ombre
Quand, sans souffle, sans voix, renonçant au sommeil,
Penchée, elle écoutait dormir l'enfant vermeil[1].
Dès l'aube, elle chantait, ravie et toute fière.

Elle se renversait sur sa chaise en arrière,
Son fichu laissant voir son sein gonflé de lait,
Et souriait au faible enfant, et l'appelait
Ange, trésor, amour ; et mille folles choses.

_____

1. Couleur rouge léger.

Les vivants et les morts

Affectés par de nombreux décès, Victor Hugo et sa famille croyaient qu'un enfant né après un enfant mort était en quelque sorte la réincarnation du premier. Ce poème fut un de ceux des *Contemplations* qui connut le plus de succès.

Les luttes et les rêves

Oh ! comme elle baisait ces beaux petits pieds roses !
Comme elle leur parlait ! L'enfant, charmant et nu,
Riait, et par ses mains sous les bras soutenu,
Joyeux, de ses genoux montait jusqu'à sa bouche.

Tremblant comme le daim qu'une feuille effarouche,
Il grandit. Pour l'enfant, grandir, c'est chanceler².
30   Il se mit à marcher, il se mit à parler.
Il eut trois ans ; doux âge, où déjà la parole,
Comme le jeune oiseau, bat de l'aile et s'envole.
Et la mère disait : « Mon fils ! » et reprenait :
« Voyez comme il est grand ! il apprend ; il connaît
Ses lettres. C'est un diable ! Il veut que je l'habille
En homme ; il ne veut plus de ses robes de fille ;
C'est déjà très méchant, ces petits hommes-là !
C'est égal, il lit bien ; il ira loin ; il a
De l'esprit ; je lui fais épeler l'Évangile. » –
40   Et ses yeux adoraient cette tête fragile,
Et, femme heureuse, et mère au regard triomphant,
Elle sentait son cœur battre dans son enfant.

Un jour, – nous avons tous de ces dates funèbres ! –
Le croup³, monstre hideux, épervier des ténèbres,
Sur la blanche maison brusquement s'abattit,
Horrible, et, se ruant sur le pauvre petit,
Le saisit à la gorge. Ô noire maladie !
De l'air par qui l'on vit sinistre perfidie⁴ !
Qui n'a vu se débattre, hélas ! ces doux enfants
50   Qu'étreint le croup féroce en ses doigts étouffants !
Ils luttent ; l'ombre emplit lentement leurs yeux d'ange,
Et de leur bouche froide il sort un râle étrange
Et si mystérieux, qu'il semble qu'on entend,

---

2. Vaciller.

3. Affection respiratoire caractérisée par une toux « aboyante ».

4. Fourberie.

Les luttes et les rêves

Dans leur poitrine, où meurt le souffle haletant,
L'affreux coq du tombeau chanter son aube obscure.
Tel qu'un fruit qui du givre a senti la piqûre,
L'enfant mourut. La mort entra comme un voleur
Et le prit. – Une mère, un père, la douleur,
Le noir cercueil, le front qui se heurte aux murailles,
Les lugubres sanglots qui sortent des entrailles,
Oh ! la parole expire où commence le cri ;
Silence aux mots humains !

                        La mère au cœur meurtri,
Pendant qu'à ses côtés pleurait le père sombre,
Resta trois mois sinistre, immobile dans l'ombre,
L'œil fixe, murmurant on ne sait quoi d'obscur,
Et regardant toujours le même angle du mur.
Elle ne mangeait pas ; sa vie était sa fièvre ;
Elle ne répondait à personne ; sa lèvre
Tremblait ; on l'entendait, avec un morne effroi,
Qui disait à voix basse à quelqu'un : – Rends-le-moi ! –
Et le médecin dit au père : – Il faut distraire
Ce cœur triste, et donner à l'enfant mort un frère. –
Le temps passa ; les jours, les semaines, les mois.

Elle se sentit mère une seconde fois.

Devant le berceau froid de son ange éphémère,
Se rappelant l'accent dont il disait : – Ma mère, –
Elle songeait, muette, assise sur son lit.
Le jour où, tout à coup, dans son flanc tressaillit
L'être inconnu promis à notre aube mortelle,
Elle pâlit. – Quel est cet étranger ? dit-elle.
Puis elle cria, sombre et tombant à genoux :
– Non, non, je ne veux pas ! non ! tu serais jaloux !
Ô mon doux endormi, toi que la terre glace,
Tu dirais : « On m'oublie ; un autre a pris ma place ;
» Ma mère l'aime, et rit ; elle le trouve beau,
» Elle l'embrasse, et, moi, je suis dans mon tombeau ! »

Non, non ! –
                    Ainsi pleurait cette douleur profonde.

Le jour vint ; elle mit un autre enfant au monde,
Et le père joyeux cria : – C'est un garçon.
Mais le père était seul joyeux dans la maison ;
La mère restait morne, et la pâle accouchée,
Sur l'ancien souvenir tout entière penchée,
Rêvait ; on lui porta l'enfant sur un coussin ;
Elle se laissa faire et lui donna le sein ;
Et tout à coup, pendant que, farouche, accablée,
Pensant au fils nouveau moins qu'à l'âme envolée,
Hélas ! et songeant moins au langes qu'au linceul,
Elle disait : – Cet ange en son sépulcre est seul !
– Ô doux miracle ! ô mère au bonheur revenue ! –
Elle entendit, avec une voix bien connue,
Le nouveau-né parler dans l'ombre entre ses bras,
Et tout bas murmurer : – C'est moi. Ne le dis pas.

                                        Août 1843.

XXIV

Aux arbres

Arbres de la forêt, vous connaissez mon âme !
Au gré des envieux, la foule loue et blâme ;
Vous me connaissez, vous ! – vous m'avez vu souvent,
Seul dans vos profondeurs, regardant et rêvant.
Vous le savez, la pierre où court un scarabée,
Une humble goutte d'eau de fleur en fleur tombée,
Un nuage, un oiseau, m'occupent tout un jour.
La contemplation m'emplit le cœur d'amour.
Vous m'avez vu cent fois, dans la vallée obscure,
Avec ces mots que dit l'esprit à la nature,
Questionner tout bas vos rameaux palpitants,
Et du même regard poursuivre en même temps,
Pensif, le front baissé, l'œil dans l'herbe profonde,

Les luttes et les rêves

L'étude d'un atome et l'étude du monde.
Attentif à vos bruits qui parlent tous un peu,
Arbres, vous m'avez vu fuir l'homme et chercher Dieu !
Feuilles qui tressaillez à la pointe des branches,
Nids dont le vent au loin sème les plumes blanches,
Clairières, vallons verts, déserts sombres et doux,
20 Vous savez que je suis calme et pur comme vous.
Comme au ciel vos parfums, mon culte à Dieu s'élance,
Et je suis plein d'oubli comme vous de silence !
La haine sur mon nom répand en vain son fiel ;
Toujours, – je vous atteste, ô bois aimés du ciel ! –
J'ai chassé loin de moi toute pensée amère,
Et mon cœur est encor tel que le fit ma mère !

Arbres de ces grands bois qui frissonnez toujours,
Je vous aime, et vous, lierre au seuil des antres sourds,
Ravins où l'on entend filtrer les sources vives,
30 Buissons que les oiseaux pillent, joyeux convives !
Quand je suis parmi vous, arbres de ces grands bois,
Dans tout ce qui m'entoure et me cache à la fois,
Dans votre solitude où je rentre en moi-même,
Je sens quelqu'un de grand qui m'écoute et qui m'aime !
Aussi, taillis sacrés où Dieu même apparaît,
Arbres religieux, chênes, mousses, forêt,
Forêt ! c'est dans votre ombre et dans votre mystère,
C'est sous votre branchage auguste[1] et solitaire,
Que je veux abriter mon sépulcre ignoré,
40 Et que je veux dormir quand je m'endormirai.

Juin 1843.

---

1. Vénérable.

XXV

L'enfant, voyant l'aïeule à filer occupée,
Veut faire une quenouille[1] à sa grande poupée.
L'aïeule s'assoupit un peu ; c'est le moment.
L'enfant vient par derrière, et tire doucement
Un brin de la quenouille où le fuseau tournoie,
Puis s'enfuit triomphante, emportant avec joie
La belle laine d'or que le safran[2] jaunit,
Autant qu'en pourrait prendre un oiseau pour son nid.

Cauterets, 25 août 1843.

XXVI

Joies du soir

Le soleil, dans les monts où sa clarté s'étale,
Ajuste à son arc d'or sa flèche horizontale ;
Les hauts taillis sont pleins de biches et de faons ;
Là rit dans les rochers, veinés comme des marbres,
Une chaumière heureuse ; en haut, un bouquet d'arbres ;
      Au-dessous, un bouquet d'enfants.

C'est l'instant de songer aux choses redoutables.
On entend les buveurs danser autour des tables ;
Tandis que, gais, joyeux, heurtant les escabeaux,
Ils mêlent aux refrains leurs amours peu farouches,
Les lettres des chansons qui sortent de leurs bouches
Vont écrire autour d'eux leurs noms sur leurs tombeaux.

Mourir ! demandons-nous, à toute heure, en nous-même :
– Comment passerons-nous le passage suprême ? –
Finir avec grandeur est un illustre effort.

---

1. Instrument pour filer la laine.
2. Épice et teinture jaune d'or.

Les luttes et les rêves

Le moment est lugubre et l'âme est accablée ;
Quel pas que la sortie ! – Oh ! l'affreuse vallée
      Que l'embuscade de la mort !

Quel frisson dans les os de l'agonisant blême !
Autour de lui tout marche et vit, tout rit, tout aime,
La fleur luit, l'oiseau chante en son palais d'été,
Tandis que le mourant, en qui décroît la flamme,
Frémit sous ce grand ciel, précipice de l'âme,
Abîme effrayant d'ombre et de tranquillité !

Souvent, me rappelant le front étrange et pâle
De tous ceux que j'ai vus à cette heure fatale,
Êtres qui ne sont plus, frères, amis, parents,
Aux instants où l'esprit à rêver se hasarde,
Souvent je me suis dit : Qu'est-ce donc qu'il regarde,
      Cet œil effaré des mourants ?

Que voit-il ?... – Ô terreur ! de ténébreuses routes,
Un chaos[1] composé de spectres et de doutes,
La terre vision, le ver réalité,
Un jour oblique et noir qui, troublant l'âme errante,
Mêle au dernier rayon de la vie expirante
Ta première lueur, sinistre éternité !

On croit sentir dans l'ombre une horrible piqûre.
Tout ce qu'on fit s'en va comme une fête obscure.
Et tout ce qui riait devient peine ou remord.
Quel moment, même, hélas ! pour l'âme la plus haute,
Quand le vrai tout à coup paraît, quand la vie ôte
      Son masque, et dit : « Je suis la mort ! »

Ah ! si tu fais trembler même un cœur sans reproche,
Sépulcre ! le méchant avec horreur t'approche.

---

1. Désordre.

Les luttes et les rêves

Ton seuil profond lui semble une rougeur de feu ;
Sur ton vide pour lui quand ta pierre se lève,
Il s'y penche ; il y voit, ainsi que dans un rêve,
La face vague et sombre et l'œil fixe de Dieu.

Biarritz, juillet 1843.

XXVII

J'aime l'araignée et j'aime l'ortie,
          Parce qu'on les hait ;
Et que rien n'exauce et que tout châtie
          Leur morne souhait ;

Parce qu'elles sont maudites, chétives,
          Noirs êtres rampants ;
Parce qu'elles sont les tristes captives
          De leur guet-apens ;

Parce qu'elles sont prises dans leur œuvre ;
          Ô sort ! fatals nœuds !
Parce que l'ortie est une couleuvre,
          L'araignée un gueux ;

Parce qu'elles ont l'ombre des abîmes,
          Parce qu'on les fuit,
Parce qu'elles sont toutes deux victimes
          De la sombre nuit.

Passants, faites grâce à la plante obscure,
          Au pauvre animal.
Plaignez la laideur, plaignez la piqûre,
          Oh ! plaignez le mal !

Il n'est rien qui n'ait sa mélancolie ;
          Tout veut un baiser.

Les luttes et les rêves

Dans leur fauve horreur[1], pour peu qu'on oublie
De les écraser,

Pour peu qu'on leur jette un œil moins superbe,
Tout bas, loin du jour,
La vilaine bête et la mauvaise herbe
Murmurent : Amour !

Juillet 1842.

XXVIII

Le poëte

Shakspeare songe ; loin du Versaille éclatant,
Des buis taillés, des ifs peignés, où l'on entend
Gémir la tragédie éplorée et prolixe[1],
Il contemple la foule avec son regard fixe,
Et toute la forêt frissonne devant lui.
Pâle, il marche, au dedans de lui-même ébloui ;
Il va, farouche, fauve, et, comme une crinière,
Secouant sur sa tête un haillon de lumière.
Son crâne transparent est plein d'âmes, de corps,
De rêves, dont on voit la lueur du dehors ;
Le monde tout entier passe à travers son crible[2] ;
Il tient toute la vie en son poignet terrible ;
Il fait sortir de l'homme un sanglot surhumain.
Dans ce génie étrange où l'on perd son chemin,
Comme dans une mer notre esprit parfois sombre ;
Nous sentons, frémissants, dans son théâtre sombre,
Passer sur nous le vent de sa bouche soufflant,
Et ses doigts nous ouvrir et nous fouiller le flanc.
Jamais il ne recule ; il est géant ; il dompte

---

1. Horreur couleur fauve (brun foncé).
Poème XXVIII – 1. Abondante.
2. Passer au crible : examiner une situation en détail.

Les luttes et les rêves

20   Richard trois, léopard, Caliban, mastodonte.
L'idéal est le vin que verse ce Bacchus[3].
Les sujets monstrueux qu'il a pris et vaincus
Râlent autour de lui, splendides ou difformes ;
Il étreint Lear, Brutus, Hamlet, êtres énormes,
Capulet, Montaigu, César[4], et, tour à tour,
Les stryges[5] dans le bois, le spectre sur la tour ;
Et, même après Eschyle[6], effarant Melpomène[7],
Sinistre, ayant aux mains des lambeaux d'âme humaine,
De la chair d'Othello, des restes de Macbeth[8],
30   Dans son œuvre, du drame effrayant alphabet,
Il se repose ; ainsi le noir lion des jongles[9]
S'endort dans l'antre[10] immense avec du sang aux ongles.

Paris, avril 1835.

XXIX

La nature

– La terre est de granit, les ruisseaux sont de marbre ;
C'est l'hiver ; nous avons bien froid. Veux-tu, bon arbre,
Être dans mon foyer la bûche de Noël ?
– Bois, je viens de la terre, et, feu, je monte au ciel.
Frappe, bon bûcheron. Père, aïeul, homme, femme,
Chauffez au feu vos mains, chauffez à Dieu votre âme.

---

3. Dieu du vin chez les Romains.
4. Personnages de tragédies shakespeariennes.
5. Démons mi-oiseaux mi-femmes.
6. Dramaturge antique.
7. Muse de la tragédie.
8. Deux personnages des tragédies de Shakespeare.
9. Jungles.
10. La grotte.

Hugo et Shakespeare

Hugo est un grand admirateur du dramaturge anglais Shakespeare, dont il fait notamment un modèle pour le drame romantique. Richard III et Caliban sont des personnages de tragédies de Shakespeare. Le premier est comparé à un léopard et le second à un mastodonte, c'est-à-dire un mammouth.

Les Contemplations • **179**

Les luttes et les rêves

Aimez, vivez. – Veux-tu, bon arbre, être timon[1]
De charrue ? – Oui, je veux creuser le noir limon[2],
Et tirer l'épi d'or de la terre profonde.
10 Quand le soc[3] a passé, la plaine devient blonde,
La paix aux doux yeux sort du sillon entr'ouvert,
Et l'aube en pleurs sourit. – Veux-tu, bel arbre vert,
Arbre du hallier[4] sombre où le chevreuil s'échappe,
De la maison de l'homme être le pilier ? – Frappe.
Je puis porter les toits, ayant porté les nids.
Ta demeure est sacrée, homme, et je la bénis ;
Là, dans l'ombre et l'amour, pensif, tu te recueilles ;
Et le bruit des enfants ressemble au bruit des feuilles.
– Veux-tu, dis-moi, bon arbre, être mât de vaisseau ?
20 – Frappe, bon charpentier. Je veux bien être oiseau.
Le navire est pour moi, dans l'immense mystère,
Ce qu'est pour vous la tombe ; il m'arrache à la terre,
Et, frissonnant, m'emporte à travers l'infini.
J'irai voir ces grands cieux d'où l'hiver est banni,
Et dont plus d'un essaim me parle à son passage.
Pas plus que le tombeau n'épouvante le sage,
Le profond Océan, d'obscurité vêtu,
Ne m'épouvante point : oui, frappe. – Arbre, veux-tu
Être gibet[5] ? – Silence, homme ! va-t'en, cognée[6] !
30 J'appartiens à la vie, à la vie indignée !
Va-t'en, bourreau ! va-t'en, juge ! fuyez, démons !
Je suis l'arbre des bois, je suis l'arbre des monts ;
Je porte les fruits mûrs, j'abrite les pervenches ;
Laissez-moi ma racine et laissez-moi mes branches !
Arrière ! hommes, tuez ! ouvriers du trépas,
Soyez sanglants, mauvais, durs ; mais ne venez pas,

---

1. Instrument auquel on attache une charrue.

2. Mélange d'argile et de sable.

3. Pièce de la charrue qui sert à découper.

4. Groupes de buissons.

5. Potence.

6. Outil de la famille des haches.

Hugo et la peine de mort

Hugo s'opposa toute sa vie à la peine de mort, notamment dans le *Journal d'un condamné*. Le poème « La nature » est écrit après la pendaison d'un prisonnier de l'île de Guernesey, en faveur duquel Hugo était intervenu alors qu'il était en exil sur l'île.

Les luttes et les rêves

Ne venez pas, traînant des cordes et des chaînes,
Vous chercher un complice au milieu des grands chênes !
Ne faites pas servir à vos crimes, vivants,
40   L'arbre mystérieux à qui parlent les vents !
Vos lois portent la nuit sur leurs ailes funèbres.
Je suis fils du soleil, soyez fils des ténèbres.
Allez-vous-en ! laissez l'arbre dans ses déserts.
À vos plaisirs, aux jeux, aux festins, aux concerts,
Accouplez l'échafaud et le supplice ; faites.
Soit. Vivez et tuez. Tuez entre deux fêtes
Le malheureux, chargé de fautes et de maux ;
Moi, je ne mêle pas de spectre à mes rameaux !

Janvier 1843.

XXX

Magnitudo parvi[1]

I

Le jour mourait ; j'étais près des mers, sur la grève.
Je tenais par la main ma fille, enfant qui rêve,
      Jeune esprit qui se tait !
La terre, s'inclinant comme un vaisseau qui sombre,
En tournant dans l'espace allait plongeant dans l'ombre ;
      La pâle nuit montait.

La pâle nuit levait son front dans les nuées ;
Les choses s'effaçaient, blêmes, diminuées,
      Sans forme et sans couleur ;
10 Quand il monte de l'ombre, il tombe de la cendre ;
On sentait à la fois la tristesse descendre
      Et monter la douleur.

---

1. « La grandeur du petit » en latin.

Les Contemplations • **181**

Les luttes et les rêves

Ceux dont les yeux pensifs contemplent la nature
Voyaient l'urne[2] d'en haut, vague rondeur obscure,
        Se pencher dans les cieux,
Et verser sur les monts, sur les campagnes blondes,
Et sur les flots confus pleins de rumeurs profondes,
        Le soir silencieux !

Les nuages rampaient le long des promontoires[3] ;
20 Mon âme, où se mêlaient ces ombres et ces gloires,
        Sentait confusément
De tout cet océan, de toute cette terre,
Sortir sous l'œil de Dieu je ne sais quoi d'austère,
        D'auguste[4] et de charmant !

J'avais à mes côtés ma fille bien-aimée.
La nuit se répandait ainsi qu'une fumée.
        Rêveur, ô Jéhovah[5],
Je regardais en moi, les paupières baissées,
Cette ombre qui se fait aussi dans nos pensées
30   Quand ton soleil s'en va !

Soudain l'enfant bénie, ange au regard de femme,
Dont je tenais la main et qui tenait mon âme,
        Me parla, douce voix,
Et, me montrant l'eau sombre et la rive âpre et brune,
Et deux points lumineux qui tremblaient sur la dune :
        – Père, dit-elle, vois,

Vois donc, là-bas, où l'ombre aux flancs des coteaux rampe,
Ces feux jumeaux briller comme une double lampe
        Qui remuerait au vent !

---

2. Récipient.
3. Point de terre élevé avançant dans la mer.
4. Vénérable, sacré.
5. Nom de Dieu.

Les luttes et les rêves

40 Quels sont ces deux foyers qu'au loin la brume voile ?
    – L'un est un feu de pâtre et l'autre est une étoile ;
            Deux mondes, mon enfant !

II

*

        Deux mondes ! – l'un est dans l'espace,
        Dans les ténèbres de l'azur,
        Dans l'étendue où tout s'efface,
        Radieux gouffre, abîme obscur !
        Enfant, comme deux hirondelles,
        Oh ! si tous deux, âmes fidèles,
        Nous pouvions fuir à tire-d'ailes,
50   Et plonger dans cette épaisseur
        D'où la création découle,
        Où flotte, vit, meurt, brille et roule
        L'astre imperceptible à la foule,
        Incommensurable au penseur ;

Si nous pouvions franchir ces solitudes mornes,
Si nous pouvions passer les bleus septentrions[6] ;
Si nous pouvions atteindre au fond des cieux sans bornes
Jusqu'à ce qu'à la fin, éperdus, nous voyions,
Comme un navire en mer croît, monte, et semble éclore,
60 Cette petite étoile, atome de phosphore,
Devenir par degrés un monstre de rayons ;

        S'il nous était donné de faire
        Ce voyage démesuré,
        Et de voler, de sphère en sphère,
        À ce grand soleil ignoré ;
        Si, par un archange[7] qui l'aime,

---

6. Le nord.
7. Ange.

Les Contemplations • **183**

Les luttes et les rêves

L'homme aveugle, frémissant, blême,
Dans les profondeurs du problème,
Vivant, pouvait être introduit ;
Si nous pouvions fuir notre centre,
Et, forçant l'ombre où Dieu seul entre,
Aller voir de près dans leur antre[8]
Ces énormités de la nuit ;

Ce qui t'apparaîtrait te ferait trembler, ange !
Rien, pas de vision, pas de songe insensé,
Qui ne fût dépassé par ce spectacle étrange,
Monde informe, et d'un tel mystère composé
Que son rayon fondrait nos chairs, cire vivante,
Et qu'il ne resterait de nous dans l'épouvante
Qu'un regard ébloui sous un front hérissé !

*

Ô contemplation splendide !
Oh ! de pôles, d'axes, de feux,
De la matière et du fluide,
Balancement prodigieux !
D'aimant qui lutte, d'air qui vibre,
De force esclave et d'éther libre,
Vaste et magnifique équilibre !
Monde rêve ! idéal réel !
Lueurs ! tonnerres ! jets de soufre !
Mystère qui chante et qui souffre !
Formule nouvelle du gouffre !
Mot nouveau du noir livre ciel !

Tu verrais ! – un soleil ; autour de lui des mondes,
Centres eux-mêmes, ayant des lunes autour d'eux ;
Là, des fourmillements de sphères vagabondes ;
Là, des globes jumeaux qui tournent deux à deux ;

---

8. Grotte.

Les luttes et les rêves

Au milieu, cette étoile, effrayante, agrandie ;
D'un coin de l'infini formidable incendie,
Rayonnement sublime ou flamboiement hideux !

100   Regardons, puisque nous y sommes !
          Figure-toi ! figure-toi !
          Plus rien des choses que tu nommes !
          Un autre monde ! une autre loi !
          La terre a fui dans l'étendue ;
          Derrière nous elle est perdue !
          Jour nouveau ! nuit inattendue !
          D'autres groupes d'astres au ciel !
          Une nature qu'on ignore,
          Qui, s'ils voyaient sa fauve[9] aurore,
110   Ferait accourir Pythagore[10]
          Et reculer Ézéchiel[11] !

Ce qu'on prend pour un mont est une hydre[12] ; ces arbres
Sont des bêtes, ces rocs hurlent avec fureur ;
Le feu chante ; le sang coule aux veines des marbres.
Ce monde est-il le vrai ? Le nôtre est-il l'erreur ?
Ô possibles qui sont pour nous les impossibles !
Réverbérations[13] des chimères[14] visibles !
Le baiser de la vie ici nous fait horreur.

120   Et si nous pouvions voir les hommes,
          Les ébauches, les embryons,
          Qui sont là ce qu'ailleurs nous sommes,
          Comme, eux et nous, nous frémirions !
          Rencontre inexprimable et sombre !

---

9. Couleur brune.

10. Mathématicien de la Grèce antique.

11. Prophète de l'Ancien Testament.

12. Monstre marin.

13. Réflexion des rayons lumineux.

14. Monstre imaginaire.

Les Contemplations • **185**

Les luttes et les rêves

Nous nous regarderions dans l'ombre
De monstre à monstre, fils du nombre
Et du temps qui s'évanouit ;
Et, si nos langages funèbres
Pouvaient échanger leurs algèbres,
Nous dirions : « Qu'êtes-vous, ténèbres ? »
130   Ils diraient : « D'où venez-vous, nuit ? »

*

Sont-ils aussi des cœurs, des cerveaux, des entrailles ?
Cherchent-ils comme nous le mot jamais trouvé ?
Ont-ils des Spinosa[15] qui frappent aux murailles,
Des Lucrèce[16] niant tout ce qu'on a rêvé,
Qui, du noir infini feuilletant les registres,
Ont écrit : Rien, au bas de ces pages sinistres ;
Et penchés sur l'abîme, ont dit : « L'œil est crevé[17] ! »

Tous ces êtres, comme nous-même,
S'en vont en pâles tourbillons ;
140   La création mêle et sème
Leur cendre à de nouveaux sillons ;
Un vient, un autre le remplace,
Et passe sans laisser de trace ;
Le souffle les crée et les chasse ;
Le gouffre en proie aux quatre vents,
Comme la mer aux vastes lames,
Mêle éternellement ses flammes
À ce sombre écroulement d'âmes,
De fantômes et de vivants !

150   L'abîme semble fou sous l'ouragan de l'être.
Quelle tempête autour de l'astre radieux !

---

15. Spinoza : philosophe du XVIIᵉ siècle.

16. Poète et philosophe antique.

17. On peut comprendre l'expression comme l'absence ou la mort de Dieu.

Les luttes et les rêves

Tout ne doit que surgir, flotter et disparaître,
Jusqu'à ce que la nuit ferme à son tour ses yeux ;
Car, un jour, il faudra que l'étoile aussi tombe ;
L'étoile voit neiger les âmes dans la tombe,
L'âme verra neiger les astres dans les cieux !

*

Par instant, dans le vague espace,
Regarde, enfant ! tu vas la voir !
Une brusque planète passe ;
C'est d'abord au loin un point noir ;
Plus prompte que la trombe folle,
Elle vient, court, approche, vole ;
À peine a lui son auréole
Que déjà, remplissant le ciel,
Sa rondeur farouche commence
À cacher le gouffre en démence,
Et semble ton couvercle immense,
Ô puits du vertige éternel !

C'est elle ! éclair ! voilà sa livide surface
Avec tous les frissons de ses océans verts !
Elle apparaît, s'en va, décroît, pâlit, s'efface,
Et rentre, atome obscur, aux cieux d'ombre couverts ;
Et tout s'évanouit, vaste aspect, bruit sublime… –
Quel est ce projectile inouï de l'abîme ?
Ô boulets monstrueux qui sont des univers !

Dans un éloignement nocturne,
Roule avec un râle effrayant
Quelque épouvantable Saturne
Tournant son anneau flamboyant ;
La braise en pleut comme d'un crible ;
Jean de Patmos[18], l'esprit terrible,

---

18. Évangéliste auteur de l'Apocalypse.

Les Contemplations • **187**

Les luttes et les rêves

Vit en songe cet astre horrible
Et tomba presque évanoui ;
Car, rêvant sa noire épopée,
Il crut, d'éclairs enveloppée,
Voir fuir une roue, échappée
Au sombre char d'Adonaï[19] !

Et, par instants encor, – tout va-t-il se dissoudre ? –
Parmi ces mondes, fauve, accourant à grand bruit,
Une comète aux crins de flamme, aux yeux de foudre,
Surgit, et les regarde, et, blême, approche et luit ;
Puis s'évade en hurlant, pâle et surnaturelle,
Traînant sa chevelure éparse derrière elle,
Comme une Canidie[20] affreuse qui s'enfuit.

Quelques-uns de ces globes meurent ;
Dans le semoun et le mistral[21]
Leurs mers sanglotent, leurs flots pleurent ;
Leur flanc crache un brasier central.
Sphères par la neige engourdies,
Ils ont d'étranges maladies,
Pestes, déluges, incendies,
Tremblements profonds et fréquents ;
Leur propre abîme les consume ;
Leur haleine flamboie et fume ;
On entend de loin dans leur brume
La toux lugubre des volcans.

*

Ils sont ! ils vont ! ceux-ci brillants, ceux-là difformes,
Tous portant des vivants et des créations !
Ils jettent dans l'azur des cônes d'ombre énormes,

---

19. Nom hébreu pour désigner Dieu.

20. Sorcière.

21. Vents de la Méditerranée.

Les luttes et les rêves

210 Ténèbres qui des cieux traversent les rayons,
Où le regard, ainsi que des flambeaux farouches
L'un après l'autre éteints par d'invisibles bouches,
Voit plonger tour à tour les constellations !

Quel Zorobabel[22] formidable,
Quel Dédale[23] vertigineux,
Cieux ! a bâti dans l'insondable
Tout ce noir chaos lumineux ?
Soleils, astres aux larges queues,
Gouffres ! ô millions de lieues !
220 Sombres architectures bleues !
Quel bras a fait, créé, produit
Ces tours d'or que nuls yeux ne comptent,
Ces firmaments[24] qui se confrontent,
Ces Babels d'étoiles qui montent
Dans ces Babylones[25] de nuit ?

Qui, dans l'ombre vivante et l'aube sépulcrale,
Qui, dans l'horreur fatale et dans l'amour profond,
A tordu ta splendide et sinistre spirale,
Ciel, où les univers se font et se défont ?
230 Un double précipice à la fois les réclame.
« Immensité ! » dit l'être. « Éternité ! » dit l'âme.
À jamais ! le sans fin roule dans le sans fond.

*

L'Inconnu, celui dont maint sage
Dans la brume obscure a douté,
L'immobile et muet visage,
Le voilé de l'éternité,

---

22. Personnage de l'Ancien Testament qui
a construit le temple de Jérusalem.
23. Personnage mythologique qui
a construit le labyrinthe en Crète.

24. Voûte céleste.
25. Babel et Babylone sont la même ville
de l'Ancien Testament.

Les Contemplations • **189**

Les luttes et les rêves

A, pour montrer son ombre au crime,
Sa flamme au juste magnanime[26],
Jeté pêle-mêle à l'abîme
Tous ses masques, noirs ou vermeils ;
Dans les éthers inaccessibles,
Ils flottent, cachés ou visibles ;
Et ce sont ces masques terribles
Que nous appelons les soleils !

Et les peuples ont vu passer dans les ténèbres
Ces spectres de la nuit que nul ne pénétra ;
Et flamines, santons, brahmanes, mages, guèbres[27],
Ont crié : Jupiter ! Allah ! Vishnou ! Mithra[28] !
Un jour, dans les lieux bas, sur les hauteurs suprêmes,
Tous ces masques hagards s'effaceront d'eux-mêmes ;
Alors, la face immense et calme apparaîtra !

III

Enfant ! l'autre de ces deux mondes,
C'est le cœur d'un homme ! – parfois,
Comme une perle au fond des ondes,
Dieu cache une âme au fond des bois.

Dieu cache un homme sous les chênes
Et le sacre en d'austères lieux
Avec le silence des plaines,
L'ombre des monts, l'azur des cieux !

Ô ma fille ! avec son mystère
Le noir envahit pas à pas
L'esprit d'un prêtre involontaire,
Près de ce feu qui luit là-bas !

---

26. Généreuse.

27. Prêtres de toutes les religions.

28. Divinités antiques orientales et occidentales.

Les luttes et les rêves

Cet homme, dans quelque ruine,
Avec la ronce et le lézard,
Vit sous la brume et la bruine,
Fruit tombé de l'arbre hasard !

Il est devenu presque fauve ;
Son bâton est son seul appui.
En le voyant, l'homme se sauve ;
La bête seule vient à lui.

Il est l'être crépusculaire.
On a peur de l'apercevoir ;
Pâtre tant que le jour l'éclaire,
Fantôme dès que vient le soir.

La faneuse[29] dans la clairière
Le voit quand il fait, par moment,
Comme une ombre hors de sa bière,
Un pas hors de l'isolement.

Son vêtement dans ces décombres,
C'est un sac de cendre et de deuil,
Linceul troué par les clous sombres
De la misère, ce cercueil.

Le pommier lui jette ses pommes ;
Il vit dans l'ombre enseveli ;
C'est un pauvre homme loin des hommes,
C'est un habitant de l'oubli ;

C'est un indigent[30] sous la bure[31],
Un vieux front de la pauvreté,

---

29. Femme qui ramasse le blé coupé.

30. Homme pauvre.

31. Robe de toile grossière.

Les Contemplations • **191**

Les luttes et les rêves

290
Un haillon[32] dans une masure[33],
Un esprit dans l'immensité !

*

Dans la nature transparente,
C'est l'œil des regards ingénus,
Un penseur à l'âme ignorante,
Un grave marcheur aux pieds nus !

Oui, c'est un cœur, une prunelle,
C'est un souffrant, c'est un songeur,
Sur qui la lueur éternelle
Fait trembler sa vague rougeur.

300
Il est là, l'âme aux cieux ravie,
Et, près d'un branchage enflammé,
Pense, lui-même par la vie
Tison[34] à demi consumé.

Il est calme en cette ombre épaisse ;
Il aura bien toujours un peu
D'herbe pour que son bétail paisse,
De bois pour attiser son feu.

Nos luttes, nos chocs, nos désastres,
Il les ignore ; il ne veut rien
310
Que, la nuit, le regard des astres,
Le jour, le regard de son chien.

Son troupeau gît sur l'herbe unie ;
Il est là, lui, pasteur[35], ami,

---

32. Vêtement en loques.

33. Maison misérable.

34. Reste d'un morceau de bois qui a brûlé.

35. Berger.

Les luttes et les rêves

Seul éveillé, comme un génie
À côté d'un peuple endormi.

Ses brebis, d'un rien remuées,
Ouvrant l'œil près du feu qui luit,
Aperçoivent sous les nuées
Sa forme droite dans la nuit ;

320
Et, bouc qui bêle, agneau qui danse,
Dorment dans les bois hasardeux
Sous ce grand spectre Providence[36]
Qu'ils sentent debout auprès d'eux.

*

Le pâtre[37] songe, solitaire,
Pauvre et nu, mangeant son pain bis[38] ;
Il ne connaît rien de la terre
Que ce que broute la brebis.

Pourtant, il sait que l'homme souffre ;
Mais il sonde l'éther[39] profond.
330
Toute solitude est un gouffre,
Toute solitude est un mont.

Dès qu'il est debout sur ce faîte,
Le ciel reprend cet étranger ;
La Judée[40] avait le prophète,
La Chaldée[41] avait le berger.

Ils tâtaient le ciel l'un et l'autre ;
Et plus tard, sous le feu divin,

---

36. Dieu gouvernant la création.
37. Berger.
38. Pain gris, ordinaire.
39. L'espace.

40. Territoire de l'Ancien Testament correspondant actuellement à une partie de la Cisjordanie et d'Israël.
41. Région antique proche de Babylone.

Les Contemplations • **193**

Les luttes et les rêves

Du prophète naquit l'apôtre,
Du pâtre naquit le devin.

340   La foule raillait leur démence ;
Et l'homme dut, aux jours passés,
À ces ignorants la science,
La sagesse à ces insensés.

La nuit voyait, témoin austère,
Se rencontrer sur les hauteurs,
Face à face dans le mystère,
Les prophètes et les pasteurs.

  – Où marchez-vous, tremblants prophètes ?
  – Où courez-vous, pâtres troublés ?
350   Ainsi parlaient ces sombres têtes,
Et l'ombre leur criait : Allez !

Aujourd'hui, l'on ne sait plus même
Qui monta le plus de degrés,
Des Zoroastres[42] au front blême
Ou des Abrahams[43] effarés.

Et quand nos yeux, qui les admirent,
Veulent mesurer leur chemin,
Et savoir quels sont ceux qui mirent
Le plus de jour dans l'œil humain,

360   Du noir passé perçant les voiles,
Notre esprit flotte sans repos
Entre tous ces compteurs d'étoiles
Et tous ces compteurs de troupeaux.

       *

---

42. Prophète d'une religion dualiste de l'Iran antique qui oppose bien et mal.
43. Patriarche dans les trois monothéismes.

Les luttes et les rêves

Dans nos temps, où l'aube enfin dore
Les bords du terrestre ravin,
Le rêve humain s'approche encore
Plus près de l'idéal divin.

L'homme que la brume enveloppe,
Dans le ciel que Jésus ouvrit,
Comme à travers un télescope
Regarde à travers son esprit.

L'âme humaine, après le Calvaire[44],
A plus d'ampleur et de rayon ;
Le grossissement de ce verre
Grandit encore la vision.

La solitude vénérable
Même aujourd'hui l'homme sacré
Plus avant dans l'impénétrable,
Plus loin dans le démesuré.

Oui, si dans l'homme, que le nombre
Et le temps trompent tour à tour,
La foule dégorge de l'ombre,
La solitude fait le jour.

Le désert au ciel nous convie.
Ô seuil de l'azur ! l'homme seul,
Vivant qui voit hors de la vie,
Lève d'avance son linceul.

Il parle aux voix que Dieu fit taire,
Mêlant sur son front pastoral
Aux lueurs troubles de la terre
Le serein rayon sépulcral.

---

44. Colline où Jésus-Christ fut crucifié dans le Nouveau Testament. De là le calvaire signifie une épreuve et une souffrance.

Les luttes et les rêves

Dans le désert, l'esprit qui pense
Subit par degrés sous les cieux
La dilatation immense
De l'infini mystérieux.

Il plonge au fond. Calme, il savoure
Le réel, le vrai, l'élément.
Toute la grandeur qui l'entoure
Le pénètre confusément.

Sans qu'il s'en doute, il va, se dompte,
Marche, et, grandissant en raison,
Croît comme l'herbe aux champs, et monte
Comme l'aurore à l'horizon.

Il voit, il adore, il s'effare ;
Il entend le clairon du ciel,
Et l'universelle fanfare
Dans le silence universel.

Avec ses fleurs au pur calice[45],
Avec sa mer pleine de deuil,
Qui donne un baiser de complice
À l'âpre bouche de l'écueil,

Avec sa plaine, vaste bible,
Son mont noir, son brouillard fuyant,
Regards du visage invisible,
Syllabes du mot flamboyant ;

Avec sa paix, avec son trouble,
Son bois voilé, son rocher nu,
Avec son écho qui redouble
Toutes les voix de l'inconnu,

---

45. Ensemble des pétales.

Les luttes et les rêves

La solitude éclaire, enflamme,
Attire l'homme aux grands aimants,
Et lentement compose une âme
De tous les éblouissements !

L'homme en son sein palpite et vibre,
Ouvrant son aile, ouvrant ses yeux,
Étrange oiseau d'autant plus libre
Que le mystère le tient mieux.

Il sent croître en lui, d'heure en heure,
L'humble foi, l'amour recueilli,
Et la mémoire antérieure
Qui le remplit d'un vaste oubli.

Il a des soifs inassouvies ;
Dans son passé vertigineux
Il sent revivre d'autres vies ;
De son âme il compte les nœuds.

Il cherche au fond des sombres dômes
Sous quelles formes il a lui ;
Il entend ses propres fantômes
Qui lui parlent derrière lui.

Il sent que l'humaine aventure
N'est rien qu'une apparition ;
Il se dit : – Chaque créature
Est toute la création. –

Il se dit : – Mourir, c'est connaître ;
Nous cherchons l'issue à tâtons.
J'étais, je suis, et je dois être.
L'ombre est une échelle. Montons –

Il se dit : – Le vrai, c'est le centre.
Le reste est apparence ou bruit.

Les Contemplations • **197**

Les luttes et les rêves

450
Cherchons le lion, et non l'antre[46] ;
Allons où l'œil fixe reluit. –

Il sent plus que l'homme en lui naître ;
Il sent, jusque dans ses sommeils,
Lueur à lueur, dans son être,
L'infiltration des soleils.

Ils cessent d'être son problème ;
Un astre est un voile, il veut mieux ;
Il reçoit de leur rayon même
Le regard qui va plus loin qu'eux.

*

460
Pendant que, nous, hommes des villes,
Nous croyons prendre un vaste essor
Lorsqu'entre en nos prunelles viles
Le spectre d'une étoile d'or ;

Que, savants dont la vue est basse,
Nous nous ruons et nous brûlons
Dans le premier astre qui passe,
Comme aux lampes les papillons,

Et qu'oubliant le nécessaire,
Nous contentant de l'incomplet,
470
Croyant éclairés, ô misère !
Ceux qu'éclaire le feu follet,

Prenant pour l'être et pour l'essence
Les fantômes du ciel profond,
Voulant nous faire une science
Avec des formes qui s'en vont,

---

46. Grotte.

Les luttes et les rêves

Ne comprenant, pour nous distraire
De la terre, où l'homme est damné,
Qu'un autre monde, sombre frère
De notre globe infortuné,

480   Comme l'oiseau né dans la cage,
Qui, s'il fuit, n'a qu'un vol étroit,
Ne sait pas trouver le bocage,
Et va d'un toit à l'autre toit ;

Chercheurs que le néant captive,
Qui, dans l'ombre, avons en passant
La curiosité chétive
Du ciron[47] pour le ver luisant,

Poussière admirant la poussière,
Nous poursuivons obstinément,
490   Grains de cendre, un grain de lumière
En fuite dans le firmament !

Pendant que notre âme humble et lasse
S'arrête au seuil du ciel béni,
Et va becqueter dans l'espace
Une miette de l'infini,

Lui, ce berger, ce passant frêle,
Ce pauvre gardeur de bétail
Que la cathédrale éternelle
Abrite sous son noir portail,

500   Cet homme qui ne sait pas lire,
Cet hôte des arbres mouvants,
Qui ne connaît pas d'autre lyre
Que les grands bois et les grands vents,

---

47. Espèce d'acarien.

Les Contemplations • **199**

Les luttes et les rêves

Lui, dont l'âme semble étouffée,
Il s'envole, et, touchant le but,
Boit avec la coupe d'Orphée[48]
À la source où Moïse[49] but !

Lui, ce pâtre, en sa Thébaïde[50],
Cet ignorant, cet indigent,
Sans docteur, sans maître, sans guide,
Fouillant, scrutant, interrogeant,

De sa roche où la paix séjourne,
Les cieux noirs, les bleus horizons,
Double ornière où sans cesse tourne
La roue énorme des saisons ;

Seul, quand mai vide sa corbeille,
Quand octobre emplit son panier ;
Seul, quand l'hiver à notre oreille
Vient siffler, gronder, et nier ;

Quand sur notre terre, où se joue
Le blanc flocon flottant sans bruit,
La mort, spectre vierge, secoue
Ses ailes pâles dans la nuit ;

Quand, nous glaçant jusqu'aux vertèbres,
Nous jetant la neige en rêvant,
Ce sombre cygne des ténèbres
Laisse tomber sa plume au vent ;

Quand la mer tourmente la barque ;
Quand la plaine est là, ressemblant
À la morte dont un drap marque
L'obscur profil sinistre et blanc ;

---

48. Orphée est un personnage mythologique considéré comme le premier poète. **49.** Premier prophète du judaïsme. **50.** Ce berger dans son lieu isolé.

Les luttes et les rêves

Seul sur cet âpre monticule,
À l'heure où, sous le ciel dormant,
Les méduses du crépuscule
Montrent leur face vaguement ;

Seul la nuit, quand dorment ses chèvres,
Quand la terre et l'immensité
Se referment comme deux lèvres
Après que le psaume est chanté ;

Seul, quand renaît le jour sonore,
À l'heure où sur le mont lointain
Flamboie et frissonne l'aurore,
Crête rouge du coq matin[51] ;

Seul, toujours seul, l'été, l'automne ;
Front sans remords et sans effroi
À qui le nuage qui tonne
Dit tout bas : Ce n'est pas pour toi !

Oubliant dans ces grandes choses
Les trous de ses pauvres habits,
Comparant la douceur des roses
À la douceur de la brebis,

Sondant l'être, la loi fatale,
L'amour, la mort, la fleur, le fruit ;
Voyant l'auréole idéale
Sortir de toute cette nuit,

Il sent, faisant passer le monde
Par sa pensée à chaque instant,
Dans cette obscurité profonde
Son œil devenir éclatant ;

---

51. Coq du matin.

Les Contemplations • **201**

Les luttes et les rêves

560   Et, dépassant la créature,
    Montant toujours, toujours accru,
    Il regarde tant la nature,
    Que la nature a disparu !

    Car, des effets allant aux causes,
    L'œil perce et franchit le miroir,
    Enfant ; et contempler les choses,
    C'est finir par ne plus les voir.

    La matière tombe détruite
    Devant l'esprit aux yeux de lynx ;
570   Voir, c'est rejeter ; la poursuite
    De l'énigme est l'oubli du sphinx[52].

    Il ne voit plus le ver qui rampe,
    La feuille morte émue au vent,
    Le pré, la source où l'oiseau trempe
    Son petit pied rose en buvant ;

    Ni l'araignée, hydre[53] étoilée,
    Au centre du mal se tenant,
    Ni l'abeille, lumière ailée,
    Ni la fleur, parfum rayonnant ;

580   Ni l'arbre où sur l'écorce dure
    L'amant grave un chiffre d'un jour
    Que les ans font croître à mesure
    Qu'ils font décroître son amour.

    Il ne voit plus la vigne mûre,
    La ville, large toit fumant,
    Ni la campagne, ce murmure,
    Ni la mer, ce rugissement ;

---

52. Monstre mythologique dont Œdipe perça l'énigme.
53. Monstre mythologique.

Les luttes et les rêves

Ni l'aube dorant les prairies,
Ni le couchant aux longs rayons,
Ni tous ces tas de pierreries
Qu'on nomme constellations,

Que l'éther[54] de son ombre couvre,
Et qu'entrevoit notre œil terni
Quand la nuit curieuse entr'ouvre
Le sombre écrin de l'infini ;

Il ne voit plus Saturne pâle,
Mars écarlate, Arcturus[55] bleu,
Sirius, couronne d'opale,
Aldebaran[56], turban de feu ;

Ni les mondes, esquifs sans voiles,
Ni, dans le grand ciel sans milieu,
Toute cette cendre d'étoiles ;
Il voit l'astre unique ; il voit Dieu !

*

Il le regarde, il le contemple ;
Vision que rien n'interrompt !
Il devient tombe, il devient temple ;
Le mystère flambe à son front.

Œil serein dans l'ombre ondoyante,
Il a conquis, il a compris,
Il aime ; il est l'âme voyante
Parmi nos ténébreux esprits.

Il marche, heureux et plein d'aurore,
De plain-pied avec l'élément ;

---

54. Espace.
55. Ensemble de planètes. Arcturus est une étoile rouge et brillante.
56. Noms d'étoiles.

Les Contemplations • **203**

Les luttes et les rêves

Il croit, il accepte. Il ignore
Le doute, notre escarpement ;

Le doute, qu'entourent les vides,
Bord que nul ne peut enjamber,
Où nous nous arrêtons stupides,
Disant : Avancer, c'est tomber !

620 Le doute, roche où nos pensées
Errent loin du pré qui fleurit,
Où vont et viennent, dispersées,
Toutes ces chèvres de l'esprit.

Quand Hobbes dit : « Quelle est la base ? »
Quand Locke[57] dit : « Quelle est la loi ? »
Que font à sa splendide extase
Ces dialogues de l'effroi ?

Qu'importe à cet anachorète
De la caverne Vérité,
630 L'homme qui dans l'homme s'arrête,
La nuit qui croit à sa clarté ?

Que lui fait la philosophie,
Calcul, algèbre, orgueil puni,
Que sur les cimes pétrifie
L'effarement de l'infini !

Lueurs que couvre la fumée !
Sciences disant : Que sait-on ?
Qui, de l'aveugle Ptolémée[58],
Montent au myope Newton[59] !

---

57. Hobbes et Locke sont des philosophes du XVIIe et XVIIIe siècle.

58. Ptolémée est un astronome de la Grèce antique.

59. Philosophe et mathématicien du XVIIe siècle.

Les luttes et les rêves

640 Que lui font les choses bornées,
Grands, petits, couronnes, carcans ?
L'ombre qui sort des cheminées
Vaut l'ombre qui sort des volcans.

Que lui font la larve et la cendre,
Et, dans les tourbillons mouvants,
Toutes les formes que peut prendre
L'obscur nuage des vivants ?

Que lui fait l'assurance triste
Des créatures dans leurs nuits ?
650 La terre s'écriant : J'existe !
Le soleil répliquant : Je suis !

Quand le spectre, dans le mystère,
S'affirme à l'apparition,
Qu'importe à cet œil solitaire
Qui s'éblouit du seul rayon ?

Que lui fait l'astre, autel et prêtre
De sa propre religion,
Qui dit : Rien hors de moi ! – quand l'être
Se nomme Gouffre et Légion[60] !

660 Que lui font, sur son sacré faîte[61],
Les démentis audacieux
Que donne aux soleils la comète,
Cette hérésiarque[62] des cieux ?

Que lui fait le temps, cette brume ?
L'espace, cette illusion ?

---

60. Le terme légion signifie multitude, mais c'est ici une référence à la formule présente dans l'Évangile de Marc : « et mon nom est Légion car nous sommes nombreux ».

61. Partie la plus haute.
62. Auteur d'une hérésie (doctrine dont les dogmes diffèrent du cadre établi).

Les Contemplations • **205**

Les luttes et les rêves

Que lui fait l'éternelle écume
De l'océan Création ?

Il boit, hors de l'inabordable,
Du surhumain, du sidéral,
Les délices du formidable,
L'âpre ivresse de l'idéal ;

Son être, dont rien ne surnage,
S'engloutit dans le gouffre bleu ;
Il fait ce sublime naufrage ;
Et, murmurant sans cesse : – Dieu, –

Parmi les feuillages farouches,
Il songe, l'âme et l'œil là-haut,
À l'imbécillité des bouches
Qui prononcent un autre mot !

*

Il le voit, ce soleil unique,
Fécondant, travaillant, créant,
Par le rayon qu'il communique
Égalant l'atome au géant.

Semant de feux, de souffles, d'ondes,
Les tourbillons d'obscurité,
Emplissant d'étincelles mondes
L'épouvantable immensité,

Remuant, dans l'ombre et les brumes,
De sombres forces dans les cieux
Qui font comme des bruits d'enclumes
Sous des marteaux mystérieux,

Doux pour le nid du rouge-gorge,
Terrible aux satans qu'il détruit ;

Les luttes et les rêves

Et, comme aux lueurs d'une forge
Un mur s'éclaire dans la nuit,

On distingue en l'ombre où nous sommes,
On reconnaît dans ce bas lieu,
À sa clarté parmi les hommes,
L'âme qui réverbère Dieu.

Et ce pâtre devient auguste ;
Jusqu'à l'auréole monté,
Étant le sage, il est le juste ;
Ô ma fille, cette clarté,

Sœur du grand flambeau des génies,
Faite de tous les rayons purs
Et de toutes les harmonies
Qui flottent dans tous les azurs,

Plus belle dans une chaumière,
Éclairant hier par demain,
Cette éblouissante lumière,
Cette blancheur du cœur humain

S'appelle en ce monde, où l'honnête
Et le vrai des vents est battu,
Innocence avant la tempête,
Après la tempête vertu !

*

Voilà donc ce que fait la solitude à l'homme ;
Elle lui montre Dieu, le dévoile et le nomme,
      Sacre l'obscurité,
Pénètre de splendeur le pâtre qui s'y plonge,
Et dans les profondeurs de son immense songe
      T'allume, ô vérité !

Les luttes et les rêves

Elle emplit l'ignorant de la science énorme ;
Ce que le cèdre voit, ce que devine l'orme,
 Ce que le chêne sent,
Dieu, l'être, l'infini, l'éternité, l'abîme,
Dans l'ombre elle le mêle à la candeur[63] sublime
 D'un pâtre frémissant.

L'homme n'est qu'une lampe, elle en fait une étoile.
Et ce pâtre devient, sous son haillon de toile,
730   Un mage ; et, par moments,
Aux fleurs, parfums du temple, aux arbres, noirs pilastres[64],
Apparaît couronné d'une tiare d'astres,
 Vêtu de flamboiements !

Il ne se doute pas de cette grandeur sombre :
Assis près de son feu que la broussaille encombre,
 Devant l'être béant,
Humble, il pense ; et, chétif[65], sans orgueil, sans envie,
Il se courbe, et sent mieux, près du gouffre de vie,
 Son gouffre de néant.

740 Quand il sort de son rêve, il revoit la nature.
Il parle à la nuée, errant à l'aventure,
 Dans l'azur émigrant ;
Il dit : « Que ton encens est chaste[66], ô clématite[67] ! »
Il dit au doux oiseau : « Que ton aile est petite,
 Mais que ton vol est grand ! »

Le soir, quand il voit l'homme aller vers les villages,
Glaneuses[68], bûcherons qui traînent des feuillages,
 Et les pauvres chevaux
Que le laboureur bat et fouette avec colère,

---

63. Innocence.
64. Piliers.
65. Fragile.

66. Pur.
67. Plante grimpante.
68. Personnes qui ramassent les fruits tombés à terre.

Les luttes et les rêves

750 Sans songer que le vent va le rendre à son frère,
         Le marin sur les flots ;

Quand il voit les forçats passer, portant leur charge,
Les soldats, les pêcheurs pris par la nuit au large,
         Et hâtant leur retour,
Il leur envoie à tous, du haut du mont nocturne,
La bénédiction qu'il a puisée à l'urne
         De l'insondable amour !

Et, tandis qu'il est là, vivant sur sa colline,
Content, se prosternant dans tout ce qui s'incline,
760   Doux rêveur bienfaisant,
Emplissant le vallon, le champ, le toit de mousse,
Et l'herbe et le rocher de la majesté douce
         De son cœur innocent,

S'il passe par hasard, près de sa paix féconde,
Un de ces grands esprits en butte aux flots du monde
         Révolté devant eux,
Qui craignent à la fois, sur ces vagues funèbres,
La terre de granit et le ciel de ténèbres,
         L'homme ingrat, Dieu douteux ;

770 Peut-être, à son insu, que ce pasteur paisible,
Et dont l'obscurité rend la lueur visible,
         Homme heureux sans effort,
Entrevu par cette âme en proie au choc de l'onde,
Va lui jeter soudain quelque clarté profonde
         Qui lui montre le port !

Ainsi ce feu peut-être, aux flancs du rocher sombre,
Là-bas est aperçu par quelque nef qui sombre
         Entre le ciel et l'eau ;
Humble, il la guide au loin de son reflet rougeâtre,
780 Et du même rayon dont il réchauffe un pâtre,
         Il sauve un grand vaisseau !

Les Contemplations • **209**

Les luttes et les rêves

IV

Et je repris, montrant à l'enfant adorée
L'obscur feu du pasteur et l'étoile sacrée :

De ces deux feux, perçant le soir qui s'assombrit,
L'un révèle un soleil, l'autre annonce un esprit.
      C'est l'infini que notre œil sonde ;
Mesurons tout à Dieu qui seul crée et conçoit !
C'est l'astre qui le prouve et l'esprit qui le voit ;
      Une âme est plus grande qu'un monde.

790 Enfant, ce feu de pâtre à cette âme mêlé,
Et cet astre, splendeur du plafond constellé
      Que l'éclair et la foudre gardent,
Ces deux phares du gouffre où l'être flotte et fuit,
Ces deux clartés du deuil, ces deux yeux de la nuit,
      Dans l'immensité se regardent.

Ils se connaissent ; l'astre envoie au feu des bois
Toute l'énormité de l'abîme à la fois,
      Les baisers de l'azur superbe
Et l'éblouissement des visions d'Endor[69] ;
800 Et le doux feu de pâtre envoie à l'astre d'or
      Le frémissement du brin d'herbe.

Le feu de pâtre dit : – La mère pleure, hélas !
L'enfant a froid, le père à faim, l'aïeul est las ;
      Tout est noir ; la montée est rude ;
Le pas tremble, éclairé par un tremblant flambeau ;
L'homme au berceau chancelle et trébuche au tombeau. –
      L'étoile répond : – Certitude !

---

69. Lieu où habitait la pythie qui révéla son avenir à Saül dans l'Ancien Testament.

Les luttes et les rêves

De chacun d'eux s'envole un rayon fraternel,
L'un plein d'humanité, l'autre rempli de ciel ;
       Dieu les prend et joint leur lumière,
Et sa main, sous qui l'âme, aigle de flamme, éclôt,
Fait du rayon d'en bas et du rayon d'en haut
       Les deux ailes de la prière.

Ingouville, août 1839.

Aujourd'hui[1]
(1843-1855)

---

1. *Aujourd'hui*, qui rassemble les livres IV à VI, s'oppose à *Autrefois* (1830-1843), qui rassemblait les livres I à III.

LIVRE QUATRIÈME
Pauca meæ

I

Pure Innocence ! Vertu sainte[1] !
Ô les deux sommets d'ici-bas !
Où croissent, sans ombre et sans crainte,
Les deux palmes[2] des deux combats !

Palme du combat Ignorance[3] !
Palme du combat Vérité !
L'âme, à travers sa transparence,
Voit trembler leur double clarté.

Innocence ! Vertu ! sublimes
10   Même pour l'œil mort du méchant !
On voit dans l'azur ces deux cimes,
L'une au levant, l'autre au couchant.

Elles guident la nef qui sombre ;
L'une est phare, et l'autre est flambeau ;
L'une a le berceau dans son ombre ;
L'autre en son ombre a le tombeau.

---

1. L'innocence et la vertu, entendues comme forces d'âme et mérite, sont les deux valeurs célébrées dans ce recueil. Elles sont incarnées par Léopoldine et son mari Charles, la première par sa vie présentée comme exemplaire, le second par sa mort, présentée comme héroïque.

2. Symboles de victoire.

3. L'Ignorance, en ce qu'elle s'oppose à la Connaissance, n'est pas obligatoirement un mal car la Connaissance, de Dieu et du sens du monde, passe obligatoirement par la mort.

Pauca meæ

Le titre en latin est un emprunt aux *Bucoliques*, de Virgile. Il signifie : « quelques vers (*pauca*) pour ma fille (*meæ*) ». Le texte de Virgile rendait hommage à un poète élégiaque, Gallus, et sa muse Lycoris. Le recueil revendique donc une double filiation : celle de la poésie antique et celle de l'élégie, chant de deuil.

Les Contemplations • **213**

Pauca meæ

C'est sous la terre infortunée
Que commence, obscure à nos yeux,
La ligne de la destinée ;
20   Elles l'achèvent dans les cieux.

Elles montrent, malgré les voiles
Et l'ombre du fatal milieu,
Nos âmes touchant les étoiles
Et la candeur mêlée au bleu.

Elles éclairent les problèmes ;
Elles disent le lendemain ;
Elles sont les blancheurs suprêmes
De tout le sombre gouffre humain.

L'archange effleure de son aile
30   Ce faîte où Jéhovah[4] s'assied ;
Et sur cette neige éternelle
On voit l'empreinte d'un seul pied.

Cette trace qui nous enseigne,
Ce pied blanc, ce pied fait de jour,
Ce pied rose, hélas ! car il saigne,
Ce pied nu, c'est le tien, amour !

Janvier 1843.

---

4. Un des noms (avec Yahvé) donné à Dieu par les chrétiens.

La chronologie

Comme toute autobiographie, *Pauca meæ* interroge les limites entre la vérité et la sincérité. Dans 6 poèmes sur les 17 de ce livre, il y a une différence entre la date réelle où l'événement a eu lieu et la date d'écriture : le poète veut réécrire le passé en le plaçant sous le signe du deuil.

Pauca meæ ■■■

II

15 février 1843

Aime celui qui t'aime, et sois heureuse en lui.
– Adieu ! – Sois son trésor, ô toi qui fus le nôtre !
Va, mon enfant béni, d'une famille à l'autre.
Emporte le bonheur et laisse-nous l'ennui !
Ici, l'on te retient ; là-bas, on te désire.
Fille, épouse, ange, enfant, fais ton double devoir.
Donne-nous un regret, donne-leur un espoir,
Sors avec une larme ! entre avec un sourire !

Dans l'église, 15 février 1843[1].

🔍 4 septembre 1843

. . . .

III

Trois ans après

Il est temps que je me repose ;
Je suis terrassé par le sort.
Ne me parlez pas d'autre chose
Que des ténèbres où l'on dort !

---

1. Poème rédigé le jour du mariage de Léopoldine et de Charles Vacquerie. La tonalité mortuaire (« Adieu ! ») et la mention « dans l'église » laissent planer l'ambiguïté sur la nature de la célébration : mariage ou enterrement ?

🔍 **Le drame de Villequier**

Le 4 septembre 1843, à Villequier, le bateau des jeunes mariés chavire. Léopoldine ne sait pas nager et Charles ne parvient pas à la sauver. Il se noie volontairement avec elle. Après ce drame, Victor Hugo n'écrit plus de poésie pendant trois ans. La douleur se mêle à la culpabilité car il était alors en voyage avec sa maîtresse, Juliette Drouet. Les points de suspension matérialisent ce renversement, que nul mot ne peut décrire.

Les Contemplations • **215**

Pauca meæ

Que veut-on que je recommence ?
Je ne demande désormais
À la création immense
Qu'un peu de silence et de paix !

Pourquoi m'appelez-vous encore ?
10   J'ai fait ma tâche et mon devoir.
Qui travaillait avant l'aurore,
Peut s'en aller avant le soir.

À vingt ans, deuil et solitude !
Mes yeux, baissés vers le gazon,
Perdirent la douce habitude
De voir ma mère à la maison[1]

Elle nous quitta pour la tombe ;
Et vous savez bien qu'aujourd'hui
Je cherche, en cette nuit qui tombe,
20   Un autre ange qui s'est enfui[2] !

Vous savez que je désespère,
Que ma force en vain se défend,
Et que je souffre comme père,
Moi qui souffris tant comme enfant !

Mon œuvre n'est pas terminée,
Dites-vous. Comme Adam banni,
Je regarde ma destinée,
Et je vois bien que j'ai fini[3].

L'humble enfant que Dieu m'a ravie
30   Rien qu'en m'aimant savait m'aider ;

---

1. Allusion à la mort de la mère du poète.
2. Il s'agit bien sûr ici de Léopoldine Hugo.

3. Dans la Genèse, Adam est banni du paradis terrestre après qu'Ève, séduite par le serpent, a mangé le fruit de la connaissance.

Pauca meæ ▬▬

C'était le bonheur de ma vie
De voir ses yeux me regarder.

Si ce Dieu n'a pas voulu clore
L'œuvre qu'il me fit commencer,
S'il veut que je travaille encore,
Il n'avait qu'à me la laisser !

Il n'avait qu'à me laisser vivre
Avec ma fille à mes côtés,
Dans cette extase où je m'enivre
40 De mystérieuses clartés !

Ces clartés, jour d'une autre sphère,
Ô Dieu jaloux, tu nous les vends !
Pourquoi m'as-tu pris la lumière
Que j'avais parmi les vivants ?

As-tu donc pensé, fatal maître,
Qu'à force de te contempler,
Je ne voyais plus ce doux être,
Et qu'il pouvait bien s'en aller ?

T'es-tu dit que l'homme, vaine ombre,
50 Hélas ! perd son humanité
À trop voir cette splendeur sombre
Qu'on appelle la vérité[4] ?

Qu'on peut le frapper sans qu'il souffre,
Que son cœur est mort dans l'ennui,
Et qu'à force de voir le gouffre,
Il n'a plus qu'un abîme en lui ?

---

4. Pour le poète, la connaissance et la vérité sont liées à la mort. En tout cas, elles ne sont pas humaines et transforment celui qui voit.

Les Contemplations • **217**

Pauca meæ

Qu'il va, stoïque[5], où tu l'envoies,
Et que désormais, endurci,
N'ayant plus ici-bas de joies,
Il n'a plus de douleurs aussi ?

As-tu pensé qu'une âme tendre
S'ouvre à toi pour mieux se fermer,
Et que ceux qui veulent comprendre
Finissent par ne plus aimer ?

Ô Dieu ! vraiment, as-tu pu croire
Que je préférais, sous les cieux,
L'effrayant rayon de ta gloire
Aux douces lueurs de ses yeux ?

Si j'avais su tes lois moroses,
Et qu'au même esprit enchanté
Tu ne donnes point ces deux choses,
Le bonheur et la vérité,

Plutôt que de lever tes voiles,
Et de chercher, cœur triste et pur,
À te voir au fond des étoiles,
Ô Dieu sombre d'un monde obscur,

J'eusse aimé mieux, loin de ta face,
Suivre, heureux, un étroit chemin,
Et n'être qu'un homme qui passe
Tenant son enfant par la main !

Maintenant, je veux qu'on me laisse !
J'ai fini ! le sort est vainqueur.
Que vient-on rallumer sans cesse
Dans l'ombre qui m'emplit le cœur ?

---

5. Courageux, héroïque.

Pauca meæ

Vous qui me parlez, vous me dites[6]
Qu'il faut, rappelant ma raison,
Guider les foules décrépites
Vers les lueurs de l'horizon ;

Qu'à l'heure où les peuples se lèvent,
Tout penseur suit un but profond ;
Qu'il se doit à tous ceux qui rêvent,
Qu'il se doit à tous ceux qui vont !

Qu'une âme, qu'un feu pur anime,
Doit hâter, avec sa clarté,
L'épanouissement sublime
De la future humanité ;

Qu'il faut prendre part, cœurs fidèles,
Sans redouter les océans,
Aux fêtes des choses nouvelles,
Aux combats des esprits géants !

Vous voyez des pleurs sur ma joue,
Et vous m'abordez mécontents,
Comme par le bras on secoue
Un homme qui dort trop longtemps.

Mais songez à ce que vous faites !
Hélas ! cet ange au front si beau,
Quand vous m'appelez à vos fêtes,
Peut-être a froid dans son tombeau.

Peut-être, livide et pâlie,
Dit-elle dans son lit étroit :
« Est-ce que mon père m'oublie
Et n'est plus là, que j'ai si froid ? »

---

6. Insertion fictive d'un interlocuteur qui enjoint le poète à poursuivre son œuvre de guide et de défenseur des opprimés.

Les Contemplations • **219**

Pauca meæ

Quoi ! lorsqu'à peine je résiste
Aux choses dont je me souviens,
Quand je suis brisé, las et triste,
Quand je l'entends qui me dit : « Viens ! »

Quoi ! vous voulez que je souhaite,
Moi, plié par un coup soudain,
La rumeur qui suit le poëte,
Le bruit que fait le paladin[7] !

Vous voulez que j'aspire encore
Aux triomphes doux et dorés !
Que j'annonce aux dormeurs l'aurore !
Que je crie : « Allez ! espérez ! »

Vous voulez que, dans la mêlée,
Je rentre ardent parmi les forts,
Les yeux à la voûte étoilée… –
Oh ! l'herbe épaisse où sont les morts !

Novembre 1846.

IV

Oh ! je fus comme fou dans le premier moment,
Hélas ! et je pleurai trois jours amèrement.
Vous tous à qui Dieu prit votre chère espérance,
Pères, mères, dont l'âme a souffert ma souffrance,
Tout ce que j'éprouvais, l'avez-vous éprouvé ?
Je voulais me briser le front sur le pavé ;

---

7. Chevalier errant du Moyen Âge.

Les poèmes de 1846

En 1846, meurt Claire Pradier, la fille de la maîtresse de Victor Hugo, Juliette Drouet. Claire a 22 ans. Entre la mort de Claire et celle de Léopoldine, l'écho est évident et le poète composera 48 poèmes en 1846. Parmi eux, 8 des 17 poèmes de *Pauca meæ* (3, 4, 5, 6, 7, 9, 11, 15) et particulièrement ceux dédiés aux souvenirs de l'enfance de Léopoldine et du bonheur perdu (5, 6, 7, 9).

Pauca meæ ▰

Puis je me révoltais, et, par moments, terrible,
Je fixais mes regards sur cette chose horrible,
Et je n'y croyais pas, et je m'écriais : Non !
– Est-ce que Dieu permet de ces malheurs sans nom
Qui font que dans le cœur le désespoir se lève ? –
Il me semblait que tout n'était qu'un affreux rêve,
Qu'elle ne pouvait pas m'avoir ainsi quitté,
Que je l'entendais rire en la chambre à côté,
Que c'était impossible enfin qu'elle fût morte,
Et que j'allais la voir entrer par cette porte !

Oh ! que de fois j'ai dit : Silence ! elle a parlé !
Tenez ! voici le bruit de sa main sur la clé !
Attendez ! elle vient ! laissez-moi, que j'écoute !
Car elle est quelque part dans la maison sans doute !

Jersey, Marine-Terrace, 4 septembre 1852.

V

Elle avait pris ce pli[1] dans son âge enfantin
De venir dans ma chambre un peu chaque matin ;
Je l'attendais ainsi qu'un rayon qu'on espère ;
Elle entrait, et disait : « Bonjour, mon petit père » ;
Prenait ma plume, ouvrait mes livres, s'asseyait
Sur mon lit, dérangeait mes papiers, et riait,
Puis soudain s'en allait comme un oiseau qui passe.
Alors, je reprenais, la tête un peu moins lasse,
Mon œuvre interrompue, et, tout en écrivant,
Parmi mes manuscrits je rencontrais souvent
Quelque arabesque folle et qu'elle avait tracée,
Et mainte page blanche entre ses mains froissée
Où, je ne sais comment, venaient mes plus doux vers.
Elle aimait Dieu, les fleurs, les astres, les prés verts,
Et c'était un esprit avant d'être une femme.
Son regard reflétait la clarté de son âme.

---

1. Habitude.

Pauca meæ

Elle me consultait sur tout à tous moments.
Oh ! que de soirs d'hiver radieux et charmants,
Passés à raisonner langue, histoire et grammaire,
20 Mes quatre enfants[2] groupés sur mes genoux, leur mère
Tout près, quelques amis causant au coin du feu !
J'appelais cette vie être content de peu !
Et dire qu'elle est morte ! hélas ! que Dieu m'assiste !
Je n'étais jamais gai quand je la sentais triste ;
J'étais morne au milieu du bal le plus joyeux
Si j'avais, en partant, vu quelque ombre en ses yeux.

                          Novembre 1846, jour des morts.

VI

Quand nous habitions tous ensemble
Sur nos collines d'autrefois,
Où l'eau court, où le buisson tremble,
Dans la maison qui touche aux bois[1],

Elle avait dix ans, et moi trente ;
J'étais pour elle l'univers.
Oh ! comme l'herbe est odorante
Sous les arbres profonds et verts !

Elle faisait mon sort prospère,
10 Mon travail léger, mon ciel bleu.
Lorsqu'elle me disait : Mon père,
Tout mon cœur s'écriait : Mon Dieu !

À travers mes songes sans nombre,
J'écoutais son parler joyeux,
Et mon front s'éclairait dans l'ombre
À la lumière de ses yeux.

---

2. Il s'agit par ordre de naissance de Léopoldine, Charles, François-Victor et Adèle.

Poème VI – 1. Certainement la maison des Roches, dans l'Essonne, où l'auteur et sa famille séjournèrent en 1834 et 1835.

Pauca meæ ■■■

Elle avait l'air d'une princesse
Quand je la tenais par la main ;
Elle cherchait des fleurs sans cesse
20 Et des pauvres dans le chemin.

Elle donnait comme on dérobe,
En se cachant aux yeux de tous.
Oh ! la belle petite robe
Qu'elle avait, vous rappelez-vous ?

Le soir, auprès de ma bougie,
Elle jasait[2] à petit bruit,
Tandis qu'à la vitre rougie
Heurtaient les papillons de nuit.

Les anges se miraient en elle.
30 Que son bonjour était charmant !
Le ciel mettait dans sa prunelle
Ce regard qui jamais ne ment.

Oh ! je l'avais, si jeune encore,
Vue apparaître en mon destin !
C'était l'enfant de mon aurore,
Et mon étoile du matin !

Quand la lune claire et sereine
Brillait aux cieux, dans ces beaux mois,
Comme nous allions dans la plaine !
40 Comme nous courions dans les bois !

Puis, vers la lumière isolée
Étoilant le logis obscur,
Nous revenions par la vallée
En tournant le coin du vieux mur ;

---

2. Jaser : babiller sans arrêt, bavarder, causer.

Les Contemplations • 223

Pauca meæ

Nous revenions, cœurs pleins de flamme,
En parlant des splendeurs du ciel.
Je composais cette jeune âme
Comme l'abeille fait son miel.

Doux ange aux candides pensées,
50 Elle était gaie en arrivant… –
Toutes ces choses sont passées
Comme l'ombre et comme le vent !

Villequier, 4 septembre 1844.

VII

Elle était pâle, et pourtant rose,
Petite avec de grands cheveux.
Elle disait souvent : Je n'ose,
Et ne disait jamais : Je veux.

Le soir, elle prenait ma Bible
Pour y faire épeler sa sœur[1],
Et, comme une lampe paisible,
Elle éclairait ce jeune cœur.

Sur le saint livre que j'admire
10 Leurs yeux purs venaient se fixer ;
Livre où l'une apprenait à lire,
Où l'autre apprenait à penser !

Sur l'enfant, qui n'eût pas lu seule,
Elle penchait son front charmant,
Et l'on aurait dit une aïeule
Tant elle parlait doucement !

---

1. Il s'agit d'Adèle (1830-1915), la jeune sœur de Léopoldine.

Pauca meæ

Elle lui disait : « Sois bien sage ! »
Sans jamais nommer le démon ;
Leurs mains erraient de page en page
20   Sur Moïse et sur Salomon,

Sur Cyrus qui vint de la Perse,
Sur Moloch et Léviathan[2],
Sur l'enfer que Jésus traverse,
Sur l'éden où rampe Satan !

Moi, j'écoutais... – Ô joie immense
De voir la sœur près de la sœur !
Mes yeux s'enivraient en silence
De cette ineffable douceur.

Et dans la chambre humble et déserte,
30   Où nous sentions, cachés tous trois,
Entrer par la fenêtre ouverte
Les souffles des nuits et des bois,

Tandis que, dans le texte auguste[3],
Leurs cœurs, lisant avec ferveur,
Puisaient le beau, le vrai, le juste,
Il me semblait, à moi, rêveur,

Entendre chanter des louanges
Autour de nous, comme au saint lieu,
Et voir sous les doigts de ces anges
40   Tressaillir le livre de Dieu !

Octobre 1846.

---

2. Personnages bibliques : Moïse, le prophète, Salomon, roi d'Israël, Cyrus, roi de Babylone, Moloch, une idole, Léviathan, un monstre. Tous constituent un univers à la fois spirituel et fabuleux.
3. Sacré, solennel. Il s'agit de la Bible.

Les Contemplations • **225**

Pauca meæ

VIII

À qui donc sommes-nous ? Qui nous a ? qui nous mène ?
Vautour fatalité, tiens-tu la race humaine ?
   Oh ! parlez, cieux vermeils,
L'âme sans fond tient-elle aux étoiles sans nombre ?
Chaque rayon d'en haut est-il un fil de l'ombre
   Liant l'homme aux soleils ?

Est-ce qu'en nos esprits, que l'ombre a pour repaires,
Nous allons voir rentrer les songes de nos pères ?
   Destin, lugubre assaut !
10 Ô vivants, serions-nous l'objet d'une dispute ?
L'un veut-il notre gloire, et l'autre notre chute ?
   Combien sont-ils là-haut ?

Jadis, au fond du ciel, aux yeux du mage sombre,
Deux joueurs effrayants apparaissaient dans l'ombre.
   Qui craindre ? qui prier ?
Les Manès[1] frissonnants, les pâles Zoroastres[2]
Voyaient deux grandes mains qui déplaçaient les astres
   Sur le noir échiquier.

Songe horrible ! le bien, le mal, de cette voûte
20 Pendent-ils sur nos fronts ? Dieu, tire-moi du doute !
   Ô sphinx[3], dis-moi le mot !

---

1. Fondateur au IIIᵉ siècle de la religion manichéenne, qui sépare le monde et l'homme en deux : d'un côté, les ténèbres associées au mal, à la matière, et de l'autre, la lumière associée au bien, à la vie divine.

2. Prophète d'une religion antérieure (Iᵉʳ siècle avant J.-C.). Zoroastre prêche aussi le dualisme, la bataille entre bien et mal, entre ténèbres et lumière.

3. Créature mythologique qui pose des énigmes aux hommes.

L'allégorie de la fatalité

L'image du vautour comme allégorie de la fatalité est un thème romantique qui montre, à l'aide de l'image d'un oiseau cruel, le caractère inéluctable de la mort.

Pauca meæ

Cet affreux rêve pèse à nos yeux qui sommeillent,
Noirs vivants ! Heureux ceux qui tout à coup s'éveillent
    Et meurent en sursaut !

                Villequier, 4 septembre 1845[4].

IX

Ô souvenirs ! printemps ! aurore !
Doux rayon triste et réchauffant !
– Lorsqu'elle était petite encore,
Que sa sœur était tout enfant… –

Connaissez-vous sur la colline
Qui joint Montlignon à Saint-Leu,
Une terrasse qui s'incline
Entre un bois sombre et le ciel bleu[1] ?

C'est là que nous vivions. – Pénètre,
10 Mon cœur, dans ce passé charmant ! –
Je l'entendais sous ma fenêtre
Jouer le matin doucement.

Elle courait dans la rosée,
Sans bruit, de peur de m'éveiller ;
Moi, je n'ouvrais pas ma croisée,
De peur de la faire envoler.

Ses frères riaient… – Aube pure !
Tout chantait sous ces frais berceaux,
Ma famille avec la nature
20 Mes enfants avec les oiseaux ! –

---

4. La date du manuscrit est le 25 avril 1854, or celle de l'édition est le 4 septembre 1845. C'est le deuxième anniversaire de la mort de Léopoldine.

Poème IX – 1. Évocation qui fait l'objet d'une double référence : le château de La Terrasse dans le Val-d'Oise, où séjourna la famille Hugo en 1840-1842, et Marine-Terrace, la maison de Jersey où Hugo connaît l'exil en 1852. Les deux temporalités sont ainsi mêlées dans un même souvenir.

Les Contemplations • **227**

Pauca meæ

Je toussais, on devenait brave.
Elle montait à petits pas,
Et me disait d'un air très grave :
« J'ai laissé les enfants en bas. »

Qu'elle fût bien ou mal coiffée,
Que mon cœur fût triste ou joyeux,
Je l'admirais. C'était ma fée,
Et le doux astre de mes yeux !

Nous jouions toute la journée.
Ô jeux charmants ! chers entretiens !
Le soir, comme elle était l'aînée,
Elle me disait : « Père, viens !

» Nous allons t'apporter ta chaise,
» Conte-nous une histoire, dis ! » –
Et je voyais rayonner d'aise
Tous ces regards du paradis.

Alors, prodiguant les carnages,
J'inventais un conte profond
Dont je trouvais les personnages
Parmi les ombres du plafond.

Toujours, ces quatre douces têtes
Riaient, comme à cet âge on rit,
De voir d'affreux géants très-bêtes
Vaincus par des nains pleins d'esprit.

J'étais l'Arioste[2] et l'Homère[3]
D'un poëme éclos d'un seul jet ;

---

2. Auteur italien du XVIᵉ siècle connu pour *Le Roland furieux*, poème épique et comique fondé sur une imagination débordante et qui rencontra un très grand succès européen.

3. Poète grec du VIIIᵉ siècle avant J.-C., auteur présumé de l'*Iliade* et de l'*Odyssée*.

Pauca meæ

Pendant que je parlais, leur mère
Les regardait rire, et songeait.

Leur aïeul, qui lisait dans l'ombre,
Sur eux parfois levait les yeux,
Et, moi, par la fenêtre sombre
J'entrevoyais un coin des cieux !

Villequier, 4 septembre 1846.

X

Pendant que le marin, qui calcule et qui doute,
Demande son chemin aux constellations ;
Pendant que le berger, l'œil plein de visions,
Cherche au milieu des bois son étoile et sa route ;
Pendant que l'astronome, inondé de rayons,

Pèse un globe à travers des millions de lieues,
Moi, je cherche autre chose en ce ciel vaste et pur.
Mais que ce saphir sombre est un abîme obscur !
On ne peut distinguer, la nuit, les robes bleues
Des anges frissonnants qui glissent dans l'azur.

Avril 1847.

XI

On vit, on parle, on a le ciel et les nuages
Sur la tête ; on se plaît aux livres des vieux sages ;
On lit Virgile[1] et Dante[2] ; on va joyeusement
En voiture publique à quelque endroit charmant,

---

1. Virgile, poète latin, auteur de l'*Énéide*, à qui Hugo a emprunté le titre *Pauca meæ*. C'est, avec Dante, une des figures tutélaires de la poésie en ce qu'elle a de poétique et de politique.

2. Dante, poète italien du Moyen Âge (1265-1321), est l'auteur de *La Divine Comédie*, qui raconte la descente aux Enfers et la montée au Paradis du poète guidé par Virgile. Poème lyrique et politique

(Dante a connu l'exil pour ses opinions politiques), il est considéré comme un modèle par Hugo.

Les Contemplations • **229**

Pauca meæ

En riant aux éclats de l'auberge et du gîte ;
Le regard d'une femme en passant vous agite ;
On aime, on est aimé, bonheur qui manque aux rois !
On écoute le chant des oiseaux dans les bois ;
Le matin, on s'éveille, et toute une famille

10   Vous embrasse, une mère, une sœur, une fille !
On déjeune en lisant son journal. Tout le jour
On mêle à sa pensée espoir, travail, amour ;
La vie arrive avec ses passions troublées ;
On jette sa parole aux sombres assemblées[3] ;
Devant le but qu'on veut et le sort qui vous prend,
On se sent faible et fort, on est petit et grand ;
On est flot dans la foule, âme dans la tempête ;
Tout vient et passe ; on est en deuil, on est en fête ;
On arrive, on recule, on lutte avec effort… –

20   Puis, le vaste et profond silence de la mort !

                                    11 juillet 1846, en revenant du cimetière[4].

XII

À quoi songeaient les deux cavaliers dans la forêt

La nuit était fort noire et la forêt très sombre.
Hermann à mes côtés me paraissait une ombre.
Nos chevaux galopaient. À la garde de Dieu !
Les nuages du ciel ressemblaient à des marbres.
Les étoiles volaient dans les branches des arbres
        Comme un essaim d'oiseaux de feu.

Je suis plein de regrets. Brisé par la souffrance,
L'esprit profond d'Hermann est vide d'espérance.

---

3. Allusion autobiographique au premier discours prononcé par Hugo à la chambre des pairs.

4. C'est la date de l'enterrement de Claire Pradier, fille de Juliette Drouet, qui fait écho à celle de Léopoldine.

Pauca meæ ▰

Je suis plein de regrets. Ô mes amours, dormez !
10   Or, tout en traversant ces solitudes vertes,
Hermann me dit : « Je songe aux tombes entr'ouvertes ! »
Et je lui dis : « Je pense aux tombeaux refermés ! »

Lui regarde en avant : je regarde en arrière.
Nos chevaux galopaient à travers la clairière ;
Le vent nous apportait de lointains angelus[1] ;
Il dit : « Je songe à ceux que l'existence afflige,
» À ceux qui sont, à ceux qui vivent. – Moi », lui dis-je,
        « Je pense à ceux qui ne sont plus ! »

Les fontaines chantaient. Que disaient les fontaines ?
20   Les chênes murmuraient. Que murmuraient les chênes ?
Les buissons chuchotaient comme d'anciens amis.
Hermann me dit : « Jamais les vivants ne sommeillent.
» En ce moment, des yeux pleurent, d'autres yeux veillent. »
Et je lui dis : « Hélas ! d'autres sont endormis ! »

Hermann reprit alors : « Le malheur, c'est la vie.
» Les morts ne souffrent plus. Ils sont heureux ! J'envie
» Leur fosse où l'herbe pousse, où s'effeuillent les bois.
» Car la nuit les caresse avec ses douces flammes ;
» Car le ciel rayonnant calme toutes les âmes
30   » Dans tous les tombeaux à la fois ! »

Et je lui dis : « Tais-toi ! respect au noir mystère !
» Les morts gisent couchés sous nos pieds dans la terre.
» Les morts, ce sont les cœurs qui t'aimaient autrefois !
» C'est ton ange expiré[2] ! c'est ton père et ta mère !
» Ne les attristons point par l'ironie amère.
» Comme à travers un rêve, ils entendent nos voix. »

Octobre 1853.

---

1. Sons de cloche qui annoncent la prière à la Vierge Marie, qui se dit matin, midi et soir.
2. Le premier enfant d'Adèle et de Victor Hugo, Léopold, qui ne vécut que trois mois.

Les Contemplations • **231**

Pauca meæ

XIII

🔍 Veni, vidi, vixi

J'ai bien assez vécu, puisque dans mes douleurs
Je marche, sans trouver de bras qui me secourent,
Puisque je ris à peine aux enfants qui m'entourent,
Puisque je ne suis plus réjoui par les fleurs ;

Puisqu'au printemps, quand Dieu met la nature en fête,
J'assiste, esprit sans joie, à ce splendide amour ;
Puisque je suis à l'heure où l'homme fuit le jour,
Hélas ! et sent de tout la tristesse secrète ;

Puisque l'espoir serein de mon âme est vaincu ;
10 Puisqu'en cette saison des parfums et des roses,
Ô ma fille ! j'aspire à l'ombre où tu reposes,
Puisque mon cœur est mort, j'ai bien assez vécu.

Je n'ai pas refusé ma tâche sur la terre.
Mon sillon ? Le voilà. Ma gerbe ? La voici.
J'ai vécu souriant, toujours plus adouci,
Debout, mais incliné du côté du mystère.

J'ai fait ce que j'ai pu ; j'ai servi, j'ai veillé,
Et j'ai vu bien souvent qu'on riait de ma peine.
Je me suis étonné d'être un objet de haine,
20 Ayant beaucoup souffert et beaucoup travaillé.

🔍 **Un Jules César dégradé**

Veni, vidi, vici (« Je suis venu, j'ai vu, j'ai vaincu ») est une formule célèbre qu'aurait prononcée Jules César pour qualifier une de ses victoires. Victor Hugo l'adapte à sa situation : *Veni, vidi, vixi*, « Je suis venu, j'ai vu, j'ai vécu ». Or *vixi*, en latin, est un euphémisme pour « je suis mort ». Le poète, autrefois orgueilleux et fier, se représente alors en Jules César dégradé qui aspire à mourir pour rejoindre sa fille.

Pauca meæ ▪▪▪

Dans ce bagne terrestre où ne s'ouvre aucune aile,
Sans me plaindre, saignant, et tombant sur les mains,
Morne, épuisé, raillé par les forçats humains,
J'ai porté mon chaînon de la chaîne éternelle[1].
Maintenant, mon regard ne s'ouvre qu'à demi ;
Je ne me tourne plus même quand on me nomme ;
Je suis plein de stupeur et d'ennui, comme un homme
Qui se lève avant l'aube et qui n'a pas dormi.

Je ne daigne plus même, en ma sombre paresse,
30 Répondre à l'envieux dont la bouche me nuit.
Ô Seigneur ! ouvrez-moi les portes de la nuit,
Afin que je m'en aille et que je disparaisse !

                                    Avril 1848.

---

1. Le poète se représente ici en damné dans un enfer terrestre, c'est également l'image du proscrit qui se dessine ici.

Les Contemplations • **233**

Explication de texte 7

Livre IV, *Pauca meæ*, poème XIII,
« Veni, vidi, vixi »
→ p. 232 à 233

Comment surmonter la douleur du deuil ?

SITUER

1. Situez le poème XIII dans le recueil. À quel événement tragique fait-il référence ?

2. Expliquez le titre du poème. Que parodie-t-il ?

EXPLIQUER

Le désespoir → v. 1 à 12

3. Sur quelle figure de style sont construites les trois premières strophes ? Expliquez le but recherché par le poète.

4. Relevez le champ lexical de la douleur.

Le bilan d'une vie → v. 13 à 24

5. Quel bilan le poète fait-il de sa vie sur Terre ?

6. Comment se nomme la figure de style présente entre les vers 21 et 24 ? Quelle dimension donne-t-elle au poème ?

La tentation de la mort → v. 25 à 32

7. Quelle différence temporelle notez-vous entre les vers précédents et le vers 25. Quel est l'effet recherché par le poète ?

8. Expliquez les deux derniers vers du poème.

CONCLURE

9. Quel est l'état d'esprit du poète dans « Veni, vidi, vixi » ?

📖 ÉTUDE DE LA LANGUE

- Identifiez la nature des subordonnées dans les deux premiers vers.

⭐ ACTIVITÉ

- Dans un paragraphe argumenté, vous répondrez à la question suivante : dire sa douleur est-ce une façon de la réactiver ou de la dépasser ?

234

Pauca meæ

XIV

Demain, dès l'aube, à l'heure où blanchit la campagne,
Je partirai. Vois-tu, je sais que tu m'attends.
J'irai par la forêt, j'irai par la montagne.
Je ne puis demeurer loin de toi plus longtemps.

Je marcherai les yeux fixés sur mes pensées,
Sans rien voir au dehors, sans entendre aucun bruit,
Seul, inconnu, le dos courbé, les mains croisées,
Triste, et le jour pour moi sera comme la nuit.

Je ne regarderai ni l'or du soir qui tombe,
Ni les voiles au loin descendant vers Harfleur[1],
Et, quand j'arriverai, je mettrai sur ta tombe
Un bouquet de houx vert et de bruyère en fleur.

3 septembre 1847.

XV

À Villequier[1]

Maintenant que Paris, ses pavés et ses marbres,
Et sa brume et ses toits sont bien loin de mes yeux ;
Maintenant que je suis sous les branches des arbres,
Et que je puis songer à la beauté des cieux ;

---

1. Ville normande située sur la rive droite de la Seine.
Poème XV – 1. Commune où Léopoldine a trouvé la mort.

Le poème XIV : le plus célèbre

Écrit le 4 octobre 1847, il est daté du 3 septembre 1847, c'est-à-dire la veille du 4e anniversaire de la mort de Léopoldine. Cette fiction permet de lui donner un sens autobiographique. Dans la réalité, Hugo, terrassé par la douleur, n'ira sur la tombe de sa fille que bien plus tard. La célébrité du poème tient au drame pathétique, qui permet l'identification, et à la concision, qui lui donne sa force.

Les Contemplations • **235**

Pauca meæ

Maintenant que du deuil qui m'a fait l'âme obscure
    Je sors, pâle et vainqueur,
Et que je sens la paix de la grande nature
    Qui m'entre dans le cœur ;

Maintenant que je puis, assis au bord des ondes,
Ému par ce superbe et tranquille horizon,
Examiner en moi les vérités profondes
Et regarder les fleurs qui sont dans le gazon ;

Maintenant, ô mon Dieu ! que j'ai ce calme sombre
    De pouvoir désormais
Voir de mes yeux la pierre où je sais que dans l'ombre
    Elle dort pour jamais ;

Maintenant qu'attendri par ces divins spectacles,
Plaines, forêts, rochers, vallons, fleuve argenté,
Voyant ma petitesse et voyant vos miracles,
Je reprends ma raison devant l'immensité ;

Je viens à vous, Seigneur, père auquel il faut croire ;
    Je vous porte, apaisé,
Les morceaux de ce cœur tout plein de votre gloire
    Que vous avez brisé ;

Je viens à vous, Seigneur ! confessant que vous êtes
Bon, clément, indulgent et doux, ô Dieu vivant !
Je conviens que vous seul savez ce que vous faites,
Et que l'homme n'est rien qu'un jonc qui tremble au vent ;

Je dis que le tombeau qui sur les morts se ferme
    Ouvre le firmament[2] ;
Et que ce qu'ici-bas nous prenons pour le terme
    Est le commencement ;

---

2. La voûte céleste.

Pauca meæ

Je conviens à genoux que vous seul, père auguste[3],
Possédez l'infini, le réel, l'absolu ;
Je conviens qu'il est bon, je conviens qu'il est juste
Que mon cœur ait saigné, puisque Dieu l'a voulu !

Je ne résiste plus à tout ce qui m'arrive
        Par votre volonté.
L'âme de deuils en deuils, l'homme de rive en rive,
40   Roule à l'éternité.

Nous ne voyons jamais qu'un seul côté des choses ;
L'autre plonge en la nuit d'un mystère effrayant.
L'homme subit le joug sans connaître les causes.
Tout ce qu'il voit est court, inutile et fuyant.

Vous faites revenir toujours la solitude
        Autour de tous ses pas.
Vous n'avez pas voulu qu'il eût la certitude
        Ni la joie ici-bas !

Dès qu'il possède un bien, le sort le lui retire.
50 Rien ne lui fut donné, dans ses rapides jours,
Pour qu'il s'en puisse faire une demeure, et dire :
C'est ici ma maison, mon champ et mes amours !

Il doit voir peu de temps tout ce que ses yeux voient ;
        Il vieillit sans soutiens.
Puisque ces choses sont, c'est qu'il faut qu'elles soient ;
        J'en conviens, j'en conviens !

Le monde est sombre, ô Dieu ! l'immuable harmonie
Se compose des pleurs aussi bien que des chants ;
L'homme n'est qu'un atome en cette ombre infinie,
60 Nuit où montent les bons, où tombent les méchants.

———
3. Dieu.

Pauca meæ

Je sais que vous avez bien autre chose à faire
    Que de nous plaindre tous,
Et qu'un enfant qui meurt, désespoir de sa mère,
    Ne vous fait rien, à vous !

Je sais que le fruit tombe au vent qui le secoue ;
Que l'oiseau perd sa plume et la fleur son parfum ;
Que la création est une grande roue
Qui ne peut se mouvoir sans écraser quelqu'un ;

Les mois, les jours, les flots des mers, les yeux qui pleurent,
    Passent sous le ciel bleu ;
Il faut que l'herbe pousse et que les enfants meurent ;
    Je le sais, ô mon Dieu !

Dans vos cieux, au delà de la sphère des nues,
Au fond de cet azur immobile et dormant,
Peut-être faites-vous des choses inconnues
Où la douleur de l'homme entre comme élément.

Peut-être est-il utile à vos desseins sans nombre
    Que des êtres charmants
S'en aillent, emportés par le tourbillon sombre
    Des noirs événements.

Nos destins ténébreux vont sous des lois immenses
Que rien ne déconcerte et que rien n'attendrit.
Vous ne pouvez avoir de subites clémences
Qui dérangent le monde, ô Dieu, tranquille esprit !

Je vous supplie, ô Dieu ! de regarder mon âme,
    Et de considérer
Qu'humble comme un enfant et doux comme une femme,
    Je viens vous adorer !

Considérez encor que j'avais, dès l'aurore,
Travaillé, combattu, pensé, marché, lutté,

Pauca meæ

Expliquant la nature à l'homme qui l'ignore,
Éclairant toute chose avec votre clarté ;

Que j'avais, affrontant la haine et la colère,
    Fait ma tâche ici-bas,
Que je ne pouvais pas m'attendre à ce salaire,
    Que je ne pouvais pas

Prévoir que, vous aussi, sur ma tête qui ploie,
Vous appesantiriez votre bras triomphant,
Et que, vous qui voyiez comme j'ai peu de joie,
100   Vous me reprendriez si vite mon enfant !

Qu'une âme ainsi frappée à se plaindre est sujette,
    Que j'ai pu blasphémer,
Et vous jeter mes cris comme un enfant qui jette
    Une pierre à la mer !

Considérez qu'on doute, ô mon Dieu ! quand on souffre,
Que l'œil qui pleure trop finit par s'aveugler.
Qu'un être que son deuil plonge au plus noir du gouffre,
Quand il ne vous voit plus, ne peut vous contempler.

Et qu'il ne se peut pas que l'homme, lorsqu'il sombre
110   Dans les afflictions,
Ait présente à l'esprit la sérénité sombre
    Des constellations !

Aujourd'hui, moi qui fus faible comme une mère,
Je me courbe à vos pieds devant vos cieux ouverts.
Je me sens éclairé dans ma douleur amère
Par un meilleur regard jeté sur l'univers.

Seigneur, je reconnais que l'homme est en délire,
    S'il ose murmurer ;
Je cesse d'accuser, je cesse de maudire,
120   Mais laissez-moi pleurer !

Les Contemplations • **239**

Pauca meæ

Hélas ! laissez les pleurs couler de ma paupière,
Puisque vous avez fait les hommes pour cela !
Laissez-moi me pencher sur cette froide pierre
Et dire à mon enfant : Sens-tu que je suis là ?

Laissez-moi lui parler, incliné sur ses restes,
  Le soir, quand tout se tait,
Comme si, dans sa nuit rouvrant ses yeux célestes,
  Cet ange m'écoutait !

Hélas ! vers le passé tournant un œil d'envie,
130 Sans que rien ici-bas puisse m'en consoler,
Je regarde toujours ce moment de ma vie
Où je l'ai vue ouvrir son aile et s'envoler !

Je verrai cet instant jusqu'à ce que je meure,
  L'instant, pleurs superflus !
Où je criai : L'enfant que j'avais tout à l'heure,
  Quoi donc ! je ne l'ai plus !

Ne vous irritez pas que je sois de la sorte,
Ô mon Dieu ! cette plaie a si longtemps saigné !
L'angoisse dans mon âme est toujours la plus forte,
140 Et mon cœur est soumis, mais n'est pas résigné.

Ne vous irritez pas ! fronts que le deuil réclame,
  Mortels sujets aux pleurs,
Il nous est malaisé de retirer notre âme
  De ces grandes douleurs.

Voyez-vous, nos enfants nous sont bien nécessaires,
Seigneur ; quand on a vu dans sa vie, un matin,
Au milieu des ennuis, des peines, des misères,
Et de l'ombre que fait sur nous notre destin,

Apparaître un enfant, tête chère et sacrée,
150   Petit être joyeux,

Pauca meæ ▬▬

Si beau, qu'on a cru voir s'ouvrir à son entrée
    Une porte des cieux ;

Quand on a vu, seize ans, de cet autre soi-même
Croître la grâce aimable et la douce raison,
Lorsqu'on a reconnu que cet enfant qu'on aime
Fait le jour dans notre âme et dans notre maison,

Que c'est la seule joie ici-bas qui persiste
    De tout ce qu'on rêva,
Considérez que c'est une chose bien triste
160   De le voir qui s'en va !

                        Villequier, 4 septembre 1847[4].

---

4. La date du manuscrit est le 24 octobre 1846, celle de l'édition est le 4 septembre 1847. C'est donc le quatrième anniversaire de la mort de Léopoldine.

Explication de texte 8

Livre IV, *Pauca meae*, poème XV, « À Villequier »
→ p. 235 à 237, v. 1 à 36

Peut-on accepter la mort ?

SITUER

1 Combien de strophes comporte ce poème ? Comment interprétez-vous cette longueur ?

2 Où se situe Villequier ? En quoi est-ce un lieu important pour le poète ?

EXPLIQUER

L'apaisement → v. 1 à 20

3 Sur quelle répétition sont construites les cinq premières strophes du poème. Quel changement soulignent-elles ?

4 Relevez et commentez le lexique de l'apaisement.

La profession de foi → v. 21 à 36

5 À qui s'adresse le poète ?

6 Étudiez le système des rimes des vers 21 à 24. Quelle nouvelle attitude du poète soulignent-ils ?

7 Quel rapport à Dieu le poète entretient-il ?

8 Le philosophe janséniste Pascal écrivait au XVIIe siècle dans ses *Pensées* : « L'homme est un roseau, le plus faible de la nature ; mais c'est un roseau pensant. » Quelle différence voyez-vous entre sa conception et celle exprimée par Victor Hugo au vers 28 : « L'homme n'est rien qu'un jonc qui tremble au vent » ?

CONCLURE

9 En quoi ce poème constitue-t-il une étape cruciale dans le travail de deuil du poète ?

📖 ÉTUDE DE LA LANGUE

● Précisez la fonction des subordonnées introduites par « maintenant que » des vers 1 à 20 ? Où est la principale ?

⭐ ACTIVITÉ

● Comparez ce poème avec « Veni, vidi, vixi » (livre IV, poème XIII). Quelles ressemblances et quelles différences notez-vous ?

242

XVI

Mors

Je vis cette faucheuse. Elle était dans son champ.
Elle allait à grands pas moissonnant et fauchant,
Noir squelette laissant passer le crépuscule.
Dans l'ombre où l'on dirait que tout tremble et recule,
L'homme suivait des yeux les lueurs de la faulx[1].
Et les triomphateurs sous les arcs triomphaux
Tombaient ; elle changeait en désert Babylone[2],
Le trône en échafaud et l'échafaud en trône,
Les roses en fumier, les enfants en oiseaux,
10 L'or en cendre, et les yeux des mères en ruisseaux.
Et les femmes criaient : – Rends-nous ce petit être.
Pour le faire mourir, pourquoi l'avoir fait naître ? –
Ce n'était qu'un sanglot sur terre, en haut, en bas ;
Des mains aux doigts osseux sortaient des noirs grabats ;
Un vent froid bruissait dans les linceuls sans nombre ;
Les peuples éperdus semblaient sous la faulx sombre
Un troupeau frissonnant qui dans l'ombre s'enfuit ;
Tout était sous ses pieds deuil, épouvante et nuit.
Derrière elle, le front baigné de douces flammes,
20 Un ange souriant portait la gerbe d'âmes.

Mars 1854.

---

1. Orthographe étymologique de « faux » :
instrument tranchant pour couper l'herbe.
Attribut de la mort.
2. Babylone (ou Babel) est une ville
de l'Ancien Testament.

La mort en faucheuse

L'image de la faucheuse trouve son
origine dans la mythologie antique et
dans la religion chrétienne. Dans le livre
de l'Apocalypse (XIV, 14-16) est évoquée
l'image de la fin des temps et de la faux
qui moissonne, comme allégorie de la
mort qui emmène les hommes. Ici, cette
allégorie permet d'infléchir quelque
peu l'image. En effet, l'ange qui suit la
faucheuse semble racheter les âmes.

Pauca meæ

XVII

Charles Vacquerie

Il ne sera pas dit que ce jeune homme, ô deuil !
Se sera de ses mains ouvert l'affreux cercueil
    Où séjourne l'ombre abhorrée[1],
Hélas ! et qu'il aura lui-même dans la mort
De ses jours généreux, encor pleins jusqu'au bord,
    Renversé la coupe dorée,

Et que sa mère, pâle et perdant la raison,
Aura vu rapporter au seuil de sa maison,
    Sous un suaire aux plis funèbres,
10 Ce fils, naguère encor pareil au jour qui naît,
Maintenant blême et froid, tel que la mort venait
    De le faire pour les ténèbres ;

Il ne sera pas dit qu'il sera mort ainsi,
Qu'il aura, cœur profond et par l'amour saisi,
    Donné sa vie à ma colombe,
Et qu'il l'aura suivie au lieu morne et voilé,
Sans que la voix du père à genoux ait parlé
    À cette âme dans cette tombe !

En présence de tant d'amour et de vertu,
20 Il ne sera pas dit que je me serai tu,
    Moi qu'attendent les maux sans nombre !
Que je n'aurai point mis sur sa bière un flambeau,

---

1. Du verbe abhorrer,
détester, haïr.

La famille Vacquerie

La famille Vacquerie joue un rôle important dans
la biographie de Victor Hugo. Auguste, admirateur
du maître et poète lui-même, se lie avec Victor Hugo.
Le père d'Auguste reçoit les Hugo à Villequier pendant
l'été 1838. C'est à cette occasion que Léopoldine
et Charles, le frère aîné d'Auguste, se rencontrent.
Auguste sera l'exécuteur testamentaire de Victor Hugo
et s'occupera des éditions posthumes du poète.

Pauca meæ ▰▰▰

Et que je n'aurai pas devant son noir tombeau
    Fait asseoir une strophe sombre !

N'ayant pu la sauver, il a voulu mourir.
Sois béni, toi qui, jeune, à l'âge où vient s'offrir
    L'espérance joyeuse encore,
Pouvant rester, survivre, épuiser tes printemps,
Ayant devant les yeux l'azur de tes vingt ans
30   Et le sourire de l'aurore,

À tout ce que promet la jeunesse, aux plaisirs,
Aux nouvelles amours, aux oublieux désirs
    Par qui toute peine est bannie,
À l'avenir, trésor des jours à peine éclos,
À la vie, au soleil, préféras sous les flots
    L'étreinte de cette agonie !

Oh ! quelle sombre joie à cet être charmant
De se voir embrassée au suprême moment,
    Par ton doux désespoir fidèle !
40 La pauvre âme a souri dans l'angoisse, en sentant
À travers l'eau sinistre et l'effroyable instant
    Que tu t'en venais avec elle !

Leurs âmes se parlaient sous les vagues rumeurs.
– Que fais-tu ? disait-elle. – Et lui, disait : – Tu meurs ;
    Il faut bien aussi que je meure ! –
Et, les bras enlacés, doux couple frissonnant,
Ils se sont en allés dans l'ombre ; et maintenant,
    On entend le fleuve qui pleure.

Puisque tu fus si grand, puisque tu fus si doux
50 Que de vouloir mourir, jeune homme, amant, époux,
    Qu'à jamais l'aube en ta nuit brille !
Aie à jamais sur toi l'ombre de Dieu penché !
Sois béni sous la pierre où te voilà couché !
    Dors, mon fils, auprès de ma fille !

Les Contemplations • **245**

Pauca meæ

Sois béni ! que la brise et que l'oiseau des bois,
Passants mystérieux, de leur plus douce voix
    Te parlent dans ta maison sombre !
Que la source te pleure avec sa goutte d'eau !
Que le frais liseron se glisse en ton tombeau
60   Comme une caresse de l'ombre !

Oh ! s'immoler, sortir avec l'ange qui sort,
Suivre ce qu'on aima dans l'horreur de la mort,
    Dans le sépulcre ou sur les claies[2],
Donner ses jours, son sang et ses illusions !… –
Jésus baise en pleurant ces saintes actions
    Avec les lèvres de ses plaies.

Rien n'égale ici-bas, rien n'atteint sous les cieux
Ces héros, doucement saignants et radieux,
    Amour, qui n'ont que toi pour règle ;
70 Le génie à l'œil fixe, au vaste élan vainqueur,
Lui-même est dépassé par ces essors[3] du cœur ;
    L'ange vole plus haut que l'aigle[4].

Dors ! – Ô mes douloureux et sombres bien-aimés !
Dormez le chaste hymen du sépulcre ! dormez !
    Dormez au bruit du flot qui gronde,
Tandis que l'homme souffre, et que le vent lointain
Chasse les noirs vivants à travers le destin,
    Et les marins à travers l'onde !

Ou plutôt, car la mort n'est pas un lourd sommeil,
80 Envolez-vous tous deux dans l'abîme vermeil,
    Dans les profonds gouffres de joie,

---

2. Le sépulcre est le tombeau, la claie est un treillis d'osier, attelé à un cheval sur lequel on plaçait un condamné que l'on menait au supplice.

3. L'essor est littéralement l'élan d'un oiseau qui s'envole.

4. C'est la consécration du héros et de l'ange que fut Charles Vacquerie aux yeux du poète. L'aigle, animal symbole de force et de prestige (Napoléon est surnommé ainsi), est dépassé par l'ange, symbole de pureté et de vertu, les deux valeurs centrales du recueil.

Pauca meæ ■■■

Où le juste qui meurt semble un soleil levant,
Où la morte au front pâle est comme un lys vivant[5],
    Où l'ange frissonnant flamboie !

Fuyez, mes doux oiseaux ! évadez-vous tous deux
Loin de notre nuit froide et loin du mal hideux !
    Franchissez l'éther[6] d'un coup d'aile !
Volez loin de ce monde, âpre hiver sans clarté,
Vers cette radieuse et bleue éternité
90   Dont l'âme humaine est l'hirondelle !

Ô chers êtres absents, on ne vous verra plus
Marcher au vert penchant des coteaux chevelus,
    Disant tout bas de douces choses !
Dans le mois des chansons, des nids et des lilas,
Vous n'irez plus semant des sourires, hélas !
    Vous n'irez plus cueillant des roses !

On ne vous verra plus, dans ces sentiers joyeux,
Errer, et, comme si vous évitiez les yeux
    De l'horizon vaste et superbe,
100 Chercher l'obscur asile et le taillis profond
Où passent des rayons qui tremblent et qui font
    Des taches de soleil sur l'herbe !

Villequier, Caudebec[7], et tous ces frais vallons,
Ne vous entendront plus vous écrier : « Allons,
    » Le vent est bon, la Seine est belle ! »
Comme ces lieux charmants vont être pleins d'ennui !
Les hardis goëlands ne diront plus : C'est lui !
    Les fleurs ne diront plus : C'est elle !

---

5. L'image de la jeune noyée environnée de fleurs symboles de pureté rappelle le personnage d'Ophélie de Shakespeare.

6. Dans un sens poétique, l'air le plus pur, les espaces célestes.

7. Ville normande en bord de Seine, proche de Villequier.

Pauca meæ

Dieu, qui ferme la vie et rouvre l'idéal,
110 Fait flotter à jamais votre lit nuptial
    Sous le grand dôme aux clairs pilastres[8] ;
En vous prenant la terre, il vous prit les douleurs ;
Ce père souriant, pour les champs pleins de fleurs,
    Vous donne les cieux remplis d'astres !

Allez des esprits purs accroître la tribu.
De cette coupe amère, où vous n'avez pas bu,
    Hélas ! nous viderons le reste.
Pendant que nous pleurons, de sanglots abreuvés,
Vous, heureux, enivrés de vous-mêmes, vivez
120   Dans l'éblouissement céleste !

Vivez ! aimez ! ayez les bonheurs infinis.
Oh ! les anges pensifs, bénissant et bénis,
    Savent seuls, sous les sacrés voiles,
Ce qu'il entre d'extase, et d'ombre, et de ciel bleu,
Dans l'éternel baiser de deux âmes que Dieu
    Tout à coup change en deux étoiles !

Jersey, 4 septembre 1852[9].

---

8. Colonne. Périphrase pour signifier la voûte céleste et/ou le paradis.

9. Il s'agit d'un poème non daté dans le manuscrit. Or, la date de l'édition est le 4 septembre 1852 pour célébrer les neuf ans de la mort de Léopoldine et de Charles de façon symbolique.

LE DOSSIER
du lycéen

▶ **Structure de l'œuvre** 251

▶ **Testez votre lecture** 252

▶ **Comprendre l'œuvre** 256
   1. Le bilan d'une vie 256
   2. L'impossible deuil 258
   3. L'engagement 261
   4. Une somme poétique 262

▶ **Explorer le parcours associé : Mémoires d'une âme**
   <u>LES THÈMES</u>
   1. Une autobiographie personnelle et collective 264
   2. Une âme romantique 266
   3. Une âme spirituelle 268
   • **Lecture d'images** 270

   <u>GROUPEMENT DE TEXTES</u>
   1. Lamartine, « Souvenir », 1820 276
   2. Musset, « La nuit de décembre », 1835 278
   3. Charles Baudelaire : « Je n'ai pas oublié,
   voisine de la ville... », 1857 279
   4. Arthur Rimbaud, « On n'est pas sérieux,
   quand on a dix-sept ans », 1870 280
   5. Verlaine, « Les faux beaux jours... », 1880 282
   6. Guillaume Apollinaire, « Si je mourais là-bas... », 1915 283
   7. Raymond Queneau, « Je naquis au Havre
   un vingt et un février », 1937 285
   8. Jacques Prévert, « Barbara », 1946 287
   9. Louis Aragon, « Oime il bel viso oime
   il soave sguardo », 1956 289
   10. Georges Perros, « Je ne saurais
   vous dire tout... », 1967 290

▶ **Vers le BAC**
   • **Le commentaire** 293
   • **La dissertation** 297
   • **L'oral** 301

▶ **Lexique de la poésie** 308

▶ **À lire à voir** 311

Structure de l'œuvre

Les Contemplations (livres I à IV)

Livre	Thématiques (numéro des poèmes entre parenthèses)
Autrefois (1830-1843)	
Livre I : Aurore (29 poèmes) Sommaire et annonce des différentes thématiques développées dans les livres suivants (l'amour, le souvenir, l'engagement)	La célébration familiale (1, 3) et amicale (10) La célébration de la nature et de l'amour (2, 4, 5, 6, 11, 12, 14, 15, 16, 18, 19, 21, 22, 25, 27, 29) L'enfance et ses souffrances (13, 23) Les premiers combats poétiques et romantiques (7, 8, 9, 17, 20, 24, 26, 28)
Livre II : L'Âme en fleur (28 poèmes) Le souvenir amoureux	La nature et l'amour (1, 2, 4, 5, 6, 8, 9, 11, 13, 14, 16, 18, 19, 20, 22, 23, 24, 25, 26, 27) Le retour à l'Antiquité (3) Le souvenir amoureux (7, 10, 12, 15, 17, 21, 28)
Livre III : Les luttes et les rêves (30 poèmes) L'engagement politique et la méditation métaphysique	La réflexion poétique (1, 28) Le combat politique et social (2, 14, 16, 17, 18, 23) La méditation métaphysique (3, 5, 6, 7, 10, 11, 13, 15, 19, 20, 21, 22, 24, 26, 27, 29, 30) La religion (4, 8, 12) Les souvenirs (9, 25)
Aujourd'hui (1843-1855)	
Livre IV : *Pauca meæ* (17 poèmes) Une traversée du deuil	Le souvenir nostalgique (5, 6, 7, 9) Le désespoir (3, 4, 8, 10, 11, 12, 13) L'acceptation (1, 2, 14, 15, 16, 17)

Testez votre lecture

Guide de lecture

Livres I à IV : la structure globale du recueil

1. Les livres I à IV sont divisés en deux périodes temporelles. Lesquelles et pourquoi ?

Livre I : Aurore

2. Quels membres de la famille du poète sont célébrés dans le livre I ?

3. Que reproche-t-on au poète pour qu'il écrive sa « Réponse à un acte d'accusation » ?

4. Quel autre poème du livre I s'inscrit dans la même thématique que « Réponse à un acte d'accusation » ?

Livre II : L'Âme en fleur

5. Quelles sont les thématiques centrales du livre II ?

6. Quel rôle joue la nature dans les poèmes du livre II ?

7. Dans le poème 22, le poète déclare : « L'amour fait songer, vivre et croire ». En quoi ce vers résume-t-il bien le livre II ?

Livre III : Les luttes et les rêves

8 Expliquez le titre du livre III.
9 Dans « Melancholia », quelle est la cause que le poète défend ?
10 Quel est le sujet du poème « Le revenant » ?

Livre IV : *Pauca meæ*

11 Quelle est la traduction française *de Pauca meæ* ?

12 Quel événement tragique est à l'origine de ce livre ?

13 Quels poèmes évoquent la figure de Léopoldine ?

14 S'agit-il d'un livre du refus ou de l'acceptation de la mort ?

Testez votre lecture

L'œuvre *Les Contemplations* et le parcours « Mémoires d'une âme »

L'œuvre

❶ Victor Hugo et sa famille

Proposez un arbre généalogique des différents enfants de Adèle et Victor Hugo. Renseignez-vous sur leur vie.

❷ Un poète engagé dans son temps

Faites une recherche sur les différentes causes que Victor Hugo a défendues lorsqu'il était député et pair de France. Quelles sont les œuvres de Victor Hugo qui portent la marque de cet engagement ?

Le parcours

❶ Les « Mémoires d'une âme »

Quelles différences existent entre autobiographie, autofiction, biographie, mémoires, confessions, journal intime ? Aidez-vous si besoin d'un dictionnaire.

❷ Autobiographie et poésie

Cherchez quels auteurs autres que Victor Hugo ont choisi de raconter leur vie en poésie. Donnez quelques exemples de poèmes.

3 L'autobiographie en question

Qu'apporte à l'écriture autobiographique la poésie ?

Répondez sous la forme d'un paragraphe argumenté.

4 Autobiographie, poésie et chanson

Et si, de nos jours, raconter sa vie en poésie se faisait par l'intermédiaire de la chanson ?

Proposez un exemple de chanson autobiographique contemporaine.

Comprendre l'œuvre

1 Le bilan d'une vie

- En 1856, Victor Hugo a 54 ans. C'est un proscrit, c'est-à-dire qu'il est en exil dans les îles Anglo-Normandes de Guernesey puis de Jersey car il est en totale opposition avec la politique menée en France par Napoléon III.

- Dans cette distance et ce recul provoqués par l'exil, il rédige un recueil aux allures de bilan d'une vie : *Les Contemplations*. Ainsi le recueil suit une progression chronologique, au fil d'une existence, comme en témoigne sa division en deux parties, *Autrefois (1830-1843)* et *Aujourd'hui (1843-1855)*. La rupture s'établit en 1843, année de la mort tragique

CONTEXTE HISTORIQUE

À l'époque des *Contemplations*, Louis-Napoléon Bonaparte a pris le pouvoir à la suite du coup d'État du 2 décembre 1851 et a instauré, en 1852, sous le nom de Napoléon III, le Second Empire qui durera jusqu'à la défaite de Sedan en 1870. Le Second Empire est un régime autoritaire qui concentre les pouvoirs législatif et exécutif. Face à cette régression des libertés, Victor Hugo s'insurge et s'exile.

« Citations à retenir

C'est l'existence humaine sortant de l'énigme du berceau et aboutissant à l'énigme du cercueil.

Préface des *Contemplations*.
....
Ah ! insensé, qui crois que je ne suis pas toi !

Préface des *Contemplations*.
....
Nous venons de le dire, c'est une âme qui se raconte dans ces deux volumes : Autrefois, Aujourd'hui. Un abîme les sépare, le tombeau.

Préface des *Contemplations*.
....
Un jour je vis, debout au bord des flots mouvants / Passer, gonflant ses voiles, / Un rapide navire enveloppé de vents, / De vagues et d'étoiles.

Poème introductif aux *Contemplations*.

de la fille aînée du poète âgée de 19 ans, Léopoldine, dans un accident de bateau sur la Seine, alors qu'elle naviguait en compagnie de son époux, Charles Vacquerie.

- Ce bilan d'une vie se fait depuis un « je » ouvertement lyrique, qui apparaît dès le poème liminaire et introductif (« Un jour je vis, debout au bord des flots mouvants / Passer, gonflant ses voiles, / Un rapide navire enveloppé de vents, / De vagues et d'étoiles »). Le « je » se met donc en scène dans une attitude contemplative, en retrait de toute action. Il converse avec une voix divine qui lui livre la clé de l'interprétation de ce qu'il voit. « La mer, c'est le Seigneur, que misère ou bonheur, / Tout destin montre et nomme ; / Le vent, c'est le Seigneur ; l'astre, c'est le Seigneur ; / Le navire, c'est l'homme ». Il se trouve d'emblée immergé dans une démarche

256

Comprendre l'œuvre

de déchiffrement du réel où se mêlent différentes puissances à l'œuvre : Dieu, la nature et l'homme qui ne fait que subir les événements.

● Loin d'être rivé à la seule figure biographique du poète Victor Hugo, le « je » lyrique acquiert une dimension universelle, comme l'annonçait la préface. Ainsi, même si le poète est celui qui interprète le monde pour les hommes, il est aussi un intermédiaire entre eux et des forces supérieures, qui se nomment tantôt la destinée humaine, tantôt Dieu.

> **LEXIQUE**
>
> Le **lyrisme** est un registre littéraire fondé sur l'expression d'un « je » et de ses émotions intenses (amour, sentiment du temps qui s'enfuit, regrets).

2 L'impossible deuil

CONTEXTE BIOGRAPHIQUE

Le 4 septembre 1843, les jeunes mariés Léopoldine Hugo et Charles Vacquerie font une promenade en bateau sur la Seine, à Villequier mais un coup de vent inattendu les fait chavirer. Léopoldine, qui ne sait pas nager, se noie et Charles, bon nageur, qui a tenté en vain de la sauver, se décide à mourir avec elle. Après ce drame, Victor Hugo n'écrit plus de poésie pendant trois ans.

● Le poète est ici celui qui a vécu l'expérience la plus douloureuse qui soit : la perte d'un enfant. Elle est décrite dans ses moindres détails lyriques et pathétiques.

● Dès le livre I, le poème 1 est adressé « À ma fille » et le livre IV, *Pauca meæ*, lui sera entièrement dédié. C'est un journal de bord de l'expérience du deuil, de son caractère d'abord insurmontable (poème 4 : « Oh ! Je fus comme fou dans le premier moment »), des différents états de vacillement et de perte des repères sous l'effet de la souffrance : nostalgie (poème 6 : « Quand nous habitions tous ensemble sur nos collines d'autrefois »), incompréhension et révolte (poème 8 : « À qui donc sommes-nous ? Qui nous a ? qui nous mène ? »), tentation de la mort (poème 13, « Veni, vidi, vixi » : « Ô Seigneur ! ouvrez-moi les portes de la nuit »), jusqu'à l'acceptation progressive d'une destinée (poème 15, « À Villequier » : « je conviens qu'il est bon, je conviens qu'il est juste / Que mon cœur ait saigné, puisque Dieu l'a voulu ! »).

258

- Cette traversée du deuil est relayée par l'écriture poétique, à la fois lieu de témoignage d'un désespoir et remède contre ce même désespoir. Tel un nouvel Orphée, le poète descend aux enfers pour y chercher la figure de la fille aimée et en revient avec des mots. C'est ainsi du moins que l'on peut interpréter le rôle et la fonction de la poésie dans *Les Contemplations*. Cette poésie dialogue avec la forme antique de l'élégie. *Les Contemplations* comportent de nombreuses pièces qui confèrent une dimension élégiaque aux évocations pathétiques de l'enfant et de la toute jeune fille : celles-ci sont placées implicitement sous le sceau de la perte et du manque. On citera par exemple « Elle avait pris ce pli dans son âge enfantin » (livre IV, poème 5), « Quand nous habitions tous ensemble » (livre IV, poème 6) ou bien « elle était pâle et pourtant rose » (livre IV, poème 7).

> **LEXIQUE**
>
> Le terme **élégie** a une étymologie grecque : c'est un chant de deuil. Dans l'Antiquité, il s'agissait d'une forme de poème qui avait pour thème l'évocation pathétique d'un(e) disparu(e).

HISTOIRE LITTÉRAIRE

Orphée, selon la légende antique reprise par Ovide et Virgile, est un poète qui utilise sa lyre pour charmer les dieux infernaux et ramener des enfers son épouse Eurydice, morte peu de temps après leur mariage. Mais il se retourne sur le chemin qui ramène Eurydice à la vie, trahissant sa promesse à Hadès. Il perd son épouse à jamais et finit par mourir lui-même. Il est considéré comme le père mythique de la poésie lyrique comme art du deuil et du regret.

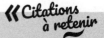

Oh ! je fus comme fou dans le premier moment, / Hélas ! et je pleurai trois jours amèrement.

Livre IV, poème 4.

Demain, dès l'aube, à l'heure où blanchit la campagne, / Je partirai. Vois-tu, je sais que tu m'attends. / J'irai par la forêt, j'irai par la montagne. / Je ne puis demeurer loin de toi plus longtemps.

Livre IV, poème 14.

Le Petit Parisien

SUPPLÉMENT LITTÉRAIRE ILLUSTRÉ

DIRECTION : 18, rue d'Enghien, PARIS

LES PREMIERS FROIDS A PARIS. — A LA PORTE D'UN ASILE DE NUIT
— « Il n'y a plus de place! » —

3 L'engagement

- La vie de Victor Hugo est indissociable de l'engagement, et ce dès l'âge de 16 ans où il publie son premier roman *Bug Jargal* (1826) qui prend position contre l'esclavage.

- Ensuite Hugo s'engage, entre autres, contre la peine de mort (*Le Dernier Jour d'un condamné*, 1829), contre le travail et la maltraitance des enfants (*Les Misérables*, 1862), pour la démocratie (*Les Châtiments*, publiés trois ans avant *Les Contemplations*, sont ainsi une œuvre de lutte politique, poursuivie depuis l'exil, contre Napoléon III).

CONTEXTE SOCIAL

L'industrialisation de la France au XIXᵉ siècle nécessite une main-d'œuvre toujours plus grande et contribue à l'exode rural. Les ouvriers se rassemblent dans les villes et les enfants sont amenés à travailler, certains dès l'âge de 4 ans. Ils sont recherchés pour leur petite taille permettant des travaux minutieux et leur docilité. C'est en 1874 qu'on interdira le travail des enfants de moins de 12 ans en France.

- Son combat est toujours celui de la liberté et de la justice sociale. Cet engagement se situe conjointement sur le plan poétique (ainsi, la bataille d'*Hernani* est un combat pour imposer le tout nouveau drame romantique) et sur le plan politique (Victor Hugo a une carrière publique comme pair de France, puis député et sénateur).

- Cet engagement est visible dans *Les Contemplations* dès le livre I où le poème 7, « Réponse à un acte d'accusation », est une sorte de tribune où le poète vient justifier et revendiquer, non sans provocation, le lien qu'il établit entre liberté poétique et liberté politique. C'est aussi le cas de « Quelques mots à un autre », qui reprend ce même thème (poème 26).

- Mais c'est bien évidemment le livre III, *Les luttes et les rêves*, qui, comme son nom l'indique, sera au cœur de l'engagement du recueil. Dans le très célèbre « Melancholia », Hugo s'élève ainsi contre le travail des enfants, signe le plus désespérant et révoltant de l'injustice et de la misère sociales. Et c'est, selon la légende, en dépeignant « ces enfants dont pas un seul ne rit » qu'il aura l'idée des *Misérables*, qui multiplie les figures pathétiques de l'enfance malheureuse de Cosette à Gavroche.

CONTEXTE BIOGRAPHIQUE

Victor Hugo, depuis peu député à l'Assemblée législative, prononce le 9 juillet 1849 un discours qui a fait date. Il utilise son aisance oratoire pour faire prendre conscience aux députés de l'urgence de s'attaquer à un fléau à l'origine de toutes les révoltes populaires : la misère.

Comprendre l'œuvre

> *Je mis un bonnet rouge au vieux dictionnaire. / Plus de mot sénateur ! Plus de mot roturier ! / Je fis une tempête au fond de l'encrier.*
>
> Livre I, poème 7, « Réponse à un acte d'accusation ».
>
> ....
>
> *Ce qu'on attaque en moi, c'est mon temps, et je l'aime.*
>
> Livre I, poème 26, « Quelques mots à un autre ».
>
> ....
>
> *Où vont tous ces enfants dont pas un seul ne rit ? / Ces doux êtres pensifs que la fièvre maigrit ? / Ces filles de huit ans qu'on voit cheminer seules ? / Ils s'en vont travailler quinze heures sous des meules.*
>
> Livre III, poème 2, « Melancholia ».
>
> ....
>
> *Innocents dans un bagne, anges dans un enfer, / Ils travaillent. Tout est d'airain, tout est de fer.*
>
> Livre III, poème 2, « Melancholia ».

- Il dénonce également le désastre de la misère, et ses conséquences sur l'enfant innocent dans « Chose vue un jour de printemps » et « Intérieur » (« Les mots heurtent les mots. L'enfant s'effraie et pleure / La femme et le mari laissent l'enfant crier »).

- Enfin, il s'oppose à nouveau à la peine de mort dans « La nature » (poème 29), écrit en 1854 après que le poète a été choqué par la pendaison d'un habitant de Guernesey, coupable d'assassinat. Victor Hugo, alors en exil dans l'île, avait vainement plaidé en sa faveur. Il oppose dans ce poème la bienveillance de la nature à la cruauté des hommes :

« Va-t'en, bourreau ! va-t'en, juge ! fuyez, démons ! / Je suis l'arbre des bois, je suis l'arbre des monts ».

4 Une somme poétique

- On peut définir *Les Contemplations* comme une somme poétique, qui propose un foisonnement de thématiques, de registres et de formes poétiques divers, qui consacre le génie de Victor Hugo. Exilé, ce dernier envoie un signe fort : il est toujours en vie et toujours indépassable !

- On distinguera des thématiques aussi variées que celles du souvenir (livre I), de l'amour des femmes et de la nature (livre II), de l'engagement (livre III), du deuil et de la spiritualité (livre IV). De nombreux textes ont aussi pour sujet la poésie elle-même, sa grandeur, sa fonction et sa force.

- En matière de registre, le lyrisme, entendu comme chant du « je » et expression d'un rapport intime au monde, domine dans tout le recueil. Il prend des

« Citations à retenir

Ne rien haïr, mon enfant ; tout aimer / Ou tout plaindre !

Livre I, poème 1, « À ma fille ».

·······································

L'amour fait songer, vivre et croire. / Il a, pour réchauffer le cœur, / Un rayon de plus que la gloire, / Et ce rayon, c'est le bonheur !

Livre II, poème 22, « La fête chez Thérèse ».

·······································

Une âme est plus grande qu'un monde.

Livre III, poème 30, « Magnitudo parvi ».

Il faut que l'herbe pousse et que les enfants meurent.

Livre IV, poème 15, « À Villequier ».

accents pathétiques quand il s'agit d'évoquer le deuil ou la misère sociale dans « Chose vue un jour de printemps » (livre III, poème 17 : « Entendant des sanglots je poussai cette porte. / Les quatre enfants pleuraient et la mère était morte »). Il se fait aussi volontiers didactique pour délivrer un enseignement sur le monde et la destinée humaine et mener une argumentation dans « Réponse à un acte d'accusation » (livre I, poème 7 : « Voilà votre réquisitoire. / Langue, tragédie, art, dogmes, conservatoire, / Toute cette clarté s'est éteinte, et je suis / Le responsable »).

Comprendre l'œuvre

● Toujours romantique, mais riche de multiples influences, la poésie hugolienne emprunte à des traditions poétiques variées. L'églogue, l'idylle, la pastorale, l'élégie, la poésie bucolique viennent ainsi de la poésie antique. Si le poète utilise parfois la forme ramassée du sonnet, héritée de la poésie médiévale italienne, il s'inscrit aussi dans une tradition épique dont il retrouve le souffle dans certains longs poèmes, tout en laissant place à une poésie plus simple, plus directe. Cette diversité reflète la volonté affichée de Victor Hugo d'une liberté d'écriture. Il lance ainsi comme un défi : « C'est horrible ! oui, brigand, jacobin, malandrin / J'ai disloqué ce grand niais d'alexandrin » (livre I, poème 26 : « Quelques mots à un autre »).

LEXIQUE

L'**églogue**, l'**idylle**, la **pastorale** et la **poésie bucolique** sont des genres poétiques d'origine antique qui célèbrent la nature et l'amour.

Le **sonnet** est une forme de poème médiéval d'origine italienne. Très codifié, il est composé de quatorze vers : deux quatrains et deux tercets dont les rimes diffèrent selon les écoles poétiques.

LE DOSSIER du lycéen ● **263**

Explorer le parcours associé : Mémoires d'une âme

« Citation à retenir

Qu'est-ce que les Contemplations ? *C'est ce qu'on pourrait appeler, si le mot n'avait quelque prétention, les* Mémoires d'une âme.

Préface, *Les Contemplations.*

• La formule « Mémoires d'une âme » est tirée de la préface des *Contemplations*. Il s'agit donc, de la part du poète, de caractériser son œuvre sous plusieurs angles : d'abord l'angle autobiographique (mémoires), mais aussi l'angle romantique et spirituel (une âme).

1 Une autobiographie personnelle et collective

• Le terme « mémoires » désigne une forme bien particulière d'autobiographie : il s'agit de mêler le récit d'une vie à celui d'une époque. L'autobiographie prend ainsi un caractère historique. La référence première en la matière est le *Commentaire de la guerre des Gaules* de César, référence présente dans le poème « Veni, vidi, vixi » (livre IV, poème 13) où Victor Hugo imite une formule d'autocélébration qu'aurait prononcée César à la suite d'une victoire (« Je suis venu, j'ai vu, j'ai vaincu »). Mais,

HISTOIRE LITTÉRAIRE

Œuvre posthume de François René de Chateaubriand (1768-1848), les *Mémoires d'outre-tombe* (écrites entre 1809 et 1841) sont à la fois une autobiographie et des mémoires, c'est-à-dire une réflexion personnelle en lien avec une période historique, en l'occurrence ici la Révolution française et l'ère napoléonienne. Elles représentent un « je » à la fois écrivain, politique, voyageur et prophète qui inspirera Hugo.

dans le cas du poète en deuil de sa fille, la formule est transformée en « Je suis venu, j'ai vu, j'ai vécu ». Ce dernier, en proie à une grave crise existentielle, ne croit plus en la vie et est tenté par la mort.

• Mais Victor Hugo écrivant ses « mémoires d'une âme » ne peut pas ne pas songer également aux *Mémoires d'outre-tombe* de Chateaubriand, écrivain qu'il a tant admiré alors qu'il était un jeune romantique, et au sujet duquel il écrivait à 14 ans sur son cahier d'écolier : « Je veux être Chateaubriand ou rien. »

• La préface des *Contemplations* rappelle ainsi les deux pôles qui constituent l'énigme de la destinée humaine : le berceau et le cercueil. Le terme « mémoires » est en effet tout à fait adapté au recueil parce que ce dernier est d'abord l'histoire d'une vie racontée de façon chronologique (*Autrefois / Aujourd'hui*) avec des poèmes qui mettent en scène les souvenirs de ses enfants (livre I, poème 3, « Mes deux filles »), des moments heureux passés avec les êtres chers (livre I, poème 22, « La fête chez Thérèse »), le plaisir de l'amour sensuel (livre II, poème 7, « Nous allions au verger cueillir des bigarreaux ») comme la tristesse des mauvaises nouvelles (livre II, poème 20, « Il fait froid »), ou la tragédie de la mort d'un enfant (livre IV, poème 4, « Oh ! je fus comme fou dans le premier moment ») et son dépassement (livre IV, poème 15, « À Villequier »).

• Mais c'est aussi l'histoire collective du XIXᵉ siècle que traversent *Les Contemplations*. En effet, Victor Hugo est un poète, mais aussi un homme public, qui a une carrière politique et est opposé à Napoléon III qu'il combat au point d'être forcé à l'exil. Dès lors, plusieurs poèmes du recueil sont directement politiques et s'inscrivent dans l'histoire du siècle. Le versant personnel et le versant collectif se rejoignent dans le livre IV, *Pauca meæ*, au sens où la traversée du deuil qu'effectue le poète peut être aussi comprise comme la longue période de retour en arrière incarnée par Napoléon III. *Les Contemplations* ont ainsi pour but d'incarner une destinée qui se veut universelle.

ÉCLAIRAGE **Victor Hugo, Préface des *Contemplations* (extrait)**

Qu'est-ce que *les Contemplations* ? C'est ce qu'on pourrait appeler, si le mot n'avait quelque prétention, *les Mémoires d'une âme*.

Ce sont, en effet, toutes les impressions, tous les souvenirs, toutes les réalités, tous les fantômes vagues, riants ou funèbres, que peut contenir une conscience, revenus et rappelés, rayon à rayon, soupir à soupir, et mêlés dans la même nuée sombre. C'est l'existence humaine sortant de l'énigme du berceau et aboutissant à l'énigme du cercueil ; c'est un esprit qui marche de lueur en lueur en laissant derrière lui la jeunesse, l'amour, l'illusion, le combat, le désespoir, et qui s'arrête éperdu « au bord de l'infini ». Cela commence par un sourire, continue par un sanglot, et finit par un bruit du clairon de l'abîme.

Explorer le parcours associé : Mémoires d'une âme

Questions

1. Pourquoi, selon vous, le poète voit-il de la prétention à appeler son recueil « les Mémoires d'une âme » ?

2. Dans le deuxième paragraphe le poète fait une énumération. Quels sont les points communs entre les différentes parties de cette énumération ?

3. Expliquez la dernière phrase de l'extrait : « Cela commence par un sourire, continue par un sanglot, et finit par un bruit du clairon de l'abîme. »

4. Illustrez la dernière phrase en choisissant un poème dans *Les Contemplations* pour chaque émotion évoquée par le poète.

2 Une âme romantique

●L'âme est d'abord le principe de la sensibilité et de la pensée. Et la sensibilité est au cœur du romantisme. Ce mouvement littéraire européen qui naît au début du xixᵉ siècle est caractérisé par la volonté de dépasser l'esthétique classique au profit d'une expression de soi qui ne va pas sans la compréhension du monde. Ce romantisme est visible dans les multiples sentiments éprouvés par le poète : amitié, amour, tendresse, joie, tristesse, colère, désespoir, pitié. Cette palette s'exprime à l'égard de ses filles (livre IV, poème 7 : « Elle était pâle, et pourtant rose » propose une description tout en nuances et profondément pathétique de Léopoldine), des femmes qu'il a aimées (livre II, poème 25 : « Que ferai-je, seul, farouche / Sans toi, du jour et des cieux, / De mes baisers sans ta bouche, / Et de mes pleurs sans tes yeux ! ») et aussi de la nature (livre I, poème 27 : « Oui je suis le rêveur ; je suis le camarade / Des petites fleurs d'or du mur qui se dégrade, / Et l'interlocuteur des arbres et du vent »).

《 Citations à retenir

« *Elle était pâle et pourtant rose, / Petite avec de grands cheveux. / Elle disait souvent : Je n'ose, / Et ne disait jamais : Je veux.* »

Livre IV, poème 7.

●La compréhension du monde ou du moins sa tentative est manifeste dans les poèmes qui font référence à la grande bataille de Victor Hugo pour imposer le drame romantique (livre I, poème 6, « Réponse à un acte d'accusation » : « Donc, c'est moi qui suis l'ogre et le bouc émissaire. / Dans ce chaos du siècle où votre cœur se serre, /J'ai foulé le bon goût et l'ancien vers françois ») et à son engagement en faveur des misérables (livre III, poème 27, « Chose vue un jour de printemps » : « L'homme expire ! – Oh ! la faim, c'est le crime public »).

HISTOIRE LITTÉRAIRE

La bataille d'*Hernani* est le nom donné au scandale lié à la première représentation, le 25 février 1830, du drame de Victor Hugo : Hernani. Victor Hugo avait pour objectif de renouveler la conception du théâtre français en l'éloignant du classicisme et en donnant davantage de liberté au vers alexandrin. Vêtus de gilets rouges et menés par l'écrivain Théophile Gautier, les défenseurs du drame romantique s'opposèrent verbalement et physiquement aux partisans du classicisme.

ÉCLAIRAGE **Pierre Albouy, Introduction des *Contemplations*, 1973**

« *Les Contemplations* seront ma grande pyramide », annonçait Hugo à son éditeur. De fait, cette œuvre est, par excellence, la somme poétique de Hugo. Du même coup, elle se présente comme la somme du romantisme, l'achèvement et le couronnement d'un demi-siècle de poésie. Et l'on serait tenté, paraphrasant une formule célèbre, de dire qu'en 1856, avec *Les Contemplations,* c'est un monde poétique qui meurt et qu'en 1857, avec les *Fleurs du mal*[1], c'est un monde poétique qui naît. Or, il est bien vrai que *Les Contemplations* sont un coucher de soleil – du soleil flamboyant du lyrisme romantique inauguré par Lamartine ; mais il est encore plus vrai qu'avec elles se lève aussi l'étoile de l'aventure poétique du XXe siècle.

© Éditions Gallimard.

Questions

1. Expliquez le sens de l'expression « somme du romantisme ».

2. Comment le critique littéraire Pierre Albouy perçoit-il *Les Contemplations* : comme une œuvre du passé ou comme une œuvre ouverte sur l'avenir ? Expliquez votre réponse.

3. Apprenez par cœur un poème des *Contemplations* de votre choix.

---

1. Recueil de Charles Baudelaire paru en 1857 qui est considéré comme l'acte de naissance d'une nouvelle inspiration poétique, celle de la modernité.

Explorer le parcours associé : Mémoires d'une âme

3 Une âme spirituelle

● L'âme est aussi le principe spirituel de l'être humain, conçu dans la religion comme séparable du corps, immortel et jugé par Dieu. Et cette dimension spirituelle est omniprésente dans le recueil. En effet le poète entretient un rapport personnel avec Dieu et ce dès le poème liminaire (« Et j'entendis, penché sur l'abîme des cieux / Que l'autre abîme touche, / Me parler à l'oreille une voix dont mes yeux / Ne voyaient pas la bouche »). Dans le premier poème du livre I, il déclare même : « Dieu nous éclaire, à chacun de nos pas » et se conforme à une « loi sainte » : « Ne rien haïr, mon enfant ; tout aimer / Ou tout plaindre ! ». Néanmoins, son rapport à Dieu peut se révéler conflictuel dans la suite du recueil lorsqu'il est inconsolable de la mort de sa fille. Finalement, le dialogue s'apaise à la fin du livre IV dans l'acceptation d'une forme de destin : « Il faut que l'herbe pousse et que les enfants meurent ; / Je le sais, ô mon Dieu. »

● Mais le Dieu de Victor Hugo n'est pas le dieu d'une religion en particulier. Sa religion est toute personnelle et s'inspire de multiples traditions comme le panthéisme hérité de l'Antiquité : il s'agit d'une religion de la nature qu'il célèbre à plusieurs reprises. Dans « La vie aux champs » (livre I, poème 6) on peut lire : « Le soir, à la campagne, on sort, on se promène, / Le pauvre dans son champ, le riche en son domaine ; Moi, je vais devant moi ; le poëte en tout lieu / Se sent chez lui, sentant qu'il est partout chez Dieu ». Il y a aussi la croyance en la réincarnation des âmes comme le montre le poème « Le revenant » (livre III, poème 23) qui raconte comme la mère d'un enfant mort en bas âge le voit se réincarner dans son nouveau-né. Cette volonté de croire en une vie après la mort est liée à la perte de sa fille avec laquelle il veut continuer le dialogue dans ses poèmes mais aussi dans des séances de spiritisme auxquelles s'adonnait la totalité de la famille Hugo. Enfin, il y a l'intérêt du poète pour les religions orientales comme le zoroastrisme, religion de l'Empire perse fondée sur le dualisme entre le bien et le mal. Le poète l'évoque dans « Magnitudo parvi » (livre III, poème 30).

《 Citation à retenir

« Ne rien haïr, mon enfant ; tout aimer / Ou tout plaindre ! »

Livre I, poème 1.

● En somme, on pourra parler avec Leili Anvar, universitaire d'origine iranienne, spécialisée en littérature persane, d'une « religion de l'amour » au sens où le poète voit dans l'amour une force vitale et universelle en accord avec la nature (livre II, poème 1, « Premier mai » : « Tout conjugue le verbe aimer. Voici les roses »).

ÉCLAIRAGE Leili Anvar, *Le Monde des religions*, n° 35, 1er mai 2009

Les Contemplations ne sont pas seulement l'œuvre lyrique la plus achevée de la poésie française mais aussi l'un des sommets de la littérature mystique. C'est avec ce recueil que Hugo, exilé à Jersey, sort du silence de plusieurs années qui suivit la mort de sa fille Léopoldine. [...] Que ce soit par une évocation panthéiste des éléments naturels, la sublimation de l'âme des morts en étoiles qui illuminent la nuit, ou l'invocation du Dieu amour, Hugo confronte ici ses démons et les transcende. Assis au bord du gouffre, il scrute l'abîme du désespoir, du mal et du doute, puis tourne son regard vers le ciel et retrouve le chemin de l'azur et de la rédemption, par l'amour qui est, au bout du compte, sa seule religion. Religion dont le poète est, à ses yeux, le représentant prophétique. Ainsi, voulant rendre compte de la manière dont les poèmes lui avaient été inspirés, il dit : « Dieu dictait, j'écrivais. » Ce Dieu qui apparaît dans presque tous les poèmes des *Contemplations*, Hugo s'adresse sans cesse à lui, l'interroge sur l'énigme de la souffrance, se rebelle contre sa cruauté et ses décrets, pour finalement se soumettre à sa volonté en reconnaissant qu'il est « bon, clément, indulgent et doux », même si ses œuvres résistent à la compréhension humaine.

> **LEXIQUE**
> • Le **lyrisme** est un registre littéraire caractérisé par l'expression d'un « je » et de ses émotions (amour, sentiment de la fuite du temps, deuil).
> • Le terme **mystique** est lié au mystère et au secret. Il est lié aussi à la religion dans sa dimension d'expérience spirituelle difficilement accessible au commun des mortels.
> • Le **panthéisme** est une religion de la nature.

Questions

1. En quoi peut-on parler de « littérature mystique » à propos des *Contemplations* ?

2. La seule religion de Victor Hugo est l'amour selon Leili Anvar. Quels sont les poèmes des *Contemplations* (livres I à IV) qui vous permettent d'illustrer ce point de vue ?

Explorer le parcours associé : Mémoires d'une âme

Lecture d'image → Voir le verso de couverture en début d'ouvrage (II)

Lecture d'image

- Auguste de Châtillon est un ami de la famille Hugo. Il réalise ce portrait de Léopoldine, la fille aînée du poète, qui connaîtra un destin tragique. Elle est sur ce tableau âgée de 11 ans.

- La figure pâle de Léopoldine est mise en valeur par le ton brun et son regard semble interroger le lecteur. La robe rouge à pois noir qu'elle porte a été conservée comme une relique par Mme Hugo et Victor Hugo l'évoque dans le poème 6 du livre IV des *Contemplations* : « Oh ! la belle petite robe / Qu'elle avait, vous rappelez-vous ? »

- Un livre d'heures est un livre liturgique. Il est ouvert à la page de la dormition de la Vierge, c'est-à-dire sa mort.

1. Comment la figure de Léopoldine est-elle mise en valeur par le peintre (composition, choix des couleurs, lumière) ?

2. Quelles émotions passent sur son visage ?

3. Pourquoi regarde-t-elle le spectateur ?

4. Sur quelles particularités du caractère et du physique de la jeune fille ce portrait insiste-t-il ?

5. En quoi le choix du livre liturgique ouvert à la page de la dormition de la Vierge est-il tristement prémonitoire ?

6. En quoi ce dessin pourrait-il illustrer le parcours associé « Mémoires d'une âme » ?

Explorer le parcours associé : Mémoires d'une âme

Lecture d'image → Voir le verso de couverture en fin d'ouvrage (III)

Lecture d'image

● Victor Hugo était un homme de passions : l'écriture, la politique, la spiritualité mais aussi le dessin. Il s'y adonna tout particulièrement pendant ses années d'exil (1852-1870) qui furent aussi celles de la composition des *Contemplations*.

● Il privilégiait le support papier qu'il recouvrait d'encre noire ou brune. Il aimait expérimenter diverses techniques comme la peinture au doigt ou bien travaillait à partir d'une tache d'encre.

● Son objectif était de laisser parler son imagination et de sortir d'une représentation traditionnelle. C'est en cela qu'il passionna les surréalistes lorsqu'ils découvrirent ses dessins. *Ma destinée* fut composée en 1857, soit un an après la parution des *Contemplations*.

7. Commentez le choix des couleurs. Quel effet produisent-elles ?

8. Quel sens donnez-vous au choix de la vague pour illustrer « ma destinée » ?

9. Quelle symbolique attachez-vous ici à la mer et à l'eau ?

10. Comment s'appelle en littérature le fait d'associer une image à une notion (ici la destinée) ?

11. En quoi ce dessin pourrait-il illustrer le parcours associé « Mémoires d'une âme » ?

GROUPEMENT DE TEXTES

L'autobiographie poétique : mémoires d'une âme

● Le genre autobiographique a été défini par Philippe Lejeune dans *Le Pacte autobiographique* (1975) comme un pacte entre l'auteur et le lecteur. Ce pacte implique de la part de l'auteur de dire toute la vérité sur sa vie jusque dans les détails les moins valorisants. Lejeune restreint l'autobiographie à un « récit rétrospectif en prose qu'une personne réelle fait de sa propre existence, lorsqu'elle met l'accent sur sa vie individuelle, en particulier sur l'histoire de sa personnalité ».

● Néanmoins, la poésie peut elle aussi se prêter, de façon différente, à un parcours autobiographique. De sa forme parfois contrainte (sonnet, mètre, rimes), parfois plus souple (vers libres ou prose) naît justement une liberté qui passe souvent par le détournement du genre, comme le montre Raymond Queneau (texte 7), ou par un art de la suggestion : Verlaine évoque le statut du souvenir en lien avec son aventure amoureuse avec Arthur Rimbaud (texte 5), Apollinaire et Prévert mêlent souvenirs personnel et historique (textes 6 et 8) et Musset donne à découvrir une identité fragmentée (texte 2).

● Si l'ensemble des textes proposés comporte les passages obligés de tout récit en prose (souvenir d'enfance par Raymond Queneau dans le texte 7 et par Charles Baudelaire dans le texte 3 ; souvenir d'amour : textes 1, 4, 5, 6, 8, 9), ils sont aussi l'occasion de réfléchir en poésie sur l'acte d'écrire qui constitue la vie même des poètes (texte 2 de Musset et texte 10 de Georges Perros).

● On le voit, loin d'être réductrice, la poésie donne une forme peut-être plus proche du souvenir tel qu'il s'incarne dans notre mémoire en privilégiant non une narration mais différents tableaux marqués par la nécessité d'une expression concise, rythmée et dense. Elle se fait alors pleinement mémoire d'une âme, fragmentée et parfois déchirée.

Explorer le parcours associé : Mémoires d'une âme

Texte 1 Lamartine, « Souvenir » (extrait),
in *Méditations poétiques*, 1820

Alphonse de Lamartine (1790-1869) publie en 1820 les Méditations poétiques, *considérées comme l'acte de naissance de la poésie romantique française. Il y évoque, entre autres, la mort de la femme aimée, Julie Charles.*

En vain le jour succède au jour,
Ils glissent sans laisser de trace ;
Dans mon âme rien ne t'efface,
Ô dernier songe de l'amour !

Je vois mes rapides années
S'accumuler derrière moi,
Comme le chêne autour de soi
Voit tomber ses feuilles fanées.

Mon front est blanchi par le temps ;
10 Mon sang refroidi coule à peine,
Semblable à cette onde qu'enchaîne
Le souffle glacé des autans.

Mais ta jeune et brillante image,
Que le regret vient embellir,
Dans mon sein ne saurait vieillir :
Comme l'âme, elle n'a point d'âge.

Non, tu n'as pas quitté mes yeux ;
Et quand mon regard solitaire
Cessa de te voir sur la terre,
20 Soudain je te vis dans les cieux.

La, tu m'apparais telle encore
Que tu fus à ce dernier jour,
Quand vers ton céleste séjour
Tu t'envolas avec l'aurore.

Ta pure et touchante beauté
Dans les cieux même t'a suivie ;
Tes yeux, où s'éteignait la vie,
Rayonnent d'immortalité !

Du zéphyr l'amoureuse haleine
30 Soulève encor tes longs cheveux ;
Sur ton sein leurs flots onduleux
Retombent en tresses d'ébène.

L'ombre de ce voile incertain
Adoucit encor ton image,
Comme l'aube qui se dégage
Des derniers voiles du matin.

Du soleil la céleste flamme
Avec les jours revient et fuit ;
Mais mon amour n'a pas de nuit,
40 Et tu luis toujours sur mon âme. […]

Questions

1. Distinguez deux moments dans le texte.

2. En quoi peut-on dire que les trois premières strophes sont un auto-portrait du poète vieillissant ?

3. Quelle rupture est introduite dans la quatrième strophe ?

4. Relevez les différentes parties du portrait de la femme aimée. En quoi peut-on parler d'idéalisation ?

5. ÉTUDE DE LA LANGUE Relevez les mots qui sont des marques de la première personne dans les strophes 5 et 6 et donnez la nature de ces mots.

Explorer le parcours associé : Mémoires d'une âme

Texte 2 Musset, « La nuit de décembre »,
in *Poésies nouvelles*, 1835

Alfred de Musset (1810-1857) mena une vie brève et tumultueuse mar-
quée par une grande productivité littéraire au début de sa vie. Poète
romantique, il s'interroge sur l'amour et ses douleurs, sur la morale et
la débauche, en s'inspirant notamment de sa relation passionnelle avec
l'écrivaine George Sand.

LE POÈTE

Du temps que j'étais écolier,
Je restais un soir à veiller
Dans notre salle solitaire.
Devant ma table vint s'asseoir
Un pauvre enfant vêtu de noir,
Qui me ressemblait comme un frère.

Son visage était triste et beau :
À la lueur de mon flambeau,
Dans mon livre ouvert il vint lire.
10 Il pencha son front sur sa main,
Et resta jusqu'au lendemain,
Pensif, avec un doux sourire.

Comme j'allais avoir quinze ans
Je marchais un jour, à pas lents,
Dans un bois, sur une bruyère.
Au pied d'un arbre vint s'asseoir
Un jeune homme vêtu de noir,
Qui me ressemblait comme un frère.

Je lui demandai mon chemin ;
20 Il tenait un luth d'une main,
De l'autre un bouquet d'églantine.
Il me fit un salut d'ami,
Et, se détournant à demi,
Me montra du doigt la colline. [...]

Questions

1. Identifiez deux moments dans le poème.

2. Qui sont les différents personnages du poème ? Faites une remarque concernant leur identité.

3. Quels éléments réunissent les deux rencontres faites par le « je » poétique ?

4. Quel sens donnez-vous aux derniers vers du poème ?

5. ÉTUDE DE LA LANGUE Étudiez les adjectifs dans les vers 7 à 12.

Texte 3 Charles Baudelaire : « Je n'ai pas oublié, voisine de la ville », in *Spleen et Idéal*, poème LXX, *Les Fleurs du mal*, 1857

Charles Baudelaire (1821-1867) est à l'origine de l'esthétique de la modernité. Dans ce poème, le poète se remémore une petite maison de la banlieue parisienne où il vécut dans son enfance avec sa mère.

Je n'ai pas oublié, voisine de la ville,
Notre blanche maison, petite mais tranquille ;
Sa Pomone[1] de plâtre et sa vieille Vénus[2]
Dans un bosquet chétif cachant leurs membres nus,
Et le soleil, le soir, ruisselant et superbe,
Qui, derrière la vitre où se brisait sa gerbe,
Semblait, grand œil ouvert dans le ciel curieux,
Contempler nos dîners longs et silencieux,
Répandant largement ses beaux reflets de cierge
10 Sur la nappe frugale et les rideaux de serge[3].

---

1. Déesse latine des fruits et des jardins.
2. Déesse latine de l'amour.
3. Étoffe faite de laine tissée.

LE DOSSIER du lycéen • 279

Explorer le parcours associé : Mémoires d'une âme

Questions

1. Quels souvenirs évoque le poète ?

2. Caractérisez cette évocation : est-elle méliorative ou péjorative ? Justifiez.

3. En quoi peut-on parler ici de souvenir nostalgique ?

4. ÉTUDE DE LA LANGUE Étudiez les propositions subordonnées relatives entre les vers 5 et 8.

Texte 4 **Arthur Rimbaud, « On n'est pas sérieux, quand on a dix-sept ans », in Roman, 1870**

Arthur Rimbaud (1854-1891) cherche à faire publier ses poèmes à quinze ans en 1869 et s'éloigne de l'écriture en 1875. Dans Roman, *il évoque son adolescence en même temps qu'il la vit.*

I

On n'est pas sérieux, quand on a dix-sept ans.
— Un beau soir, foin[1] des bocks[2] et de la limonade,
Des cafés tapageurs aux lustres éclatants !
— On va sous les tilleuls verts de la promenade.

Les tilleuls sentent bon dans les bons soirs de juin !
L'air est parfois si doux, qu'on ferme la paupière ;
Le vent chargé de bruits — la ville n'est pas loin —
A des parfums de vigne et des parfums de bière…

II

— Voilà qu'on aperçoit un tout petit chiffon
10   D'azur sombre, encadré d'une petite branche,
Piqué d'une mauvaise étoile, qui se fond
Avec de doux frissons, petite et toute blanche…

---

1. Interjection marquant le dégoût.
2. Verres de bière.

Nuit de juin ! Dix-sept ans ! — On se laisse griser.
La sève est du champagne et vous monte à la tête…
On divague ; on se sent aux lèvres un baiser
Qui palpite là, comme une petite bête…

III

Le cœur fou robinsonne[3] à travers les romans,
— Lorsque, dans la clarté d'un pâle réverbère,
Passe une demoiselle aux petits airs charmants,
Sous l'ombre du faux col effrayant de son père…

Et, comme elle vous trouve immensément naïf,
Tout en faisant trotter ses petites bottines,
Elle se tourne, alerte et d'un mouvement vif…
— Sur vos lèvres alors meurent les cavatines[4]…

IV

Vous êtes amoureux. Loué jusqu'au mois d'août.
Vous êtes amoureux. — Vos sonnets La font rire.
Tous vos amis s'en vont, vous êtes mauvais goût.
— Puis l'adorée, un soir, a daigné vous écrire !…

— Ce soir-là…, — vous rentrez aux cafés éclatants,
Vous demandez des bocks ou de la limonade…
— On n'est pas sérieux, quand on a dix-sept ans
Et qu'on a des tilleuls verts sur la promenade.

---

3. Vagabonde.
4. Air d'opéra d'une grande douceur.

Explorer le parcours associé : Mémoires d'une âme

Questions

1. Quel événement raconte ce poème ?

2. Lisez le vers 1 et comptez les syllabes. Que remarquez-vous ?

3. Relevez les procédés stylistiques qui traduisent l'exaltation dans la première section (I).

4. En quoi la deuxième section (II) établit-elle une rupture avec la première ?

5. Quelle dimension prend la rencontre amoureuse dans la troisième section (III) ?

6. Quels procédés stylistiques traduisent le bonheur dans la dernière partie (IV) ?

7. **ÉTUDE DE LA LANGUE** Étudiez la ponctuation dans le poème.

Texte 5 Verlaine, « Les faux beaux jours... », in *Sagesse*, 1880

Sagesse est un recueil de la maturité pour Verlaine (1844-1896) qui évoque ses souvenirs et notamment sa liaison avec Arthur Rimbaud.

Les faux beaux jours ont lui tout le jour, ma pauvre âme,
Et les voici vibrer aux cuivres du couchant.
Ferme les yeux, pauvre âme, et rentre sur-le-champ :
Une tentation des pires. Fuis l'infâme.

Ils ont lui tout le jour en longs grêlons de flamme,
Battant toute vendange aux collines, couchant
Toute moisson de la vallée, et ravageant
Le ciel tout bleu, le ciel chanteur qui te réclame.

Ô pâlis, et va-t'en, lente et joignant les mains.
10   Si ces hiers allaient manger nos beaux demains ?
Si la vieille folie était encore en route ?

Ces souvenirs, va-t-il falloir les retuer ?
Un assaut furieux, le suprême sans doute !
Ô, va prier contre l'orage, va prier.

Questions

1. À qui s'adresse le « je » poétique dans ce sonnet ?

2. De quelle tentation s'agit-il au vers 4 ?

3. Quelle valeur le poème donne-t-il à l'évocation des « faux beaux jours » dans le deuxième quatrain ?

4. Quel est le rôle des questions dans le poème ?

5. ÉTUDE DE LA LANGUE Relevez tous les verbes à l'impératif et classez-les selon leur appartenance au premier, deuxième ou troisième groupe.

Texte 6 **Guillaume Apollinaire, « Si je mourais là-bas... »,
in *Poèmes à Lou*, 1915**

Guillaume Apollinaire, poète français (1880-1918) d'origine polonaise, est considéré par les surréalistes comme un de leurs précurseurs (il invente d'ailleurs le mot « surréalisme »). Il est connu pour ses calligrammes et ses expérimentations poétiques. Dans Poèmes à Lou, *il s'adresse à la femme aimée au cœur de l'expérience de la Première Guerre mondiale où il fut gravement blessé.*

Si je mourais là-bas sur le front de l'armée
Tu pleurerais un jour ô Lou ma bien-aimée
Et puis mon souvenir s'éteindrait comme meurt
Un obus éclatant sur le front de l'armée
Un bel obus semblable aux mimosas en fleur

Et puis ce souvenir éclaté dans l'espace
Couvrirait de mon sang le monde tout entier
La mer les monts les vals et l'étoile qui passe
Les soleils merveilleux mûrissant dans l'espace
10 Comme font les fruits d'or autour de Baratier[1]

Souvenir oublié vivant dans toutes choses
Je rougirais le bout de tes jolis seins roses

---

1. Villa niçoise où le poète se rendait souvent avec Lou.

Explorer le parcours associé : Mémoires d'une âme

Je rougirais ta bouche et tes cheveux sanglants
Tu ne vieillirais point toutes ces belles choses
Rajeuniraient toujours pour leurs destins galants

Le fatal giclement de mon sang sur le monde
Donnerait au soleil plus de vive clarté
Aux fleurs plus de couleur plus de vitesse à l'onde
Un amour inouï descendrait sur le monde
20 L'amant serait plus fort dans ton corps écarté

Lou si je meurs là-bas souvenir qu'on oublie
— Souviens-t'en quelquefois aux instants de folie
De jeunesse et d'amour et d'éclatante ardeur —
Mon sang c'est la fontaine ardente du bonheur
Et sois la plus heureuse étant la plus jolie

Ô mon unique amour et ma grande folie

Questions

1. Quelle hypothèse initiale fait le poète ?

2. À quoi son souvenir est-il comparé aux vers 3, 4 et 5 ? Justifiez cette comparaison.

3. Quel sens donnez-vous à la rime entre « meurt » et « fleur » ?

4. En quoi le souvenir se transforme-t-il à partir de la deuxième strophe ?

5. Quelle vision de la mort propose le poème ?

6. ÉTUDE DE LA LANGUE Justifiez l'emploi du conditionnel dans le poème.

Texte 7 Raymond Queneau, « Je naquis au Havre un vingt et un février », in *Chêne et chien*, 1937

Raymond Queneau (1903-1976), auteur du célèbre roman Zazie dans le métro, *est le co-fondateur du groupe poétique de l'Oulipo qui propose une réflexion sur l'écriture à contraintes. Dans* Chêne et chien, *il réalise son autobiographie poétique.*

Je naquis au Havre un vingt et un février
en mil neuf cent et trois.
Ma mère était mercière et mon père mercier :
ils trépignaient de joie.
Inexplicablement je connus l'injustice
et fus mis un matin
chez une femme avide et bête, une nourrice,
qui me tendit son sein.
De cette outre de lait j'ai de la peine à croire
10 que j'en tirais festin
en pressant de ma lèvre une sorte de poire,
organe féminin.

Et lorsque j'eus atteint cet âge respectable
vingt-cinq ou vingt-six mois,
repris par mes parents, je m'assis à leur table
[…]
Mon père débitait des toises[1] de soieries,
des tonnes de boutons,
des kilogs d'extrafort[2] et de rubanneries
20 rangés sur des rayons.
Quelques filles l'aidaient dans sa fade besogne
en coupant des coupons
et grimpaient à l'échelle avec nulle vergogne,
en montrant leurs jupons.

---

1. Mesure de longueur, environ deux mètres.
2. Ruban dont on garnit intérieurement les coutures.

Explorer le parcours associé : Mémoires d'une âme

Ma pauvre mère avait une âme musicienne
et jouait du piano ;
on vendait des bibis[3] et de la valencienne[4]
au bruit de ses morceaux.
Jeanne Henriette Évodie envahissaient la cave
30   cherchant le pétrolin,
sorte de sable huileux avec lequel on lave
le sol du magasin.
J'aidais à balayer cette matière infecte,
on baissait les volets,
à cheval sur un banc je criais « à perpette[5] »
(comprendre : éternité).
Ainsi je grandissais parmi ces demoiselles
en reniflant leur sueur
qui fruit de leur travail perlait à leurs aisselles :
40   je n'eus jamais de sœur. […]

© Éditions Gallimard.

Questions

1. Quels événements de sa vie le poète relate-t-il ?

2. Quelle image Queneau donne-t-il de son entourage familial et de la place que ce milieu accorde à l'enfant ?

3. Comment le poème fait-il percevoir au lecteur à la fois les sentiments éprouvés par l'enfant et la distance teintée d'humour que prend l'adulte à l'égard de ces mêmes sentiments ?

4. ÉTUDE DE LA LANGUE Étudiez les temps du récit dans la première strophe (vers 1 à 12).

---

3. Petit chapeau de femme.

4. Dentelle fine fabriquée à Valenciennes.

5. Familier, pour « à perpétuité ».

Texte 8 Jacques Prévert, « Barbara », in *Paroles*, 1946

Jacques Prévert (1900-1977), poète, scénariste et parolier, évoque dans
« Barbara » les bombardements de la ville de Brest pendant la Seconde
Guerre mondiale. Le poète réfléchit ici sur le sens de l'amour et de la vie
dans la tourmente de la guerre.

Rappelle-toi Barbara
Il pleuvait sans cesse sur Brest ce jour-là
Et tu marchais souriante
Épanouie ravie ruisselante
Sous la pluie
Rappelle-toi Barbara
Il pleuvait sans cesse sur Brest
Et je t'ai croisée rue de Siam
Tu souriais
10 Et moi je souriais de même
Rappelle-toi Barbara
Toi que je ne connaissais pas
Toi qui ne me connaissais pas
Rappelle-toi
Rappelle-toi quand même ce jour-là
N'oublie pas
Un homme sous un porche s'abritait
Et il a crié ton nom
Barbara
20 Et tu as couru vers lui sous la pluie
Ruisselante ravie épanouie
Et tu t'es jetée dans ses bras
Rappelle-toi cela Barbara
Et ne m'en veux pas si je te tutoie
Je dis tu à tous ceux que j'aime
Même si je ne les ai vus qu'une seule fois
Je dis tu à tous ceux qui s'aiment
Même si je ne les connais pas
Rappelle-toi Barbara
30 N'oublie pas

Explorer le parcours associé : Mémoires d'une âme

Cette pluie sage et heureuse
Sur ton visage heureux
Sur cette ville heureuse
Cette pluie sur la mer
Sur l'arsenal
Sur le bateau d'Ouessant
Oh Barbara
Quelle connerie la guerre
Qu'es-tu devenue maintenant
40 Sous cette pluie de fer
De feu d'acier de sang
Et celui qui te serrait dans ses bras
Amoureusement
Est-il mort disparu ou bien encore vivant
Oh Barbara
Il pleut sans cesse sur Brest
Comme il pleuvait avant
Mais ce n'est plus pareil et tout est abîmé
C'est une pluie de deuil terrible et désolée
50 Ce n'est même plus l'orage
De fer d'acier de sang
Tout simplement des nuages
Qui crèvent comme des chiens
Des chiens qui disparaissent
Au fil de l'eau sur Brest
Et vont pourrir au loin
Au loin très loin de Brest
Dont il ne reste rien.

© Éditions Gallimard.

Questions

1. Relevez les éléments faisant référence au contexte historique du poème.

2. Quels types de vers sont employés dans ce poème ? Comment les nomme-t-on ?

3. Pourquoi la formule « rappelle-toi Barbara » revient-elle à de nombreuses reprises dans le poème ?

4. Comment inspiration amoureuse et critique de la guerre se mêlent-elles dans le poème ?

5. ÉTUDE DE LA LANGUE Étudiez les temps des verbes et leur valeur, vers 1 à 11.

Texte 9 Louis Aragon, « Oime il bel viso oime il soave sguardo[1] », in *Le Roman inachevé*, 1956

Dans ce poème, Louis Aragon (1897-1982) se remémore une nuit de 1938 qu'il passa à veiller sa compagne et inspiratrice, Elsa Triolet, gravement malade.

[…] Toute une nuit j'ai cru tant son front était blême[2]
Tant le linge semblait son visage et ses bras
Toute une nuit j'ai cru que je mourais moi-même
Et que j'étais la main qui remontait le drap

Celui qui n'a jamais ainsi senti s'éteindre
Ce qu'il aime peut-il comprendre ce que c'est
Et le gémissement qui ne cessait de plaindre[3]
Comme un souffle d'hiver à travers moi passait

Toute une nuit j'ai cru que mon âme était morte
10 Toute une longue nuit immobile et glacé
Quelque chose dans moi grinçait comme une porte
Quelque chose dans moi comme un oiseau blessé

---

1. « Oh ! le beau visage, oh ! le regard suave » en italien.

2. D'une blancheur maladive.
3. Se plaindre.

LE DOSSIER du lycéen • 289

Explorer le parcours associé : Mémoires d'une âme

Toute une nuit sans fin sur ma chaise immobile
J'écoutais l'ombre et le silence grandissant
Un pas claquait parfois le pavé de la ville
Puis rien qu'à mon oreille une artère et le sang

Il a passé sur moi des heures et des heures
Je ne remuais plus tant j'avais peur de toi
Je me disais je meurs c'est moi c'est moi qui meurs
20 Tout à coup les pigeons ont chanté sous le toit. […]

© Éditions Gallimard.

Questions

1. À quel souvenir fait référence le poète ?

2. Analysez la gradation des émotions dans le poème.

3. Justifiez l'emploi de l'anaphore « toute une nuit ».

4. En quoi peut-on dire que « je » et « tu » ne font qu'un ?

5. ÉTUDE DE LA LANGUE Étudiez les mots « que » et « qui » dans les vers 3 et 4.

Texte 10 Georges Perros, « Je ne saurais vous dire tout... », in *Une vie ordinaire*, 1967

Georges Perros (1923-1978), poète et comédien, propose une expression de soi en lien avec un lyrisme quotidien, mais aussi une réflexion sur l'acte poétique.

Je ne saurais vous dire tout
Et ne pourrais car le mystère
c'est bien cela vouloir tout dire
et s'apercevoir à la fin
que la marge est tout aussi grande
qui nous sépare du prochain
Pendant qu'on écrit l'existence
que l'on dit avoir bouge et change
et quand on parle à un poète
10 de son dernier recueil il est

depuis longtemps miné par l'autre
aussi brûlant définitif
qu'il nous fera lire demain
Si nous vivions siècles durant
on n'en finirait pas d'aller
au seuil de notre vérité
qui recule quand on la presse
et nous envahit quand on dort. [...]

© Éditions Gallimard.

Questions

1. Quel est le thème du poème, en quoi diffère-t-il des textes précédents ?

2. Distinguez trois moments dans le poème : en quoi mettent-ils en évidence la même expérience ?

3. Quelle spécificité de la vie poétique en lien avec la vie humaine ce poème raconte-t-il ?

4. ÉTUDE DE LA LANGUE Étudiez les valeurs du conditionnel dans le poème.

Vers le BAC

L'ÉCRIT

1 Le commentaire

- **Durée :** 4 heures
- Le commentaire porte sur un texte littéraire, en lien avec un des objets d'étude du programme de la classe de première. Le texte proposé pour le commentaire n'est pas extrait d'une des œuvres au programme.
- Le candidat compose un devoir qui présente de manière organisée ce qu'il a retenu de sa lecture et justifie par des analyses précises son interprétation et ses jugements personnels.
- Cette production écrite est notée sur 20.
  Source : B.O., note de service n° 2019-042 du 18-4-2019.

Conseils de méthode

- Le but du commentaire est de mettre en évidence les **enjeux d'un texte**, c'est-à-dire ce qui fait son intérêt et sa particularité en termes de genre, de registres et de réflexion sur la littérature. On formulera ces enjeux dans une question appelée **problématique.** Ce texte se présente de façon composée, c'est-à-dire non linéaire. Il peut comporter deux ou trois parties.

- Avant de vous mettre à étudier le texte, identifiez d'emblée son **genre** (poésie, théâtre, récit) et son **époque**. En effet, on ne se posera pas les mêmes questions pour un texte de théâtre (fondé sur les dialogues, le volume des répliques, le nombre de personnages), un texte de poésie (fondé sur la forme – le sonnet, la balade –, l'usage des rimes, les figures de style) ou un récit (fondé sur la progression de l'intrigue, les temps du récit, la description des personnages).

- Lisez attentivement le texte deux ou trois fois et notez vos observations concernant le **registre** (comique, tragique, lyrique, pathétique, etc.), le **niveau de langue**, les **champs lexicaux**, les **figures de style**, la **syntaxe**, la **ponctuation**.

Vers le BAC

LE DOSSIER du lycéen • **293**

Vers le BAC

- Proposez une **problématique** et un **plan** qui s'articuleront autour des spécificités du texte que vous aurez relevées. Attention, évitez de dissocier le fond (ce que dit le texte) de la forme (comment il le dit) !

- Votre devoir final comportera une **introduction** (annonce du thème, présentation du texte, présentation du plan), un **développement organisé autour de deux ou trois parties** (n'hésitez pas à citer le texte à l'appui de vos analyses) et une **conclusion** (résumez votre parcours argumentatif et éventuellement proposez un parallèle entre le texte étudié et d'autres que vous avez vus en classe). C'est à ce moment que vous pouvez établir un **lien entre le texte étudié et le parcours** « Mémoires d'une âme » en reliant les thématiques évoquées par le texte et le recueil de Victor Hugo.

> **SUJET** Dans le cadre du parcours associé « Mémoires d'une âme », vous ferez un commentaire du texte suivant : Charles Baudelaire, « Spleen », *Les Fleurs du mal*, section *Spleen et Idéal*, 1857.

Les Fleurs du mal

Parues un an après *Les Contemplations*, *Les Fleurs du mal* proposent une nouvelle définition de la poésie qui dépasse le romantisme. Charles Baudelaire inverse les valeurs, trouve la beauté dans le mal et dans le spleen. Ce terme anglais désigne la « rate ». Dans la médecine antique, le dysfonctionnement de cet organe suscitait la mélancolie. Pour Baudelaire, le spleen est donc le nom qu'il donne à un état mélancolique et dépressif qui se révèle malgré tout créatif.

Spleen

J'ai plus de souvenirs que si j'avais mille ans.

Un gros meuble à tiroirs encombré de bilans,
De vers, de billets doux, de procès, de romances,
Avec de lourds cheveux roulés dans des quittances[1],
Cache moins de secrets que mon triste cerveau.
C'est une pyramide, un immense caveau,
Qui contient plus de morts que la fosse commune.

---

1. Attestations écrites de remboursement d'une somme due.

— Je suis un cimetière abhorré[2] de la lune,
Où comme des remords se traînent de longs vers
Qui s'acharnent toujours sur mes morts les plus chers.
Je suis un vieux boudoir plein de roses fanées,
Où gît tout un fouillis de modes surannées,
Où les pastels plaintifs et les pâles Boucher[3]
Seuls, respirent l'odeur d'un flacon débouché.

Rien n'égale en longueur les boiteuses journées,
Quand sous les lourds flocons des neigeuses années
L'ennui, fruit de la morne incuriosité,
Prend les proportions de l'immortalité.
— Désormais tu n'es plus, ô matière vivante !
Qu'un granit entouré d'une vague épouvante,
Assoupi dans le fond d'un Saharah brumeux ;
Un vieux sphinx ignoré du monde insoucieux,
Oublié sur la carte, et dont l'humeur farouche
Ne chante qu'aux rayons du soleil qui se couche.

Proposition de plan détaillé

Problématique : Le poème propose le paradoxe d'une écriture lyrique qui naît de l'ennui, du néant et du regret pour se transformer en création. Le poète reprend la dimension romantique et mémorielle des *Contemplations* pour en faire un art poétique du spleen totalement inédit.

I. Le bilan pathétique d'un « je » lyrique

1. Le « je » omniprésent (relevé des formes de la 1re personne du singulier)

2. Le champ lexical de l'ennui (mis en scène par un vocabulaire péjoratif au schéma syntaxique récurrent (adjectif et nom) : « triste cerveau », « vieux boudoir », « boiteuses journées », « morne incuriosité »)

3. Les jeux de mots ironiques (« bilans » : double sens comptable et existentiel)

---

2. Haï.

3. Boucher est un peintre du XVIIIe siècle représentatif du style rococo.

LE DOSSIER du lycéen • 295

Vers le BAC

II. Une définition du spleen

1. La lassitude mise en scène dans l'hyperbole initiale (v. 1)

2. Le poids du passé incarné par les métaphores filées du cerveau comme un « meuble à tiroirs encombré » (v. 2), de la « pyramide » (v. 6) et du « vieux boudoir plein de roses fanées » (v. 11)

3. La tentation mortifère (rimes « cerveau » et « caveau » (v. 5-6), les mots « fosse commune », « cimetière » ; « mes morts »)

> **Rappel**
>
> **Hyperbole :** exagération ; **métaphore filée :** image construite en réseau dans le poème.

III. La création vient du néant

1. Du souvenir naît la création poétique (v. 2 : « billets doux », « procès », « romances » ainsi que v. 11 : « roses fanées » et v. 12 : « modes surannées » incarnent le passé et sont transformés en matériau de l'écriture)

2. De la mort naît la vie (double sens du vers 9 à propos du « cimetière » : « où comme des remords se traînent des longs vers » : les vers sont à la fois des vers de terre et des vers poétiques. De la mort, de la laideur naît la poésie selon l'esthétique chère à Baudelaire)

3. La transformation de l'ennui en poésie immortelle (v. 17-18 : « l'ennui, fruit de la morne incuriosité, prend les proportions de l'immortalité »)

2 La dissertation

- **Durée :** 4 heures
- La dissertation consiste à conduire une réflexion personnelle organisée sur une question littéraire portant sur l'une des œuvres et sur le parcours associé figurant dans le programme d'œuvres.
- Le candidat choisit l'un des trois sujets de dissertation, chacun étant en rapport avec l'une des œuvres du programme et son parcours associé.
- Pour développer son argumentation, le candidat s'appuie sur sa connaissance de l'œuvre et des textes étudiés dans le cadre de l'objet d'étude concerné, ainsi que sur ses lectures et sa culture personnelles.
- Cette production écrite est notée sur 20.

  Source : B.O., note de service n° 2019-042 du 18-4-2019.

Conseils de méthode

- La dissertation est un **exercice d'argumentation**. À partir du corpus de textes que vous avez étudiés en classe et de vos lectures personnelles, vous allez construire un parcours argumentatif pour illustrer et discuter une question posée ou le point de vue d'un auteur.

- Analysez attentivement le sujet **en soulignant les mots-clés** et en transformant le sujet en une **problématique** (c'est-à-dire une question posée par le sujet). Votre devoir sera la réponse à cette problématique (voir exemple d'introduction p. 300).

- La partie I est consacrée à l'**illustration du point de vue de l'auteur**. Vous tenterez de montrer en quoi la formule proposée s'adapte à votre lecture du corpus. Vous choisirez des arguments convaincants issus de votre lecture des textes du parcours et de votre culture générale.

- Ensuite, la partie II sera consacrée à la **discussion de la formule**. Vous montrerez les limites du jugement proposé à votre étude en vous référant toujours au texte étudié et à vos connaissances.

- Vous pouvez ne faire que deux parties.

Vers le BAC

LE DOSSIER du lycéen • **297**

Vers le BAC

• Si vous en faites trois, la dernière consistera au choix en **une autre discussion du sujet** au moyen d'une autre limite que vous y verrez ou bien vous essaierez de faire ce que l'on appelle une **synthèse**. Il s'agira de répondre à la question posée par le sujet en proposant de dépasser l'opposition entre I et II. La partie III est la partie la plus complexe car elle peut donner lieu à des hors-sujet quand votre propos est trop général.

• Votre dissertation comportera une **introduction** où vous analyserez le sujet (voir exemple p. 300), **deux ou trois parties** reliées par des phrases de transition et une **conclusion** où vous résumerez votre parcours argumentatif et où éventuellement vous proposerez d'élargir la réflexion en la reliant au parcours associé « Mémoires d'une âme ».

SUJET 1 La souffrance est-elle une condition nécessaire de l'écriture poétique ?

Proposition de plan détaillé

Voici une proposition de plan détaillé, à vous de rédiger l'introduction.

Problématique : Si la souffrance est au cœur du lyrisme, elle ne peut être suffisante que si elle est dépassée dans l'écriture car autrement elle conduit au silence.

I. La souffrance au cœur du lyrisme

1. La souffrance est centrale dans la poésie lyrique car elle permet au « je » poétique de vivre une expérience extrême, source d'inspiration. Il peut s'agir de souffrance amoureuse (on peut songer au poème d'Aragon où le « je » poétique veille sa bien-aimée gravement malade : « Toute une nuit j'ai cru que je mourais moi-même » (voir le groupement de textes, p. 289) ou de souffrance du deuil (poème IV de *Pauca meæ* : « Oh je fus comme un fou dans le premier moment »)

2. Cette expérience touche à l'universel et rend la parole poétique légitime (préface des *Contemplations* : « Hélas ! quand je vous parle de moi, je vous parle de vous. »)

3. Finalement, c'est par la souffrance que l'homme se transforme en poète et en contemplateur (voir le trajet poétique de Victor Hugo dans *Pauca meæ*, depuis la souffrance (poème 4), la rébellion (poème 8), la tentation du suicide (poème 13), puis l'acceptation de la part d'un

---

298

poète devenu contemplateur (à partir du poème 17) : « Dans l'éternel baiser de deux âmes que Dieu / Tout à coup change en deux étoiles ! » (dernier poème de *Pauca meæ*)

II. Mais la souffrance comporte des risques et des limites

1. À trop souffrir on ne peut plus écrire (voir la présence de points de suspension entre « 4 septembre 1843 », jour de la mort de Léopoldine, et le poème 3 du livre IV *Pauca meæ*. Ces points de suspension matérialisent la mort. Il utilise la typographie car les mots lui manquent.)

2. L'accusation possible de devenir « un trafiquant de larmes », selon les mots de Barbey d'Aurevilly, écrivain contemporain de Victor Hugo, c'est à dire d'exploiter le deuil et le registre pathétique pour susciter la compassion du lecteur

3. Vers une autre inspiration : la sensation du monde se révèle alors une source d'inspiration féconde (« Sensation » et « Ma bohème » de Rimbaud) ainsi que la réflexion sur le mystère de l'expression poétique comme dans le texte de Georges Perros, « Je ne saurais vous dire tout… », in *Une vie ordinaire* (voir groupement de textes, p. 290).

III. C'est donc davantage le dépassement de la souffrance qui est une condition nécessaire de l'écriture poétique

1. « Tous les chagrins sont supportables si on en fait une histoire », disait l'écrivaine sud-africaine Karen Blixen. C'est la transformation en mots, en fiction qui permet de devenir poète car elle permet d'éviter l'oubli (voir les poèmes 5, 6, 7 et 9 de *Pauca meæ* dédiés au souvenir de Léopoldine enfant. Le discours direct qui reprend les propos de l'enfant les fixe pour l'éternité)

2. La transformation en mots permet aussi de rendre hommage au défunt (c'est la raison d'être de la tradition poétique du tombeau chez Hugo : voir poème 17, « Charles Vacquerie », comme chez Mallarmé : « Le tombeau d'Edgar Poe », « Le tombeau de Charles Baudelaire » dans *Poésies*)

3. Enfin, la transformation de l'histoire personnelle en mythe littéraire (Léopoldine est comparée à l'Eurydice d'Orphée qui demeura aux enfers car Orphée était trop impatient de la voir ou encore à l'Ophélie de Shakespeare qui se noya car elle avait été abandonnée par Hamlet) permet de rendre éternels le défunt et celui qui le célèbre

Vers le BAC

LE DOSSIER du lycéen • **299**

Vers le BAC

SUJET 2 « On comprendra facilement la sottise qu'il y aurait à réclamer un engagement poétique », déclare Jean-Paul Sartre dans *Qu'est-ce que la littérature*, 1948. Expliquez et discutez ce point de vue.

Proposition d'introduction rédigée

Voici un exemple d'introduction rédigée, à vous de construire le plan (ici, la proposition comporte trois parties).

La différence entre la poésie et la prose était joliment illustrée par Paul Valéry dans *Variété*. La première dansait alors que la seconde marchait. Il s'agissait là d'une question de rythme. Pour le philosophe Jean-Paul Sartre la distinction est autre. Selon lui, la poésie ne peut pas être engagée. Il est catégorique sur ce point en parlant de « sottise », c'est-à-dire d'absurdité pour ceux qui penseraient le contraire. Certes, la définition traditionnelle de la poésie passe par le lyrisme et l'expression des sentiments personnels d'un « je » souffrant. Mais pourquoi la poésie ne pourrait-elle pas véhiculer des idées et défendre des causes ? N'est-ce pas le cas des *Contemplations* de Victor Hugo où le poète s'engage contre le travail des enfants dans le célèbre poème « Melancholia » ? On se demandera donc quels liens entretiennent la poésie et l'engagement en utilisant les œuvres du parcours consacré aux « Mémoires d'une âme ». On verra d'abord que la poésie rime avec le lyrisme et l'expression du moi, puis nous montrerons qu'elle est aussi porteuse de thèses politiques et poétiques si bien que la poésie est une aventure humaine, à la fois individuelle et collective.

L'ORAL

PREMIÈRE PARTIE

L'exposé oral sur un des textes du descriptif

- **Temps de préparation total (1ʳᵉ et 2ᵉ parties) :** 30 minutes
- **Durée de l'exposé :** 12 minutes
- L'examinateur propose au candidat l'un des textes de son descriptif (un des textes ayant fait l'objet d'une étude détaillée, par exemple le poème « Melancholia ») d'une longueur d'une vingtaine de lignes, ainsi qu'une question de grammaire qui porte sur un bref extrait (phrase ou partie de phrase) du texte à travailler.
- À l'issue du temps de préparation, le candidat expose son analyse du texte en respectant la démarche suivante : situation du texte dans l'œuvre ou dans le groupement choisi par le professeur, lecture expressive, explication linéaire et réponse à la question de grammaire.
- La question de grammaire porte sur le texte. Elle vise l'analyse syntaxique d'une courte phrase ou d'une partie de phrase.
- Sur 12 points : lecture : 2 points, explication de l'œuvre : 8 points, question de grammaire : 2 points.

Source : B.O., note de service n° 2019-042 du 18-4-2019.

EXTRAIT CHOISI *Les Contemplations*, Livre IV, poème 4

IV

Oh ! je fus comme fou dans le premier moment,
Hélas ! et je pleurai trois jours amèrement.
Vous tous à qui Dieu prit votre chère espérance,
Pères, mères, dont l'âme a souffert ma souffrance,
Tout ce que j'éprouvais, l'avez-vous éprouvé ?
Je voulais me briser le front sur le pavé ;
Puis je me révoltais, et, par moments, terrible,

Vers le BAC

Je fixais mes regards sur cette chose horrible,
Et je n'y croyais pas, et je m'écriais : Non !
10 — Est-ce que Dieu permet de ces malheurs sans nom
Qui font que dans le cœur le désespoir se lève ? —
Il me semblait que tout n'était qu'un affreux rêve,
Qu'elle ne pouvait pas m'avoir ainsi quitté,
Que je l'entendais rire en la chambre à côté,
Que c'était impossible enfin qu'elle fût morte,
Et que j'allais la voir entrer par cette porte !

Oh ! que de fois j'ai dit : Silence ! elle a parlé !
Tenez ! voici le bruit de sa main sur la clé !
Attendez ! elle vient ! laissez-moi, que j'écoute !
20 Car elle est quelque part dans la maison sans doute !

Jersey, Marine-Terrace, 4 septembre 1852.

1 Le texte et sa présentation

Conseils de méthode

- Dans un premier temps, situez le poème dans l'ensemble du recueil, puis caractérisez en quelques mots sa thématique et le registre dominant.
- Ensuite, proposez un plan du texte et une problématique, c'est-à-dire une question à laquelle le texte semble répondre.

Proposition de présentation

Le poème IV « Oh ! Je fus comme fou dans le premier moment » se situe dans le livre IV des *Contemplations* consacré par le poète à sa fille aînée Léopoldine morte noyée le 4 septembre 1843. Cette date est centrale dans le recueil puisqu'elle le divise en *Autrefois* (livres I à III) et *Aujourd'hui* (livres IV à VI).

Dans une description pathétique rétrospective (le poème est daté du 4 septembre 1852, soit neuf ans jour pour jour après la mort de sa fille), le poète met en scène ici sa réaction à l'annonce de cette mort. Il s'agit d'une poésie de la douleur (v. 1 à 6), de la révolte et du déni (v. 7 à 16) particulièrement poignante car il n'y a pas d'apaisement possible (v. 17 à 20). On verra comment ce poème parvient à dire l'indicible : montrer le désordre et la gradation des émotions suscitées par la perte d'un enfant.

2 L'explication linéaire à l'oral

Conseils de méthode

- Le développement suit l'ordre du texte dont il met en évidence les différentes parties.
- Il prend appui sur les figures de style, les particularités syntaxiques et métriques pour mettre en valeur l'objectif de l'écrivain.

Proposition d'explication linéaire

I. Au paroxysme de la douleur (v. 1 à 6)

Le poème est rédigé en alexandrins, vers solennels qui s'accordent au thème lyrique et pathétique : la douleur suscitée par la perte d'un enfant. Le début du poème insiste sur le paroxysme initial de la douleur à l'annonce de la mort. Cette intensité est indiquée par le premier mot du poème « oh ! ». Cette interjection est choisie pour montrer l'absence de parole construite à l'annonce de la mort. Seul un son inarticulé peut s'exprimer. Mais cette interjection place également le poème dans la lignée des poésies de la douleur et du deuil qu'on appelle élégies dans le monde antique et qui intègrent de nombreuses interjections pour signifier la perte. Ce paroxysme est mis en scène de façon temporelle.

L'utilisation du passé simple souligne que cette douleur est racontée de façon rétrospective puisque le poème est daté du 4 septembre 1852. Mais le « je » poétique semble encore capable de ressentir ce qu'il éprouva alors. Le paroxysme de la douleur est montré par la comparaison « comme fou » qui souligne, comme le faisait l'interjection, la sortie du langage et de la rationalité. Ce paroxysme se transforme ensuite en douleur durable (« je pleurai trois jours amèrement »).

L'adresse aux parents endeuillés du vers 3 permet de prendre à témoin les lecteurs et d'universaliser la souffrance grâce notamment à la question rhétorique (« Tout ce que j'éprouvais, l'avez-vous éprouvé ? », v. 5).

Le premier temps se clôt sur un vers dramatique puisqu'il évoque dans une périphrase la tentation de la mort : « je voulais me briser le front sur le pavé ».

Vers le BAC

LE DOSSIER du lycéen • 303

Vers le BAC

II. La révolte et le déni (v. 7 à 16)

Le deuxième temps du poème est indiqué par l'adverbe « Puis » qui marque une autre étape du deuil. On passe du choc initial à la révolte avec un champ lexical de la violence (« révoltais » / « terrible » qui rime avec « horrible »).

Cette révolte est visible dans l'utilisation du discours direct qui reproduit les paroles prononcées, les rendant plus vivantes au moyen de l'adverbe de négation (« Non ! ») et de la question qui met en cause la bonté divine (« – Est-ce que Dieu permet de ces malheurs sans nom / Qui font que dans le cœur le désespoir se lève ? – »).

L'étape suivante est celle du déni. Le poète sort de la rationalité comme le montre l'utilisation du verbe « Il me semblait que » et du synonyme de cauchemar « tout n'était qu'un affreux rêve ». Les anaphores « Qu'elle » / « Que » / « Que ») soulignent la multitude des pensées et des visions désordonnées qui témoignent du refus de la mort de Léopoldine (« je l'entendais rire » / « c'était impossible enfin qu'elle fût morte » / « j'allais la voir entrer par cette porte ! »).

III. Une fausse conclusion : la permanence de la douleur (v. 17 à 20)

Les quatre derniers vers se détachent de la strophe précédente et semblent donc conclusifs. Mais il n'en est rien. On note la reprise de l'interjection « Oh ! » qui débutait le poème comme un retour au paroxysme initial. Et l'ensemble du quatrain est un discours rapporté (« que de fois j'ai dit ») des propos égarés du « je » poétique. Ces propos sont marqués par l'émotion comme le soulignent les points d'exclamation présents à chaque fin de vers. Le poète est sujet à des hallucinations auditives (« elle a parlé ! » / « voici le bruit de sa main sur la clé ! » / « laissez-moi, que j'écoute ! »). Il s'agit là d'une retranscription fidèle de l'état d'esprit de Victor Hugo car l'on sait qu'après la mort de Léopoldine la famille tout entière se livrait à des séances de spiritisme pour tenter d'entrer en contact avec la défunte. Enfin, la date qui clôt le poème est symbolique : c'est celle du neuvième anniversaire de la mort de Léopoldine comme pour montrer la permanence du souvenir douloureux et l'impossible deuil, du moins à cet endroit du recueil.

③ La question de grammaire

SUJET Étudiez les types de phrases dans le dernier quatrain du poème.

- On peut distinguer quatre types de phrases (déclarative, exclamative, interrogative et impérative ou injonctive) dans la phrase. Elles correspondent à quatre intentions de celui qui parle : l'affirmation d'un énoncé, l'intensité à laquelle est soumis cet énoncé, la mise en question de l'énoncé, l'ordre.

- Dans cet extrait du poème, on se rend compte que deux types de phrases sont employés : la phrase exclamative et la phrase injonctive.

« Oh ! »	→ Interjection. Exclamative
« Que de fois j'ai dit : Silence ! »	→ Exclamative (que de fois = combien de fois + discours rapporté)
« elle a parlé ! »	→ Exclamative
« Tenez ! »	→ Injonctive
« Voici le bruit de sa main sur la clé ! »	→ Exclamative
« Attendez ! »	→ Injonctive
« Elle vient ! »	→ Exclamative
« Laissez-moi, que j'écoute ! »	→ Injonctive (que j'écoute = pour que j'écoute)
« Car elle est quelque part dans la maison sans doute ! »	→ Exclamative

- Cette multiplicité des types de phrases souligne l'intensité des émotions éprouvées par le poète en proie à la douleur et à l'égarement.

Vers le BAC

LE DOSSIER du lycéen • **305**

Vers le BAC

DEUXIÈME PARTIE

La présentation de l'œuvre et l'entretien avec l'examinateur

- **Durée :** 8 minutes
- **Premier temps de l'épreuve :** présentation par le candidat d'une œuvre choisie parmi celles étudiées en lecture intégrale en classe avec le professeur, et exposé argumenté des raisons de ce choix.
- **Deuxième temps de l'épreuve :** entretien avec l'examinateur sur cette œuvre.

Source : B.O., note de service n° 2019-042 du 18-4-2019.

1 La présentation de l'œuvre choisie

Durant l'année, vous allez travailler quatre œuvres intégrales (une par objet d'étude). Choisissez une œuvre qui vous a particulièrement intéressé(e) pour la présenter à l'examen.

Conseils de méthode

1. Présentation de l'œuvre

L'examinateur attend de vous une lecture personnelle de l'œuvre et non la restitution de quelques généralités. Pour construire votre réflexion, vous pouvez vous questionner sur les raisons pour lesquelles vous avez aimé l'œuvre, les passages qui vous ont intéressé(e) et pourquoi. Vous devez être capable d'argumenter de façon précise grâce à des exemples qui montrent votre connaissance de l'œuvre.

2. Conseils de méthode pendant l'année

Afin de mettre en place ce questionnement pendant l'année, faites une fiche pour chaque œuvre étudiée. Vous noterez vos impressions, vos questions, vos idées. Cela vous permettra de construire efficacement votre présentation.

N'oubliez pas de vous renseigner sur le contexte historique et littéraire de l'œuvre et de noter les thèmes importants à évoquer lors de votre exposé.

Pour rendre encore plus personnel votre exposé visitez des musées en lien avec les œuvres au programme, voyez des films et lisez des textes qui pourraient permettre de mieux comprendre l'œuvre (voir p. 311).

Voici quelques questions que vous pourriez vous poser afin de présenter *Les Contemplations* à l'oral :

– Pourquoi avez-vous choisi ce texte ?

– Quels passages vous ont particulièrement touché(e) ?

– Quel est votre poème préféré et pourquoi ?

– Quel est le poème que vous n'aimez pas et pourquoi ?

– Qui est Victor Hugo ? Est-ce un poète, un homme politique ou un romancier ?

– Quelles œuvres l'ont rendu célèbre ?

– Que savez-vous de la famille de Victor Hugo ? Quelle rôle joue-t-elle dans *Les Contemplations* ?

– Quel sens donnez-vous au titre : *Les Contemplations* ?

– Quelles sont les thématiques centrales du recueil ?

– Y a-t-il une progression dans le recueil ?

– D'où vient le titre du parcours « Mémoires d'une âme » ? Comment le comprenez-vous ?

– Quels sont les autres textes poétiques autobiographiques que vous avez découverts pendant l'année ?

2 L'entretien avec l'examinateur

Après vous avoir écouté(e), l'examinateur vous demandera peut-être de revenir sur certains points qu'il souhaiterait voir approfondis et vous posera des questions plus précises sur le contexte historique et littéraire pour mesurer votre connaissance de l'œuvre.

La précision dans les réponses est attendue mais l'examinateur sera également sensible à votre implication dans l'exercice et à votre capacité à argumenter avec enthousiasme sur un sujet littéraire.

Lexique de la poésie

● **Alexandrin :** vers de douze syllabes. L'alexandrin est au XVIIe siècle le vers dominant de la littérature française, particulièrement au théâtre. Il se caractérise alors par la recherche du parallélisme de la structure rythmique (césure et fin de vers) et de la construction syntaxique.

● **Allégorie :** représentation concrète d'une idée abstraite (le vautour est une allégorie de la fatalité dans le poème 8 du livre IV).

● **Allitération :** retour de consonnes identiques (« **V**eni, **v**idi, **v**ixi », livre IV, poème 13).

● **Anaphore :** retour du même mot ou groupe de mots en début de vers.

● **Antithèse :** opposition entre deux idées, deux arguments dans une phrase ou un vers.

● **Assonance :** retour de voyelles identiques (« Rose au b**oi**s vint avec m**oi** », livre I, poème 19).

● **Bucolique (poésie) :** genre poétique d'origine antique qui célèbre la nature et l'amour.

● **Césure :** courte pause à l'intérieur d'un vers. Dans l'alexandrin classique, elle vient après la sixième syllabe et sépare le vers en deux hémistiches (demi-vers) de longueur égale.

● **Décasyllabe :** vers de dix syllabes.

● **Diérèse :** séparation de deux voyelles qui se suivent et sont habituellement groupées en une seule syllabe. Exemple : « mari-age ». Cela permet de respecter le compte régulier des syllabes d'un vers.

● **Églogue :** poème sur un sujet bucolique, c'est-à-dire consacré à la nature.

● **Élégie :** le terme élégie a une étymologie grecque : c'est un chant de deuil. Dans l'Antiquité, il s'agissait d'une forme de poème qui avait pour thème l'évocation pathétique d'un(e) disparu(e).

● **Enjambement :** renvoi au vers suivant d'une partie d'un groupe syntaxique essentiel à la compréhension de la phrase. L'enjambement a pour conséquence d'atténuer ou de faire disparaître la pause en fin de vers.

● **Hémistiche :** moitié de vers, le point de partage entre les deux moitiés étant appelé césure.

● **Hyperbole :** exagération (« J'ai plus de souvenirs que si j'avais mille ans », Baudelaire, « Spleen », *Les Fleurs du mal*).

● **Idylle :** genre poétique d'origine antique qui célèbre la nature et l'amour.

● **Lyrisme :** le lyrisme est un registre littéraire caractérisé par l'expression d'un « je » et de ses émotions (amour, sentiment de la fuite du temps, deuil).

● **Métaphore :** comparaison sans outil comparatif (les enfants sont des « anges dans un enfer », Livre III, poème 2, « Melancholia »). La métaphore filée est une image construite en réseau dans le poème.

● **Mètre :** longueur syllabique définissant le vers (un octosyllabe est un vers de huit syllabes ; un alexandrin est un vers composé de deux hémistiches de six syllabes).

● **Octosyllabe :** vers de huit syllabes.

● **Oxymore :** groupe nominal composé de deux idées opposées (« le soleil noir de la mélancolie » de Nerval oppose la lumière à l'obscurité pour souligner l'aspect paradoxal de cette émotion).

● **Paronomase :** proximité de sonorités entre deux mots de sens différent (femme / flamme).

● **Pastorale :** genre poétique d'origine antique qui célèbre la nature et l'amour.

● **Registre :** ensemble de procédés visant à produire un même effet sur le spectateur ou le lecteur, comparable à la tonalité en musique. Le registre lyrique met en scène le « je » poétique souffrant, le registre pathétique suscite la compassion du lecteur, le registre tragique suscite terreur et pitié chez le lecteur effrayé par les épreuves que doivent surmonter les protagonistes en lutte avec le destin et la mort.

● **Rejet :** renvoi au vers suivant d'un mot ou d'un bref groupe de mots terminant une phrase.

● **Sonnet :** le sonnet est une forme de poème médiéval d'origine italienne. Très codifié, il est composé de quatorze vers : deux quatrains et deux tercets dont les rimes diffèrent selon les écoles poétiques.

Lexique

À lire à voir

ROMAN ET AUTOBIOGRAPHIE

Victor Hugo, *Les Misérables*, 1862

Ce vaste roman, considéré comme un des plus célèbres de la littérature française, a été composé à la même époque que *Les Contemplations*. Il dénonce la misère humaine sous toutes ses formes.

Anny Duperey, *Le Voile noir*, Éditions du Seuil, 1992

Annie Duperey est une actrice française née en 1947. Elle a perdu ses parents dans un accident alors qu'elle avait 8 ans et demi. En 1992, elle publie *Le Voile noir*, une autobiographie avec des photos en noir et blanc de son père, le photographe Lucien Legras. C'est un livre très émouvant qui propose une traversée du deuil à travers l'écriture et la photographie.

BANDE DESSINÉE

Duval, Gioux, Quet, Beau, *Hauteville House*, 1. Zelda, 2004 (8 albums)

Hauteville House est le nom de la maison de Victor Hugo à Guernesey. C'est la cachette d'une poignée de soldats républicains engagés dans la lutte contre Napoléon III. Les albums racontent les aventures de leur meilleur agent au nom de code évocateur : Gavroche.

MUSÉE

La maison de Victor Hugo, à Paris

Premier musée monographique littéraire de France, la maison de Victor Hugo présente l'appartement où vécut l'écrivain, ses souvenirs ainsi que de nombreuses expositions. 6, place des Vosges, 75004 Paris. Tél. : 01 42 72 10 16
http://www.maisonsvictorhugo.paris.fr/

FILMS

L'Histoire d'Adèle H, François Truffaut, 1975

Une biographie romancée de la seconde fille de Victor Hugo, Adèle, qui resta toujours dans l'ombre de Léopoldine.

Les Misérables, Tom Hooper, 2012

Une adaptation hollywoodienne de la comédie musicale tirée du roman de Victor Hugo qui montre la permanence de l'actualité du texte.

LE DOSSIER du lycéen • 311

Table des poèmes

Préface 12

AUTREFOIS (1830-1843)
« *Un jour je vis...* » 15

LIVRE PREMIER – AURORE
I. À ma fille 16
II. « *Le poëte s'en va dans les champs...* » 19
III. Mes deux filles 20
IV. « *Le firmament est plein de la vaste clarté* » 20
V. À André Chénier 22
VI. La vie aux champs 23
VII. Réponse à un acte d'accusation 26
VIII. Suite 35
IX. « *Le poëme éploré se lamente ; le drame...* » 39
X. À Madame D. G. de G. 42
XI. Lise 43
XII. Vere novo 45
XIII. À propos d'Horace 46
XIV. À Granville, en 1836 54
XV. La coccinelle 57
XVI. Vers 1820 58
XVII. À M. Froment-Meurice 59
XVIII. Les oiseaux 60
XIX. Vieille chanson du jeune temps 62
XX. À un poëte aveugle 64
XXI. « *Elle était déchaussée, elle était décoiffée* » 64
XXII. La fête chez Thérèse 65
XXIII. L'enfance 68
XXIV. « *Heureux l'homme...* » 69
XXV. Unité 69
XXVI. Quelques mots à un autre 70
XXVII. « *Oui, je suis le rêveur...* » 76
XXVIII. « *Il faut que le poëte...* » 78
XXIX. Halte en marchant 78

LIVRE DEUXIÈME – L'ÂME EN FLEUR

I. Premier mai 82
II. « Mes vers fuiraient, doux et frêles » 83
III. Le rouet d'Omphale 84
IV. Chanson 87
V. Hier au soir 87
VI. Lettre 88
VII. « Nous allions au verger... » 90
VIII. « Tu peux, comme il te plaît... » 93
IX. En écoutant les oiseaux 94
X. « Mon bras pressait ta taille frêle » 95
XI. « Les femmes sont sur la terre » 96
XII. Églogue 97
XIII. « Viens ! – une flûte invisible » 98
XIV. Billet du matin 99
XV. Paroles dans l'ombre 100
XVI. « L'hirondelle au printemps... » 101
XVII. Sous les arbres 101
XVIII. « Je sais bien qu'il est d'usage » 102
XIX. N'envions rien.... 105
XX. Il fait froid 107
XXI. « Il lui disait : Vois-tu... » 108
XXII. « Aimons toujours ! aimons encore » 109
XXIII. Après l'hiver 111
XXIV. « Que le sort, quel qu'il soit... » 114
XXV. « Je respire où tu palpites » 114
XXVI. Crépuscule 117
XXVII. La nichée sous le portail 118
XXVIII. Un soir que je regardais le ciel 120

LIVRE TROISIÈME – LES LUTTES ET LES RÊVES

I. Écrit sur un exemplaire de la Divina Commedia 123
II. Melancholia 124
III. Saturne 136
IV. Écrit au bas d'un crucifix 140
V. Quia pulvis es 140

LE DOSSIER du lycéen • **313**

Table des poèmes

VI. La source 141
VII. La statue 142
VIII. « *Je lisais. Que lisais-je ?...* » 143
IX. « *Jeune fille, la grâce emplit...* » 145
X. Amour 146
XI. ? 148
XII. Explication 149
XIII. La chouette 150
XIV. À la mère de l'enfant mort 153
XV. Épitaphe 154
XVI. Le maître d'études 155
XVII. Chose vue un jour
de printemps 159
XVIII. Intérieur 161
XIX. Baraques de la foire 164
XX. Insomnie 165
XXI. Écrit sur la plinthe
d'un bas-relief antique 167
XXII. « *La clarté du dehors...* » 168
XXIII. Le revenant 170
XXIV. Aux arbres 173
XXV. « *L'enfant, voyant l'aïeule...* » 175
XXVI. Joies du soir 175
XXVII. « *J'aime l'araignée
et j'aime l'ortie* » 177
XXVIII. Le poëte 178
XXIX. La nature 179
XXX. Magnitudo parvi 181

AUJOURD'HUI (1843-1855)

LIVRE QUATRIÈME – PAUCA MEÆ
I. « *Pure Innocence ! Vertu sainte !* » 213
II. 15 février 1843 215
III. Trois ans après 215
IV. « *Oh ! je fus comme fou...* » 220

V. « *Elle avait pris ce pli...* » **221**

VI. « *Quand nous habitions tous ensemble* » **222**

VII. « *Elle était pâle, et pourtant rose* » **224**

VIII. « *À qui donc sommes-nous ?...* » **226**

IX. « *Ô souvenirs ! printemps ! aurore !* » **227**

X. « *Pendant que le marin...* » **229**

XI. « *On vit, on parle...* » **229**

XII. À quoi songeaient
les deux cavaliers dans la forêt **230**

XIII. Veni, vidi, vixi **232**

XIV. « *Demain, dès l'aube...* » **235**

XV. À Villequier **235**

XVI. Mors **243**

XVII. Charles Vacquerie **244**

Table des illustrations

Couverture : Hauteville House : maison de Victor Hugo à Guernesey où il vécut pendant son exil (1855-1870), tableau Eugène Bourgeois © Rue des Archives/ Tallandier.

Plat 2 : Auguste de Châtillon (1813-1881), *Léopoldine au livre d'heures*, vers 1835, huile sur toile (73 x 60 cm), Paris, Maison de Victor Hugo © Archives Larbor.

Plat 3 : Victor Hugo (1802-1885), *Ma destinée*, 1857, plume et lavis d'encre brune, gouache sur papier (17 x 26 cm), Paris, Maison de Victor Hugo © Leemage.

Page 4 : Étienne Carjat (1828-1906), Portrait de Victor Hugo, 1873, Bibliothèque nationale de France, Paris © Copyright : BIS / Ph. Étienne Carjat – Coll. Archives Larbor.

Page 9 : Victor Hugo en exil à Jersey, 1853. Lieu de conservation : Bibliothèque Nationale de France, Paris © BIS / Ph. Coll. Archives Nathan.

Page 11 : Statue de Victor Hugo à Guernesey © Antoine Lorgnier / Onlyworld.net.

Page 81 : Victor Hugo (1802-1885), *Ville au crépuscule*, Maison de Victor Hugo, Paris, France © Maison Victor Hugo / Bridgeman Images.

Page 85 : Lucas Cranach l'Ancien (1472-1553), *Hercule et Omphale*, 1537, collection musée Herzog Anton Ulrich, Braunschweig © Collection Christophe L.

Page 92 : Alphonse Léon Noël, *Mademoiselle Juliette*, lithographie, 1832 © BIS / Ph. Coll. Archives Larbor.

Page 122 : Victor Hugo (1802-1885), *Souvenir des Vosges, Bourg de Hugo, Tête d'Aigle*, dessin au lavis, 1850, Villequier, musée Victor-Hugo © DeAgostini / Leemage.

Page 162 : Honoré Daumier (1808-1879), *La Soupe*, vers 1862-1865, Paris, musée du Louvre © Collection Christophe L.

Page 257 : Victor Hugo (1802-1885) sur la terrasse de Hauteville House, en exil sur l'île de Guernesey (1855-1870), en 1868, © Rue des Archives / PVDE.

Page 260 : Une du journal *Le Petit Parisien*, le 6/11/1892. Collection privee © Lee/Leemage.

Page 270 : Auguste de Châtillon (1813-1881), *Léopoldine au livre d'heures*, vers 1835, huile sur toile (73 x 60 cm), Paris, Maison de Victor Hugo © Archives Larbor.

Page 272 : Victor Hugo (1802-1885), *Ma destinée*, 1857, plume et lavis d'encre brune, gouache sur papier (17 x 26 cm), Paris, Maison de Victor Hugo © Archives Larbor.

Page 274 : Victor Hugo (1802-1885), *Paysage avec trois arbres*, 1850, Maison de Victor Hugo, Paris, France © Maison Victor Hugo / Bridgeman Images.

Page 292 : Félix Nadar (1820-1910), Portrait de Victor Hugo. Lieu de conservation : Bibliothèque nationale de France, Paris © BIS / Ph. Coll. Archives Larbor.

Dans la même collection

Carrés classiques BAC

Apollinaire, *Alcools*

Baudelaire, *Les Fleurs du Mal*

Beaumarchais,
Le Mariage de Figaro

Hugo, *Les Contemplations*

La Fontaine, *Les Fables*

Madame de Lafayette,
La Princesse de Clèves

Molière, *L'École des femmes*

Montaigne, *Les Essais*

Racine, *Phèdre*

Carrés classiques LYCÉE

31. *L'Encyclopédie (textes choisis)*

75. *L'Homme en débat au XVIIIe siècle (anthologie)*

82. *Nouvelles réalistes et naturalistes (anthologie)*

103. *Paroles de femmes (anthologie)*

107. *Poésie et politique (anthologie)*

106. *Rencontrer l'autre (anthologie)*

110. *Une terre et des hommes (anthologie)*

85. Apollinaire, *Alcools*

33. Balzac, *Gobseck*

60. Balzac, *L'Auberge rouge*

47. Balzac, *La Duchesse de Langeais*

18. Balzac, *Le Chef-d'œuvre inconnu*

72. Balzac, *Pierre Grassou*

95. Baudelaire, *Tableaux parisiens*

32. Beaumarchais, *Le Mariage de Figaro*

20. Corneille, *Le Cid*

78. Corneille, *Médée*

56. Flaubert, *Un cœur simple*

92. Giraudoux, *La guerre de Troie n'aura pas lieu*

77. Hugo, *Les Contemplations : Pauca Meæ*

49. Hugo, *Ruy Blas*

48. Marivaux, *L'Île des esclaves*

57. Marivaux, *Les Acteurs de bonne foi*

19. Maupassant, *La Maison Tellier*

69. Maupassant, *Une partie de campagne*

55. Molière, *Amphitryon*

15. Molière, *Dom Juan*

79. Molière, *Le Misanthrope*

35. Molière, *Le Tartuffe*

63. Musset, *Les Caprices de Marianne*

14. Musset, *On ne badine pas avec l'amour*

46. Racine, *Andromaque*

66. Racine, *Britannicus*

30. Racine, *Phèdre*

13. Rimbaud, *Illuminations*

99. Rimbaud, *Les Cahiers de Douai*

50. Verlaine, *Fêtes galantes et romances sans paroles*

45. Voltaire, *Candide*

88. Voltaire, *Zadig*

Conception graphique : Élise Launay
Design de couverture : Élise Launay
Fabrication : Camille Friquet
Recherche iconographique : Annie-Claire Auliard, Célia Diop
Mise en page : Facompo
Édition : Josiane Attucci-Jan